Innere Gewissheit
Über den Weg, die Wahrheit und das Leben

Valentin Tomberg wurde 1900 in St. Petersburg geboren. Früh kam er in Russland mit hermetischen Kreisen in Berührung. Die Oktoberrevolution 1917 zwang ihn nach Estland ins Exil, wo er ein Studium der Religionswissenschaften und Altphilologie aufnahm. Er schloss sich Rudolf Steiner an und veröffentlichte zahlreiche Beiträge zur Anthroposophie. Tomberg lebte anschließend in Holland und dann in Deutschland, wo er sich Mitte der vierziger Jahre der Rechtswissenschaft und Rechtsphilosophie zuwandte. Nach dem Zweiten Weltkrieg vollzog der Autor einflussreicher spiritueller Werke eine Konversion zur katholischen Kirche. Er starb 1973 auf Mallorca.

Werke u.a.: *Die Großen Arcana des Tarot* (Basel, Herder 1983), *Lazarus komm heraus* (Basel, Herder 1985). In der KairosEdition erschien 2007 in zweisprachiger Ausgabe französisch-deutsch: *Der wandernde Narr – Die Liebe und ihre Symbole. Le mat itinérant – L'amour et ses symboles.*

Kairos Edition 2012
Erste Auflage

Copyright für den Text Tombergs © 2012 Martin Kriele
Copyright dieser Ausgabe © Kairos Edition

Alle Rechte vorbehalten. Kein Teil des Werkes darf in irgendeiner Form (durch Fotografie, Mikrofilm oder andere Verfahren) ohne schriftliche Genehmigung des Verlags reproduziert oder unter Verwendung elektronischer Systeme verarbeitet, vervielfältigt oder verbreitet werden.

VERLAG : KAIROS EDITION, LUXEMBOURG
www.kairos.lu   info@kairos.lu
16, rue de la montagne
L-8386 Koerich
Tel/Fax.: 00352 - 26259415

Abbildung auf dem Umschlag:
Mikalojus Konstantinas Čiurlionis – Creation of the world
(IX from the cycle of 13 paintings, 1905/6)
Umschlagentwurf und Satz: Kairos Edition
Herstellung: BoD, Norderstedt

ISBN 978-2-919771-00-4

VALENTIN TOMBERG

INNERE GEWISSHEIT
Über den Weg, die Wahrheit und das Leben

eingeleitet und herausgegeben von
FRIEDERIKE MIGNECO und
VOLKER ZOTZ

* * *

TOMBERG UND DER BUDDHISMUS

VOLKER ZOTZ

TEIL 1

"Innere Gewissheit"
Gedanken zu einem Fragment
Valentin Tombergs

von
Friederike Migneco
und Volker Zotz

"Innere Gewissheit"
Gedanken zu einem Fragment Valentin Tombergs

Die Suche nach Erkenntnis

An Mariä Himmelfahrt 1956 begann Valentin Tomberg die Arbeit an dem bislang unveröffentlichten Text, der in diesem Buch vorgelegt wird. Erste Skizzen dafür sind bereits für das Vorjahr dokumentiert, wobei eine Teilstudie mit "Über das Wesen der Symbolik" überschrieben ist.[1] Das Typoskript, dem diese Ausgabe folgt, trägt am Beginn das Datum des 18. März 1957.

Ursprünglich sah Tomberg als Titel des geplanten Buchs *Wissenschaft, Philosophie, Religion – und Wahrheit* vor; später erwog er *Der Same, die Samenkraft, der Baum. Ein Beitrag zum Problem des Weges, der Wahrheit und des Lebens* sowie alternativ *Über die Quellen der persönlichen Gewissheit*.[2] Die Herausgeber wählten für diese Ausgabe *Innere Gewissheit. Über den Weg, die Wahrheit und das Leben* als Titel, um auf diese Weise die Intentionen der verschiedenen Ideen, die der Verfasser zur Benennung hatte, zusammenzufassen.

In der zweiten Lebenshälfte, etwa ein Jahrzehnt nach seiner Hinwendung zum Katholizismus entstanden, dokumentiert diese Schrift eine wesentliche Station im Schaffen Tombergs. Er legte sich mit ihren Reflexionen Rechenschaft ab, inwieweit und auf welche Weise er sich hinsichtlich der großen Fragen der Menschheit einer Sache wahrhaft sicher sein dürfe. Diese Fragen, "die wie Hunger und Durst sind", betreffen den "Ursprung und die Bestimmung der Welt, das herrschende Prinzip oder Wesen der Welt, das Wesen der menschlichen Persönlichkeit, ihr Schicksal und ihre Bestimmung im Leben und im Tod."[3] Tombergs Versuch zielt damit nach nichts

Geringerem als einer subjektiven Gewissheit über die letzten Dinge, deren Inhalte sich nicht als weitere Meinungen im Wettstreit des für wahr Gehaltenen abtun lassen. Doch ging es ihm um weit mehr als seine persönliche Vergewisserung, einen unerschütterlichen Grund erreicht zu haben. Er wollte die Methode finden und darstellen, mittels derer andere Suchende gleichfalls zu echter Sicherheit hinsichtlich der großen Fragen gelangen könnten.

Der damit im Raum stehende Anspruch, einen zwar subjektiv zu beschreitenden, doch von anderen nachvollziehbaren – und damit quasi objektiv gültigen – Weg zur echten Erkenntnis der Wahrheit zu zeigen, darf mit einigem Recht als vermessen erscheinen. So mag auch Tomberg gesehen haben, wie er das Maß für sein Projekt erheblich zu weit steckte, denn er brach während einführender Überlegungen zum sechsten Kapitel die Arbeit an diesem Text ab, den er ursprünglich als sein "Lebenswerk"[4] verstand. Auch wenn er sie nicht annähernd zum Abschluss brachte, gewährt die Arbeit wertvolle Einblicke in Tombergs Werkstatt, in seine Praxis, durch Kontemplation über Symbole Einsicht in die Wahrheit zu finden, und in die Art und Weise, wie er Gedanken verfolgte.

Um zumindest in Ansätzen nachzuvollziehen, was Tomberg veranlasste, mit dieser Schrift den anspruchsvollen Versuch der von ihm so genannten "Totalmethode" zu wagen, ist ein Blick in seine Epoche und auf wichtige Etappen seiner geistigen Entwicklung angebracht.

Der 1900 in St. Petersburg Geborene wuchs in jenem intellektuellen Klima auf, in dem man in Europa zunehmend die Ergebnisse und Denkmodelle einer triumphierenden Naturwissenschaft zur Erklärung für Gegebenheiten aller Lebensbereiche heranzog. Behauptungen durften in dieser Atmosphäre als richtig gelten, wenn sie auf Erkenntnissen der Biologie, Chemie und Physik basierten oder von solchen abgeleitet waren. Als der Zoologe Ernst Haeckel die jüdisch-christliche Vorstellung von einem den Sinnen verborgenen geistigen Gott, dessen Ebenbild der Mensch wäre, in das Bild eines "gasförmigen Wirbelthieres"[5] übersetzte, schien sie dadurch vielen als tatsächlich obsolet.

Der Marxismus trat als "wissenschaftlicher Sozialismus" auf, dem man weithin bereitwillig glaubte, auf Basis seiner Kenntnis der Gesetze der Materie die künftige Entwicklung von Ökonomie und politischer Geschichte in ihren notwendigen Stationen zu durchschauen.

Der junge Tomberg, der als Pubertierender eine tiefe Auseinandersetzung mit dem russisch-orthodoxen Glauben vollzogen hatte, gehörte zu jenen seiner Generation, die ein naturwissenschaftliches Denken nicht für sämtliche Gebiete der Kultur sowie des Geistes- und Seelenlebens akzeptieren konnten. Ohne die Bedeutung der Entdeckungen von Biologie und Physik auf ihren Gebieten in Frage zu stellen, erwartete er sich von ihnen keine Aufschlüsse über den Grund, Sinn und Zweck der Welt und der menschlichen Existenz. Für derartige Fragen des Geistes wollte er andere Wege einschlagen als jene, die zur Erforschung der Materie taugten.

Mit 17 Jahren trat Tomberg in die Theosophische Gesellschaft ein, nachdem er sich schon den Lehren russischer und französischer Hermetiker zugewandt hatte. Den Hermetikern galten überlieferte Symbole aus Alchemie, Astrologie und Kabbala als wesentliche Quellen der Erkenntnis.

Das Interpretieren von Sinnbildern blieb ein vorrangiges Anliegen Tombergs, das ihn auch im hier vorgelegten Text ausgiebig beschäftigte. Doch genügte ihm die Methode der Hermetiker auf Dauer nicht. Deutendes Meditieren über Symbole mag bei der individuellen Klärung von Fragen der Weltanschauung und Lebenspraxis helfen, doch kann es leicht zu einem Irrlauf im Labyrinth privater Mythologien führen.

Statt die Wirklichkeit fassbarer zu machen, trägt ein Symbolismus dann zu ihrer Mystifizierung bei. Nicht das Verborgene kommt ans Licht, sondern Offenkundiges wird verschleiert.

Die Hermetik erweist sich somit wie die Naturwissenschaft als eindimensional. In der Konzentration auf Materielles und ihrem rein logischen Umgang mit Fakten bleibt die Wissenschaft auf die Sphäre des Objektiven beschränkt, wo sie subjektiven Fragen, "die wie Hunger und Durst sind", nicht gerecht werden kann. Die Ergebnisse der hermetischen Methode entziehen sich dagegen einer allgemeinen Überprüfbarkeit, und bleiben von rein subjektivem Wert. Bewegt sich aus der Perspektive einer Sinnsuche das naturwissenschaftliche Denken an der Oberfläche, geht das hermetische zwar in die Tiefe, läuft jedoch Gefahr, sich mangels einer objektiven Kontrollmöglichkeit im Geheimnisvollen zu verlieren.

Einen Ausweg aus dem Dilemma, entweder gesicherte aber oberflächliche Ergebnisse zu gewinnen oder bei Gefahr des Abirrens in die Tiefe zu gehen, schien für Tomberg ab den zwanziger Jahren die Anthroposophie zu bieten. Rudolf Steiners Lehre trat mit dem Anspruch auf, eine "Geistes*wissenschaft*" zu sein.

Die Ergebnisse ihrer Forschung sollten sich ebenso wie jene von naturwissenschaftlichen Untersuchungen reproduzieren lassen, wenn man auf die gleiche Weise vorginge. Entsprechend schreibt Steiner in seinem Buch *Wie erlangt man Erkenntnisse der höheren Welten* über die Einsicht in das, was "jenseits von Geburt und Tod" liegt: "Jeder kann dieses Wissen erwerben; in jedem liegen die Fähigkeiten, selbst zu erkennen, selbst zu schauen [...]. Er muss nur die richtigen Mittel wählen."[6]

Dass Steiner viele Intellektuelle und Künstler für seine Idee einer vorgeblich wissenschaftlichen Erforschung des

Übersinnlichen gewann, lag nicht zuletzt daran, dass er seine inneren Erfahrungen in der Kunst, der Waldorfpädagogik, dem biologisch-dynamischen Landbau und vielen anderen Bereichen überaus fruchtbar zu machen verstand. Steiners Erleben hatte damit starke objektive Wirkungen. Aber was die "Erkenntnisse der höheren Welten" anbelangt, verzichtete man in der Anthroposophie meist auf Versuche des Überprüfens der von Steiner mitgeteilten Inhalte. Statt "selbst zu erkennen, selbst zu schauen", rang man um die korrekte Exegese des von Steiner Erfahrenen.

Jene, die wie Tomberg in den dreißiger Jahren überhaupt Versuche unternahmen und den Anspruch erhoben, gleich Steiner über Einsichten in Sphären jenseits der sinnlich wahrnehmbaren Welt zu verfügen, kamen dabei zu unterschiedlichen Ergebnissen. Auch Tomberg musste erfahren, dass seine diesbezüglichen Mitteilungen über das Alte Testament von anderen Anthroposophen vehement zurückgewiesen wurden.[7]

Die katholische Tradition, der sich Tomberg Mitte der vierziger Jahre zugewandt hatte, hob wie alle christlichen Konfessionen die Bedeutung des *Glaubens* hervor. Im realen Leben religiöser Menschen bedeutete dies meist, von historischen oder kirchlichen Autoritäten vorgegebene Inhalte auch dann anzunehmen, wenn sie dem Verstand nicht einleuchten wollen. Der von Rudolf Steiner geprägte Tomberg konnte diese verbreitete Position nicht akzeptieren.

Seine Entscheidung für den Katholizismus war keine solche gegen die Erkenntnis. Darum distanzierte er sich klar von Martin Luthers *sola fide*, nicht nur weil dadurch das "Prinzip der Übung" aus der Religion verschwände, sondern auch das Streben nach "übersinnlicher und übervernünftiger Erleuchtung und Einsicht", derer man erst "durch vorbereitende Schulung würdig" werden muss.[8]

Vom Scheitern der "Totalmethode"

Tomberg suchte in der vorliegenden Schrift nach einem Verständnis des Glaubens, das ihm erlauben sollte, den Lehren der Kirche gerecht zu werden, ohne sein Verlangen nach Erkenntnis aufzugeben. Glauben im christlichen Sinn konnte ihm nicht das Akzeptieren einer von vielen konkurrierenden Ansichten bedeuten. "Denn Glaube ist nicht eine Meinung, auf die man pocht, sondern er ist wie ein Siegelabdruck auf das gesamte menschliche Bewusstsein, bewirkt durch das Gewicht" der Inhalte.[9]

Erfassen die Inhalte des Glaubens "das gesamte menschliche Bewusstsein", kann der Aspekt der Erkenntnis nicht ausgeklammert werden. Man muss im tiefsten Sinn auch das erkennen, was Gewicht für das ganze Leben haben soll. Tombergs Text lässt sich in dieser Hinsicht auch als Plädoyer für die *Gnosis* lesen. Er beruft sich diesbezüglich auf das Zeugnis des Evangeliums: "Man darf doch nicht grundsätzlich die Erkenntnis – denn Gnosis bedeutet Erkenntnis – leugnen, wenn man Schüler des Meisters sein will, der das Gebot verkündet hat: Erkennt die Wahrheit, und sie wird euch frei machen."[10]

Tomberg unterscheidet hiervon ausgehend eine häretische Gnosis, die zu dualistischen Lehren führte, von einem legitimen gnostischen Weg: "Kann es nicht neben einer falschen Gnosis auch eine wahre geben? Wie es etwa wissenschaftliche Irrtümer neben wirklichen wissenschaftlichen Errungenschaften gibt? Man darf doch nicht die Wissenschaft schlechthin von der Hand weisen, weil es auch wissenschaftliche Irrtümer gab und noch gibt. Soll man die Gnosis, als das Streben nach tieferer Einsicht in die religiösen Wahrheiten, anders beurteilen und dieses gesamte Anliegen deswegen verurteilen, weil es einst gnostische Irrlehren gab?"[11]

Wollte er Gnosis hier wörtlich als *Erkenntnis* verstanden wissen, ging es Tomberg um mehr als die Versöhnung von Glaube und Vernunft. Diese ist gemeint, wenn etwa Benedikt XVI. vom "Zusammenhang des Glaubens mit dem Suchen der menschlichen Vernunft" spricht und mit Berufung auf den Apostel Paulus feststellt, dass der christliche Weg "im Einklang mit dem ewigen Wort und mit unserer Vernunft steht."[12] Tomberg jedoch unterscheidet "zwischen der höheren Gnosis und der rationalistisch beschränkten Gnosis."[13] Die höhere Gnosis versteht er dabei im Sinn eines Strebens nach "übersinnlicher und übervernünftiger Erleuchtung."[14]

Um zu glauben *und* zu wissen, zu erkennen *und* zu verstehen, also um tatsächliche persönliche Gewissheit zu gewinnen, schlägt Tomberg in dieser Schrift jenes Verfahren vor, das er "Totalmethode" nennt. Er versteht darunter eine "Totalanstrengung des totalen menschlichen Wesens, um zum Totalergebnis zu gelangen." Diese allumfassende Methode soll unter anderem die Lebenserfahrung, das Beobachten, Studieren, Gewissen und Denken, Beten und Meditieren einschließen.[15] Das Resultat bestünde aus dem Zusammenklang von Ergebnissen, die auf verschiedenen methodischen Wegen erlangt wurden. Tomberg verwendet hier zur Illustration das Bild des Regenbogens. Was unterschiedliche menschliche Vermögen wie die Logik, die Moral, das Empfinden für Werte und Schönheit gleichermaßen als wahr akzeptieren, könnte als Frucht einer totalen Erkenntnis zur *persönlichen Gewissheit* werden.

Natürlich bleibt eine solche Totalmethode, insofern sie eine Methode sein will, zum Scheitern verurteilt. Der Einzelne müsste über eine umfassende Lebenserfahrung verfügen sowie, um nur wenige Aspekte zu nennen, die Fähigkeiten des Beobachtens, folgerichtigen Denkens, der Gewissenserforschung und meditativen Vertiefung in einem solch gewaltigen

Ausmaß entwickelt haben, dass deren Ergebnisse wie die Farben des Regenbogens nebeneinander leuchten und in ihrer Gesamtheit unerschütterliche Gewissheit vermitteln würden.

Will man angesichts der Unwahrscheinlichkeit einer derartigen Verwirklichung Tombergs "Totalmethode" nicht als Hirngespinst abtun, wird man ihr wohl am ehesten gerecht, indem man sie als Ideal versteht. Sie weist in eine Richtung, in die ein Sinnsuchender sein Streben lenken kann, vielleicht in seltenen Fällen auf eine momentane Errungenschaft, nicht jedoch auf ein Ziel, das Tomberg vorgeblich erreichte oder für irgendeinen anderen als dauerhaft erreichbar hielt. Dies muss Tomberg spätestens bewusst geworden sein, als er die Arbeit am vorliegenden Text abbrach und von der Veröffentlichung absah. Während der Advents- und Weihnachtszeit 1957 erfuhr er ein "erschütterndes Aufwacherlebnis", aus dessen Perspektive ihm sein bisheriges Leben als "Wüstensituation" schien.[16] Im Herbst des folgenden Jahres begann er wahrscheinlich mit der Niederschrift zu *Die großen Arcana des Tarot*[17], wodurch sich die weitere Arbeit am Manuskript über die persönliche Gewissheit endgültig erübrigte.[18]

Das Scheitern eines Umsetzens seiner Totalmethode, die Wissenschaft und Vernunft mit dem Glauben des Christen sowie einer nach "Erleuchtung" strebenden "höheren Gnosis" vereint, entfernte Tomberg von der "geisteswissenschaftlichen" Position Rudolf Steiners. Er folgte Steiner nicht länger in der Annahme, man könne Erkenntnisse des Übersinnlichen in derselben Weise erlangen und objektiv prüfen, wie sich einmal gewonnene Einsichten in die Eigenschaften chemischer Elemente überall und immer experimentell beweisen lassen.

Indem die subjektive Sicherheit, in der Wahrheit zu leben, eine *persönliche* Gewissheit ist, erhebt sie nicht den wissenschaftlichen Anspruch, für jeden wiederholbar zu sein, der – wie Rudolf Steiner lehrte – "nur die richtigen Mittel wählen"[19] würde.

In einem Briefentwurf aus dem Jahr 1970 hat Tomberg diese bis zum Lebensende vertretene Position der Ablehnung des wissenschaftlichen Anspruchs bei Rudolf Steiner formuliert: "Das alles ist keine Geisteswissenschaft, womit ich nicht sagen will, daß es kein geistiges Wissen gibt und gab. Aber das geistige Wissen ist nicht Wissenschaft, sondern innere Gewißheit, ein Zustand also, der nicht anderen aufoktroyiert werden kann. Jedenfalls muss er auf jeden Anspruch auf Allgemeingültigkeit und allgemeine Nachprüfbarkeit verzichten. Er beruht auf innerer Erfahrung intimster Art und gilt höchstens für ein[en] intimen Weggenossen-Kreis, intime Freunde, die das Schicksal zusammengebracht hat."[20]

Es war diese Distanzierung von Rudolf Steiners Versuch eines wissenschaftlichen Auftretens keine pauschale Ablehnung von dessen Person oder aller von ihm gelehrten Methoden und inhaltlichen Positionen, schon gar keine Verurteilung Steiners, wie einzelne Interpreten daraus zu lesen glaubten.[21] Tomberg berief sich auch später noch zustimmend auf diesen,[22] obwohl er seit der Schrift über die persönliche Gewissheit immer weiter vom Anspruch abrückte, als wahr Erfahrenes mit Worten von allgemeiner Geltung zu sagen, deren Inhalte von jedem verifiziert werden könnten. Entsprechend legte er später die Kapitel seines Werks *Die großen Arcana des Tarot* als Briefe an einen Freund an. Statt auf Gesellschaften mit kodifizierten Inhalten, die von Mitgliedern als verbindlich akzeptiert werden, setzte Tomberg auf die Inspiration Einzelner durch Einzelne.

Macht und Ohnmacht des Verstandes

Der von Tomberg im zitierten Briefentwurf geforderte "Zustand" des Verzichts "auf jeden Anspruch auf Allgemeingültigkeit und allgemeine Nachprüfbarkeit" wird im vorliegenden Text im Hinblick auf die Erkenntnis Gottes deutlich. So haben für Tomberg die Versuche von Thomas von Aquin, Anselm von Canterbury und Leibniz, "Gott und Gottes Dasein durch begriffliche Beweisführung zwingend zu machen, eigentlich versagt."[23] Die Unfassbarkeit eines Gottes, der sich auf nichts reduzieren lässt, erscheint dem Verstand als Zumutung. Doch nachdem sich sein objektiver Beweis als unmöglich erwies, erlaubt die subjektive Erfahrung im Glauben echte Offenheit gegenüber Gott.

Dabei gehen auf dem Weg zur persönlichen Gewissheit ein nach Beweisen forschendes Denken und suchender Glaube lange Hand in Hand, um einander zu bereichern und dem Menschen ein ganzheitliches Wachsen in die Wahrheit zu erlauben. Schließlich gelangt der Verstand zur Einsicht, dass er ein ihn übersteigendes Ganz Anderes von sich aus weder zu denken noch zu begreifen vermag.[24] Der Verstand gesteht sich somit seine *Ohnmacht* ein; denn über das, was er vollständig begreifen könnte, würde er Macht erlangen.

Tomberg propagiert dabei keinen "Verzicht auf das Denken", den er jenen materialistischen Vorstellungen attestiert, die das Sein dem doch immer primären Bewusstsein vorausgehen lassen.[25] Weil ein wirklich konsequentes Denken die ihm offen stehenden Wege immer zu Ende geht, bereitet es Suchende auf die persönliche Gewissheit vor. Darum sind klassische Gottesbeweise, obwohl sie "eigentlich versagt" haben, notwendige Stationen. In diesem Sinn sah Tombergs Zeitgenosse Lama Anagarika Govinda (1898-1985) im "Intellekt, der auf halbem Wege stehen bleibt [...] das größte Hindernis geistigen Fortschritts." Doch ein Denken, das "bis zum Ende seiner Fähigkeit geht und seine eigenen Qualitäten und Grenzen erkennt, und somit sich selbst kritisch gegenübersteht, ist eine wertvolle Hilfe im geistigen Leben." Es geht deshalb nicht darum, "den Intellekt über Bord zu werfen, sondern einen volleren, weniger einseitigen Gebrauch von ihm zu machen, ihn aus dem Geleise der Gewohnheit zu befreien und bis an die Grenzen seiner Möglichkeiten zu gehen. Hierdurch brechen wir die Monotonie des tödlichen Kreislaufes, setzen uns in Beziehung zu allem Daseienden und finden schließlich den Mut, an der Grenze des Denkbaren und Vorstellbaren den Sprung in die Ganzheit unseres eigenen Wesens zu wagen."[26]

Die Vollendung des Menschseins jenseits des Denkbaren, von Govinda aus seiner vom Buddhismus geprägten Perspektive als "Sprung in die Ganzheit unseres Wesens" bezeichnet, erscheint bei Tomberg als vollkommenes Offensein für das Höhere. Dabei soll die Vernunft "nicht ausgeschlossen oder eingeschläfert werden, sondern in wacher Helligkeit vor dem Höheren knien. Sie soll nicht selbst sprechen, sondern schweigend lauschen; nicht ihre eigenen Gedankenformen schaffen, sondern spiegelglatt werden und spiegeln."[27]

Die Idee vom Verstand, der trotz konsequentesten Denkens die letzten Dinge nie fasst und in Ohnmacht kapituliert, worauf der Mensch dem Höchsten geöffnet wird, ist ein universelles Motiv des spirituellen Lebens. Es findet sich im Buddhismus etwa bei dem Philosophen Nāgārjuna und in der Schule vom Reinen Land[28] ebenso ausgestaltet wie im Islam, dessen Mystiker "die wortreichsten Bücher und Gebete verfaßt haben, um zu erklären, daß sie ihre Gedanken auf keine Art und Weise ausdrücken konnten."[29]

In der christlichen Tradition mag man an das Schweigen des Thomas von Aquin denken, der die Gedanken seines umfangreichen philosophischen und theologischen Werks am Ende als unbedeutend wertete: "Ich kann nicht mehr. Alles, was ich geschrieben habe, kommt mir vor wie Stroh im Vergleich zu dem, was ich gesehen habe und mir offenbart worden ist."[30]

Dass ausgerechnet der auf den Gipfel gelangte Verstand, der dem Menschen seine Macht in der Welt verleiht, sich entmachtet findet, erscheint nicht als Verlust, sondern wird als Befreiung und Bereicherung erfahren. Das wahrhaft "bis zum Ende seiner Fähigkeit" gegangene Denken erkennt, wie es nie in menschliche Kategorien zwängen kann, was alles Bekannte übersteigt. Weil hierzu bis zur letztmöglichen Grenze gedacht wurde, verzichtete man nicht auf den Gebrauch des Verstandes, sondern erlebt diesen befreit vom Wahn, ein Terrain zu erobern, auf dem er sich gar nicht von sich aus bewegen könnte.

Indem man auf diese Weise um die Undenkbarkeit der für den Menschen letzten Dinge nicht in einem nur abstrakten Sinn weiß, sondern die Grenzen des Denkens existentiell erfährt, gelangt man zu einer dem Mysterium angemessenen Haltung. Kann die Vernunft, wie im von Tomberg gebrauchten Bild, "in wacher Helligkeit vor dem Höheren knien" und zum Spiegel werden, bedeutet die Haltung der Demut keine Demütigung. Solche Erfahrung der Ohnmacht bereichert, indem sie einen Menschen offen und empfänglich werden lässt, ihn also zum Liebenden macht. Denn, wie es der Astrophysiker und theologische Denker Joseph Meurers ausdrückte, "die Tiefen des Seins eröffnen sich nur der Liebe, aber nicht der Macht."[31]

Der zeitgenössische Philosoph Maxence Caron arbeitete gleichfalls heraus, dass es nicht um den Verzicht auf das Denken geht, sondern um jenen auf den Machtanspruch, den ein nicht spiegelndes Denken auf die Wirklichkeit erhebt. Bleibt Gott die Initiative seiner Mitteilung überlassen und wendet sich das Denken seinem Ursprung zu, erfährt es erst die ganze ihm mögliche Weite und gelangt so zu seiner eigentlichen Bestimmung. "Es ist hier, in dieser unablässigen Anstrengung des Denkens, das in seinen Grund eindringt, wo das Philosophische im eigentlichen Sinne philo-*sophisch* bleibt und weiterhin das liebt, was die Vernunft als absolut Erstes, und dadurch hinsichtlich ihrer selbst als all-vorausgehend festgesetzt hat."[32] Für Caron ist der Glaube die spiegelnde, empfangsbereite Haltung und Form des Denkens "die sich *par excellence* und aus ihrer Bestimmung heraus der Suche nach dem Prinzip zuwendet."[33]

Symbol versus System

Soll ein Denken wahrhaft weit werden, darf es sich nicht auf Worte mit bestimmten Bedeutungen beschränken. Solches Fixieren engt die zu erwartenden Erkenntnisse auf den Radius zuvor akzeptierter Definitionen ein. Möchte man reflektierend tatsächlich den so genannten letzten Dingen gerecht werden, muss man sich freier und offener Medien bedienen. Statt eindeutiger Begriffe, die Objekte des Nachdenkens auf jeweils eine Bedeutung festlegen und so scheinbar beherrschbar machen, bedarf es eines weiten Reflektieren der Symbole, die in ihrer Deutung nie voll auszuschöpfen sind. Für Tomberg bieten sie das einzig geeignete Mittel, um persönliche Gewissheit auszudrücken und mitzuteilen.

Ein Symbol ermöglicht es, den Menschen "über die jeweilige wache Schicht seines Bewusstseins hinaus anzusprechen."[34] Es lässt jedem Interpretierenden die Freiheit, "zwingt nicht einen bestimmten Inhalt" auf, sondern offenbart auf einem "Weg der Vertiefung" sukzessive "Inhalt auf Inhalt, die als Schichten in ihm gelagert sind."[35] Auf diesem Weg reift der Mensch im "Vorgang einer Reihe aufeinander folgender Erfahrungen des Erwachens. Reifsein ist Wachsein für die wesentlichen Dinge des menschlichen Lebens."[36]

Das Motiv des Erwachens durchzieht den gesamten Text: Menschsein umfasst schlafende Schichten, ein Weisheit bergendes nächtliches Bewusstsein *und* von der Vernunft geprägte

Schichten des Tagesbewusstseins. Die Harmonie beider Sphären ist notwendig, um seelische und körperliche Gesundheit zu finden und zu bewahren. Man kann mit Hilfe der Symbole noch schlafende Schichten wecken, wobei "die wahre persönliche Gewissheit das Ergebnis der Übereinstimmung des Wachbewusstseins und des tieferen oder schlafenden Bewusstseins ist."[37]

Tomberg, dem im vorliegenden Fragment die größere Ökumene spiritueller Traditionen ein Anliegen ist, reflektiert diese Idee des Erwachens auch hinsichtlich des Buddhismus, in dem sie die zentrale Rolle spielt.[38]

Zu genau derselben Zeit, in der Tomberg über das Thema der persönlichen Gewissheit schrieb, beschäftigte Lama Anagarika Govinda aus seinem europäisch geprägten Verständnis des tantrischen Buddhismus die Frage, wie man sich "der Aussicht auf eine höhere Lebensform" versichern kann. Gleich Tomberg kam er zum Schluss, diese Erfahrung wäre wegen ihrer Multidimensionalität im Symbol anzudeuten: "Die Vorahnung, ja Gewißheit, solch höherer Daseinszustände ist mit gewissen Erlebnissen verbunden, die von so grundlegender Natur sind, daß sie weder erklärt noch beschrieben werden können. Sie sind so subtil, daß es nichts gibt, womit man sie vergleichen könnte, nichts, woran Gedanke oder Vorstellung haften könnten. Und doch sind diese Erfahrungen wirklicher als irgendetwas, das wir sehen, denken, berühren, schmecken, riechen oder hören können; und zwar deshalb, weil sie erfüllt sind von dem, was allen Empfindungen vorausgeht und sie umfaßt, aus welchem Grunde sie nicht mit irgendeiner derselben identifiziert werden können. Darum können solche Erlebnisse nur durch Symbole angedeutet werden. Und diese Symbole sind nicht willkürliche Erfindungen, sondern spontane Ausdrucksformen, die aus den tiefsten Regionen des menschlichen Geistes hervorbrechen."[39]

In diesem Verständnis der Symbolik war Govinda wie Tomberg von Carl Gustav Jung beeinflusst.[40] Dieser hatte festgestellt: "Ein Ausdruck, der für eine bekannte Sache gesetzt wird, bleibt immer ein Zeichen und ist niemals Symbol. Es ist darum ganz unmöglich, ein lebendiges, d. h. bedeutungsschwangeres Symbol aus bekannten Zusammenhängen zu schaffen."[41] Jung stand damit in der Tradition Goethes, für den Symbolik – im Unterschied zur rational entschlüsselbaren Allegorie – Ideen derart in Bilder verwandelt, "daß die Idee im Bild immer unendlich wirksam und unerreichbar bleibt und, selbst in allen Sprachen ausgesprochen, doch unaussprechlich bliebe."[42] Tomberg bekannte in diesem Sinn, er habe, obwohl er sich lebenslang mit Symbolik auseinandersetzte, kein "einziges Symbol endgültig gedeutet, d. h. seinen Inhalt erschöpft."[43]

Indem die Symbolik subtile Erlebnisse ausdrückt, die sich nie eindeutig sagen lassen, erhebt sie sich als Mittel der Reflexion über alle aus Begriffen mit fixen Definitionen gestalteten Systeme. Dass solche dennoch für viele eine erhebliche Attraktivität ausstrahlen, liegt Tomberg zufolge nicht zuletzt daran, dass man sich von ihnen ein Erweitern des eigenen Machtbereichs verspricht. Geschlossene Denksysteme erleichtern scheinbar die Orientierung, lässt sich doch im vorgegebenen Rahmen jede Ungewissheit ohne erhebliche eigene Anstrengung beseitigen.

Die Schöpfer von Systemen simplifizieren komplexe Wirklichkeiten, nehmen sie eine vermeintliche Tatsache "als bekannt und gegeben an und erklären damit vieles, indem sie das Viele auf jenes Eine zurückführen."[44] Derart halten sie für jedes Problem eine dem logischen Denken schlüssige Lösung parat. "Das Beantworten aller Fragen ist dem Marxisten eigentlich kinderleicht. Und es ist ihm so leicht, weil er einen mechanischen Apparat, ein System, zur Verfügung hat, das einen großen Teil der Mühe im Beantworten der Fragen von ihm nimmt und die Arbeit für ihn leistet. Und darin liegt weitgehend das Anziehende, das Faszinierende, jedes Systems, dass es einen großen Teil der Gedankenarbeit für den Menschen leistet."[45]

Tomberg, dessen Mutter in den Wirren nach der Oktoberrevolution ermordet wurde, und der aus dem sowjetischen Machtbereich floh, schrieb diese Zeilen in der politischen Atmosphäre des Kalten Krieges. Doch richtete sich seine Kritik keinesfalls nur gegen den Marxismus, sondern gegen alle zum Absolutismus neigenden Systeme, die "das Viele auf jenes Eine zurückführen" wollen, das im Zentrum ihres Denkens steht.

Ob der Marxismus jede Gestaltung menschlicher Kultur als Überbauphänomen der ökonomischen Basis oder die Psychoanalyse sie als sublimierte Libido erklärt, beide Systeme verhalten sich aus Tombergs Perspektive wie die totalitäre kirchliche Theologie des Spätmittelalters, die versuchte, "ein umfassendes und lückenloses System auszuarbeiten und mit dessen Hilfe das Gedankenleben, das Gemüt und die Lebensweise der Menschen unter ihre Herrschaft zu bringen." Jedes derartige System "ist grundsätzlich erfüllt vom Geist der Inquisition und schafft, wenn die Umstände es erlauben, in der Praxis einen Inquisitionsapparat."[46] Wo man Gott und die Welt dagegen nicht mit zwingenden Systemen erklärt und durch sie begriffen zu haben glaubt, sondern sich im Symbol ahnend einem nie vollständig erreichten Verständnis nähert, kann man offen, lernend und duldsam bleiben.

Tomberg wandte sich während der Arbeit über persönliche Gewissheit, nachdem er lange Passagen philosophisch argumentieren wollte, intensiv der Symbolik zu. Den kabbalistischen Symbolen der zehn Namen Gottes wollte er das nach kurzer Einleitung angebrochene sechste Kapitel widmen.

Zuvor betonte er am Ende des fünften Kapitels, Symbole dienten Zwecken "der persönlichen Vertiefung" ohne "Anspruch auf Wissenschaftlichkeit."[47] Die in ihrem Fortgang offene Arbeit klingt mit der Absage an eine objektiv verifizierbare Gewissheit aus.

Wert und Problematik des Fragments

Wer sich mit dem Werk Tombergs beschäftigt, erkennt im vorliegenden Text über persönliche Gewissheit manche Aspekte des späteren Werks. So werden die Gedanken über Schlaf- und Wachbewusstsein später in *Lazarus, komm heraus* ausgestaltet.[48] Anklingende Überlegungen zur Symbolik als dem angemessenen Medium zum Ausdruck innerer Erfahrungen finden sich in *Die großen Arcana des Tarot* ausgearbeitet. Weil das Fragment in einer frühen Phase den Blick auf diese und weitere Motive gestattet, darf mancher Gedanken im Kontext seines Entstehens verfolgt werden. Dabei findet sich manche Aussage prägnanter gefasst als in den jeweiligen komplexen Zusammenhängen der folgenden Bücher.

Ein Fragment gebliebener Text, der vom Autor nie für die Veröffentlichung aufbereitet wurde, bietet natürlich formale und inhaltliche Schwierigkeiten. Als eine solche lässt sich der Umgang mit Quellen sehen. Gibt Tomberg bei Werken wie jenen des Biologen Edgar Dacqué[49] und des Logikers Rudolf Carnap[50] von ihm zitierte Stellen genau an, unterbleiben an vielen anderen Orten solche Nachweise. Dies betrifft insbesondere – aber nicht nur – die Verwendung klassischer Literatur. So beginnt das Typoskript mit einer Legende, als deren Quelle Tomberg das *Buch über Adams Buße* (*Poenitentiae Adae Liber*) angibt. Damit dürfte er das im *Decretum Gelasianum de libris recipiendis et non recipiendis* genannte und gebannte apokryphe Werk *Paenitentia Adae* gemeint haben, das möglicherweise mit der *Vita Adae et Evae* oder *Apokalypse des Moses* identisch ist.[51] Es bleibt jedoch nicht nur unklar, welche der überlieferten Fassungen der *Vita Adae et Evae* Tomberg verwendete. Zudem verknüpfte er offenbar Motive dieses spätantiken Textes mit christlichen Überlieferungen, wie sie im 13. Jahrhundert in der *Legenda aurea* des Jacobus de Voragine zum Fest der Kreuzauffindung wiedergegeben wurden, schrieb diese jedoch gleichfalls dem *Buch über Adams Buße* zu. Auch für die Aussagen zu philosophischen Ideen Indiens und Chinas sowie manche andere Information unterblieben im Fragment die Belege der Herkunft.

Zudem wären einige Wertungen Tombergs aus heutiger und oft schon zeitgenössischer Perspektive zu hinterfragen. Das betrifft zum Beispiel sein pauschales Urteil über den Islam als "fatalistisch",[52] ebenso wie seine Einschätzung der Erfahrungen von Sufis und Schamanen als "chaotische Mischung" von Wachen und Schlafen.[53] Manches ließe sich bezüglich seiner Interpretationen kritisch anmerken, sei es im Hinblick auf sein Verständnis der Philosophie Immanuel Kants oder angeführte Beispiele aus der Wissenschaft. Allerdings ist die Frage, ob Tomberg alle von ihm angeführten Einzelheiten richtig verstand und jede Interpretation der herangezogenen Beispiele als korrekt gelten darf, für das Verständnis der grundlegenden Reflexionen des Textes irrelevant.

Dem mit diesem Manuskript begonnenen und gescheiterten Versuch einer "Totalmethode" wird man als Leser vielleicht am ehesten gerecht, wenn man ihn – trotz aller in ihm enthaltenen philosophischen Gedanken – vornehmlich als Einladung zur Meditation betrachtet oder ihn wie ein Kunststück genießt. Wo eine Absage an alle Systeme erfolgt und Symbole sprechen sollen, mag der Stefan George zugeschriebene Satz gelten: "Von mir aus führt kein Weg zur Wissenschaft."[54]

Teil 2

Innere Gewissheit
Über den Weg, die Wahrheit und das Leben

VALENTIN TOMBERG

Innere Gewissheit
Über den Weg, die Wahrheit und das Leben

Suchet, und ihr werdet finden.
Klopfet an, und es wird euch aufgetan werden.
Bittet, und es wird euch gegeben werden
Der Meister

Vorwort

Das *Buch über Adams Buße*[1] berichtet, dass der dritte Sohn Adams, Seth, zum Erben und Nachfolger wurde. Da er gerecht war, war es ihm erlaubt, bis an das Tor des Irdischen Paradieses zu gelangen. So sah er den Baum der Erkenntnis und den Baum des Lebens, die so ineinander wuchsen, dass sie ein Baum waren. Und der Cherub, dem der Alte der Tage[2] das Hüten des Tores von Eden anvertraut hatte, gab Seth, mit der Erlaubnis des Allerhöchsten, drei Samen, welche die Wirkungskraft und das Wesen jenes Baumes enthielten.

Ferner berichtet das Buch über Adams Buße, dass Seth, als Adam starb, der Anweisung des Cherub gehorchend, die drei Samen in den Mund seines Vaters legte – die drei Samen des Lebens ohne Ende. Die Sprösslinge, die aus dem Samen wuchsen, wurden zu jenem Busch, der, ohne zu verbrennen, brannte und inmitten dessen der Allerhöchste an Moses Seinen ewigen Namen offenbarte: Ich bin der Ich-Bin. Moses nahm einen dreizweigigen Ast von dem heiligen Busch und gebrauchte ihn als seinen Wunder wirkenden Stab. Obschon getrennt von seiner Wurzel, lebte und blühte der Ast weiter und wurde später in der Bundeslade aufbewahrt.

Weiter berichtet das *Buch über Adams Buße*, dass David, der König, den Ast auf dem Berge Zion pflanzte. Salomo, sein

Sohn, nahm später Holz aus jedem der Stämme des dreistämmigen Baumes, um daraus die Säulen Jachin und Baaz zu bauen, welche in dem Vorraum des Tempels aufgestellt wurden. Die Säulen Jachin und Baaz waren inwendig aus dem Holz der zwei Stämme, außen aber mit Bronze bedeckt. Der dritte Stamm wurde in die Schwelle des Haupttors des Tempels gelegt, damit nichts Unreines in den Tempel gerate.

Ferner berichtet das *Buch über Adams Buße*, dass gewisse übel gesinnte Leviten dieses Hindernis für ihre unheilige Freiheit in der Nacht von der Schwelle des Tempels entfernten: Sie warfen den Stamm, mit schweren Steinen belastet, in den Wasserbehälter des Tempels, wo er versank. Seit jener Zeit bewegte ein Engel des Allerhöchsten das Wasser des Pfuhles, damit das untere Wasser nach oben steige und das obere Wasser nach unten sinke. Dadurch wurde das Wasser des Pfuhles wunderbar läuternd und heilend – und die Menschen wurden durch das Wasser davon abgelenkt, den Baum Salomons in dessen Tiefen zu suchen.

Das *Buch über Adams Buße* berichtet weiter, dass in den Tagen Jesu Christi der Pfuhl gereinigt wurde. Die Juden fanden dabei den Baumstamm. Da sie ihn für wertlos hielten, trugen sie ihn aus der Stadt Jerusalem heraus und warfen ihn quer über den Bach Kedron. Und es geschah, dass unser Erlöser nach seiner Festnahme in der Nacht im Garten Gethsemane über diese Brücke zu gehen hatte. Seine Henker stießen Ihn von dem Balken ins Wasser. Dann aber, in ihrer Hast, das Hauptwerkzeug seiner Passion vorzubereiten, nahmen sie den Balken, der aus drei Arten von Holz bestand, mit und machten daraus das Kreuz, an dem Er gekreuzigt wurde.

Aus der Substanz, aus welcher diese Legende gewachsen ist, ist auch das vorliegende Werk gewachsen.

Einleitung

Dass ich erkenne, was die Welt
Im Innersten zusammenhält
Schau' alle Wirkenskraft
und Samen –
Und tu' nicht mehr in Worten
kramen
Faust

Das vorliegende Werk – es ist des Verfassers Lebenswerk – hat zum Gegenstand das Leben in seinen geistigen, seelischen und biologischen Offenbarungen. Es geht um die Wege des Menschen zur Wahrheit, d.h. zum Leben in der Wahrheit oder zum wahren Leben.

Der Gegenstand ist so weit wie die Welt. Es wird deswegen im vorliegenden Werk von der "Totalmethode" Gebrauch gemacht: die Methode, die dem Werk zugrunde liegt, ist die Totalanstrengung des totalen menschlichen Wesens, um zum Totalergebnis zu gelangen. Sie umfasst deswegen Lebenserfahrung, Beobachtung, Studium, Gewissen, Denken, Einfühlen, geleitete Einbildungskraft, Ahnen, Beten, Versenkung und anderes mehr. Die Ergebnisse stellen somit den *Zusammenklang* der auf verschiedenen Einzelwegen und durch verschiedene Einzelfähigkeiten des menschlichen Wesens gewonnenen Einzelergebnisse dar. Man kann sie statt als Zusammenklang auch als *Regenbogen* bezeichnen. Es wird somit das, was z.B. dem logischen Sinn, dem Wertsinn, dem moralischen Sinn, dem Schönheitssinn und dem Gesundheitssinn gleichzeitig entspricht und sie befriedigt, als "wahr" hingestellt und als "Ergebnis" betrachtet werden.

Wem hat der Verfasser Hilfe, Anregung, Anweisung, Belehrung zu verdanken? Wer sind des Verfassers *Lehrer*?

Unzählig sind die Menschen, denen der Verfasser Belehrung und Anregung verdankt. Sie leuchten wie Sterne am Himmel seines Bewusstseins – sind aber auch so zahlreich wie die Sterne am nächtlichen Himmel es sind. Es hat aber des Verfassers Himmel auch seinen Mond, der die nächtliche – oder tiefere – Seite des Lebens im silbernen Zauber seines Lichtes sichtbar macht. Und eine Sonne, der er Tageshelligkeit und Wärme verdankt. *Was* der Verfasser ihnen verdankt und *wer* sie sind – es wird so offenbar, so deutlich und so selbstverständlich beim Lesen des Buches werden, dass das Nennen der Namen an dieser Stelle sich wohl erübrigt.

Was hier als "Totalmethode" bezeichnet wurde, wird wohl später – sollte das Buch überhaupt Beachtung finden – von einigen Sachverständigen "Existentialismus", von anderen "Synkretismus" oder "Eklektizismus", von anderen wiederum "Anti-Spezialismus" usw. bezeichnet werden. Sie ist gewiss alles dieses, aber sie ist doch noch etwas darüber hinaus: nämlich das Gehen auf allen Wegen, die für den Menschen gangbar sind, ohne seine geistige und leibliche Gesundheit zu gefährden. Es ist deswegen nicht Wahllosigkeit, wenn der Leser im Buch z.B. Kant, Fichte, Schelling, Solowjeff,[3] Berdjajeff,[4] Russell einerseits, und den Schöpfern von Werken der Kabbala, des Yoga, der christlichen und chinesischen Mystik andererseits, begegnet; denn sie alle sind *Menschen* und strebten als *Menschen* nach *menschlicher* Erkenntnis des Lebens.

Wer wird wohl berechtigt sein zu behaupten, dass die Bemühungen und Ergebnisse nur *eines* unter ihnen oder nur *einer* bestimmten Gruppe unter ihnen von Wert seien, während alle anderen nicht einmal ein ehrliches Eingehen auf sie verdienen? Wer hat die Berechtigung zu sagen: Es gibt Menschen, die trotz aller ihrer Bemühungen nichts Wesentliches erreicht haben, auch wenn sie selbst das Gegenteil behaupten?

Die Totalmethode bedeutet nicht nur die Totalanstrengung des Gesamtwesens eines einzelnen Menschen, sondern auch das Beachten und Verwerten der Anstrengungen der gesamten Menschheit im Laufe der uns übersehbaren Weltgeschichte.

I. Eine Betrachtung über Schlaf und Wachen

Könnt ihr nicht mit mir eine Weile wachen?
Der Meister in Gethsemane

Wären Schlafen und Wachen zwei zeitlich scharf getrennte Zustände und wären sie einander ausschließende Gegensätze, so dass man sagen sollte: entweder schläft der Mensch oder er wacht – handelte es sich tatsächlich nur um dieses "entweder-oder" –, so hätte der Mensch nicht die Fähigkeit, ohne Wecker zur rechten Zeit erwachen zu können. Auch wäre er während seines Wachzustandes nie "zerstreut", hätte nie etwas vergessen und nie etwas außer acht gelassen, "verschlafen", was für ihn von Belang ist. Schlafen und Wachen greifen ineinander: es gibt einen leichten "wachen" Schlaf, und es gibt auch ein träges, "schläfriges" Wachen. Der Schlaf begleitet uns während unseres Wachens; das Wachen begleitet unseren Schlaf und beeinflusst ihn, wie der Schlaf in unseren Wachzustand hineinspielt. Während des Wachzustandes ist man nur teilweise wach: für viele Dinge schläft man weiter.

Auch ist man während des Schlafzustandes nur teilweise eingeschlafen: für viele Dinge ist man auch im Schlaf weiter wach. Für bestimmte Sinneseindrücke bleibt der Mensch im Schlaf wach, d.h. er reagiert auf sie auf tätige Weise. Dies gilt nicht nur für die Eindrücke des Tastsinnes und des Gehörsinnes, sondern auch des Sehsinnes: eine plötzlich eintretende Helligkeit weckt viele Menschen. Sie "weckt" – das bedeutet, dass der Mensch auf sie in tätiger Weise reagiert, dass er sie nicht "verschläft", sondern "wach" für sie ist.

Anderseits gibt es viele Dinge, für die man während des Wachzustandes schläft. So gibt es Menschen, die z. B. für Weltanschauungsfragen oder für die Weltereignisse oder auch für die Religion schlafen. Dann kann es geschehen, dass sie für diese Dinge eines Tages erwachen. Andere Menschen wiederum schlafen für bestimmte moralische Pflichten und Aufgaben in ihrem Leben. Jeder Mensch hat die Erfahrung des Erwachens gehabt – und zwar nicht nur des Erwachens am Morgen für die Außenwelt im allgemeinen, sondern auch des Erwachens für bestimmte Dinge im sogenannten Wachzustande. Diese Erfahrung macht jeder während der Zeit des Übergangs von der Kindheit zur Jugend. Für wie viele Dinge schlief man in der Kindheit, die später auf einmal so bedeutsam und unentbehrlich wurden!

Eigentlich ist das Reifen der Vorgang einer Reihe aufeinander folgender Erfahrungen des Erwachens. Reifsein ist Wachsein für die wesentlichen Dinge des menschlichen Lebens. Und man ist um so reifer, je größer der Umkreis der Dinge ist, für die man erwacht ist, und je tiefer man für diese Dinge erwacht ist. Denn das Erwachen hat seine inneren Stufen auch in Bezug auf ein Ding; es hat außer dem Umfang seines Umkreises Stufen der Intensität. Man kann für sehr viele Dinge nur ganz oberflächlich erwacht sein; man kann aber auch nur für wenige Dinge wach sein, aber dafür mit großer Intensität.

Dass Schlaf und Wachen viele Stufen haben und verschiedener Art sein können, dass sie ineinandergreifen und gleichzeitig gegenwärtige Schichten des menschlichen Wesens darstellen, ist nicht nur der modernen Tiefenpsychologie aller drei Hauptschulen, der Schulen Freuds, Adlers und Jungs, bekannt, sondern stellt auch die Grundlage solcher weltbekannten geistig-religiösen praktischen Methoden wie z.B. des Buddhismus, des Yoga, der *Geistlichen Übungen* (*Exercitia spiritualia*) des hl. Ignatius von Loyola dar.

Der Buddhismus beruht in seiner Praxis auf der Erfahrung, dass man für bestimmte Dinge, für die man schläft, erwachen kann. Prinz Gautama wurde zum Buddha ("Buddha" bedeutet der "Erwachte"), indem er unter dem Bodhi-Baum für die "edlen vier Wahrheiten" voll erwachte. Er erwachte für den Aspekt des Leidens des Lebens: was er längst "wusste", wusste er auf einmal auf eine ganz andere Art. Jeder erwachsene Mensch weiß – und Gautama, nachdem er das königliche Haus verlassen hatte und auf die Wanderschaft gegangen war, wusste es auch –, dass Geburt, Krankheit, Altern und Tod Leiden sind und dass mit Nicht-Lieben verbunden sein und vom Lieben getrennt sein auch Leiden bedeutet; aber die "Erleuchtung" unter dem Bodhi-Baum bedeutet ein Wissen des bereits Gewussten, ein Erkennen des bereits Erkannten auf eine neue Art. Eine Einsicht fand da statt, die an Helligkeit, an Wachsein, das gewöhnlich unwache, im Halb-Schlaf erlebte "bloße Kopfwissen" weit übertraf. Nicht nur begriff er den Inhalt des Leidensaspekts des Lebens, sondern er fühlte auch dessen Gewicht und erlebte die Tragweite seiner praktischen Konsequenzen. Er erkannte mit seinen Gedanken, seinem Gefühl und seinem Willen, wie groß der Umfang und wie weit die Wirkung des Leidens im menschlichen Leben ist. Er *erwachte* für das Leiden im menschlichen Leben – für dasselbe Leiden, das ihm längst "bekannt" war. Und dieses Erwachen enthielt auch – oder brachte natürlicherweise mit sich – die Einsicht in die Ursache des Leidens, des Vernichtens dieser Ursache und des Weges, der zu ihrem Vernichten führt – der unzertrennliche Organismus der "vier edlen Wahrheiten" ging in ihm auf als Stufen des Erwachens für das Leiden. Er erkannte mit seinem Gesamtwesen, was er bis dahin nur mit einem Teil seines Wesens erkannt hatte. Und dies ist das Wesen des Erwachens: Einsicht – Erkennen, Erfühlen, Erwollen – mit dem totalen menschlichen Wesen, Totalerkenntnis.

Die Praxis des Buddhismus besteht im Verwerten der Erfahrung des Erwachens, indem es durch systematisches Üben angestrebt wird. Bei diesem Üben kommt es namentlich darauf an, das bereits Erkannte tiefer zu erkennen, d.h. zur Vollerkenntnis des gesamten menschlichen Wesens zu bringen. Aus diesem Grunde handelt es sich da um wiederholte *Versenkung* in bestimmte Formeln und Vorstellungen, mit der Absicht und der Hoffnung, vielleicht nach tausendfacher Wiederholung, zum Erwachen für die Realitäten, die durch diese Formeln und Vorstellungen zum Ausdruck gebracht oder angedeutet werden, zu gelangen.

Dass diese Anstrengungen öfter von Erfolg gekrönt sein mussten, folgt schon aus der Tatsache allein, dass die Praxis der Versenkung im Buddhismus auch heute noch lebendig ist. Man kann nicht glauben, dass sich eine Praxis dieser Art fast zweieinhalb Jahrtausende halten könnte, wenn sie stets erfolglos geblieben wäre.

Auch die Praxis des indischen Yoga kennt wiederholte Versenkung in bestimmte Formeln und Vorstellungen. Formeln wie z.B. *tat tvam asi*[5] ("Das bist du") oder *ahaṃ brahmāsmi*[6] ("Ich bin Brahma") enthalten *in sich* eine ganze Stufenleiter der Versenkung – d.h. des stufenweisen Erwachens für ihren Inhalt. Wenn z. B. Kant das "transzendentale Subjekt" – "den Denker im Denken und den Seher im Sehen", wie es in der Sprache der *Upaniṣad*-Texte[7] auch bezeichnet wird – dem "empirischen Subjekt" (*ahaṃkāra* – die "Ich-Illusion") gegenüber gestellt hat; wenn Fichte dieses Ich als die einzige Realität innerhalb der Welt unserer Erfahrung hingestellt hat; wenn Hegel die Identität dieses Ich mit dem

Weltgeist verkündete – so blieb es für die Kantianer, Fichtianer und Hegelianer dabei.

Nicht so aber in Alt-Indien. Da wurde die Lehre von der Identität des transzendentalen Selbst (*ātman*) – mit der Gottheit der Welt – Brahman – zur Praxis der *Verwirklichung* dieser Lehre, zum Yoga. Da kam es – und kommt noch immer – darauf an, diese Identität nicht bloß für wahr zu halten, sondern auch für sie voll zu erwachen. Und die Stufen der Versenkung – beginnend mit der bloßen Konzentration (*dhāraṇā*) und durch die Stufe der Kontemplation (*dhyāna*) zum Einswerden des Gesamtbewusstseins mit dem Gegenstand der Versenkung (*samādhi*) führend – des Yoga fangen gerade da an, wo man bei dem üblichen Philosophieren stehen bleibt.

Der Philosoph – zum mindesten der abendländische – hört an der Stelle auf, wo er zu einer begrifflich klaren und logisch (oder auch erfahrungsgemäß) wohl begründeten, klar definierten Ansicht gelangt ist. Sein Anliegen als Philosoph ist damit zu Ende: er hat in klarer und überzeugender Form dargestellt, dass dieses so ist und nicht anders. Für den Yogin aber hätte dieses Ergebnis des philosophischen Denkens den Anfang *seines* Anliegens bedeutet. Es hätte für ihn den Anlass bedeutet, sich in dieses Ergebnis der philosophischen Betrachtung zu versenken, sich weiter in den Gegenstand hineinzudenken, einzufühlen, einzuwollen, einzuatmen und einzuleben, bis er für ihn völlig erwacht.

Ein drittes Beispiel des praktischen Verwertens der Einsicht, dass der Mensch auch im Wachzustand teilweise schläft und dass er immer weiter erwachen kann, liefern die *Geistlichen Übungen* (*Exercitia spiritualia*) des hl. Ignatius von Loyola, des Gründers des Jesuitenordens. Diese Übungen sind vor über 400 Jahren entstanden. Papst Paul III. empfahl sie 1548 in seiner Enzyklika *Pastoralis officii cura*[8] als "erfüllt von Frömmigkeit und Heiligkeit, sehr nützlich und heilsam für die Festigung und den geistigen Fortschritt der Gläubigen", und Papst Pius XI. spricht in der Enzyklika *Mens nostra* vom 20. Dezember 1929 von dem hl. Ignatius von Loyola als dem alle übertreffenden, eigentlichen Meister aller geistlichen Übungen.[9]

Diese zwei Enzykliken zeigen, dass die *Geistlichen Übungen* des hl. Ignatius im 20. Jahrhundert nicht minder geschätzt werden, als sie im 16. Jahrhundert geschätzt wurden. Der Grund liegt wohl darin, dass sie heute, wie vor vier Jahrhunderten, die Menschen, die sie üben, für bestimmte Dinge erwecken. Sie machen die Menschen allerdings für einen gänzlich anderen Aspekt des Lebens wach, als es z.B. die geistige Praxis des Erwachens im Buddhismus tut. Da gilt es für die Wirklichkeit des Leidensaspekts des Lebens zu erwachen. In den geistigen Übungen des hl. Ignatius handelt es sich dagegen um das Erwachen des Willens zur Mitarbeit an dem Werk der Heilung des Leidens der Menschheit. Dieser Wille wird wach, indem das Reich der Sünde dem Reich des Heils in aller Intensität und konkreter Wirklichkeit gegenübergestellt wird.

Während der vier Wochen der Exerzitien wird sich der geistlich Übende des Wesens und Ausmaßes der Sünde in sich selbst und in der Menschheit bewusst; er gelangt zur konkreten Einsicht und Einschätzung der letzten Konsequenzen der Sünde; dann wird er der Bedeutung und der Tragweite des Heils bewusst, das in der Geburt, den Heilungen, dem Leiden, dem Tod und der Auferstehung Jesu Christi vor seinem geistigen Blick steht; dann erwacht in ihm der Wille zur kompromisslosen Wahl, zur hundertprozentig ehrlichen Wahl vor seinem Gewissen und Wissen. Danach betrachtet er, Schritt für Schritt, die unwiderstehliche Schönheit der fleischgewordenen Liebe, ihren echten Adel, den einzig wahren Adel, den es gibt; die Freiheit des Atems in der Liebe, die einzige wahre

Freiheit, die es gibt; ihre Tiefe, die alles andere, im Vergleich zu ihr, als flach erscheinen lässt; die Lebensfülle, die in ihr quillt, das einzig wahre Leben, das es gibt – und alles andere in ihr, das so echt, so ursprünglich, so lebendig, so schöpferisch und unmechanisch ist ...

Mit brennendem Herzen verlässt er die Exerzitien: er hat nun die volle Gewissheit, dass Gott die Liebe ist und dass, wer in der Liebe lebt, in Gott lebt und Gott in ihm; dass die Liebe stärker ist als der Tod und dass Christus auferstanden ist und lebt und ihn und alle anderen Menschen zur Teilnahme an Seinem Leben ruft. Aus einem durch die geistlichen Übungen zum Brand gebrachten Herzen entstammt das Gebet eines der ersten Exerzitanten und Schüler des hl. Ignatius: "Nicht damit Du mich im Himmel selig machst, nicht um der ewigen Verdammnis zu entgehen, nicht in Hoffnung auf Belohnung, wie sie auch sei, sondern wie Du mich geliebt hast, so liebe ich Dich und werde Dich immer lieben, nur weil Du mein König bist. Amen."

Dieses Gebet des hl. Franziskus Xaverius bringt die Frucht der geistlichen Übungen am deutlichsten zum Ausdruck: das für die Liebe erwachte Herz spricht da die echte und reine Herzenssprache. Denn das menschliche Herz, wenn es erwacht ist und wenn es ihm erlaubt ist, in seiner eigenen Sprache zu sprechen, kennt kein Abwägen von Vorteil und Nachteil – in Zeit und Ewigkeit –, und es lebt nichts vom Kaufmann, vom Lohnarbeiter und von dem Auf-sein-Recht-Pochenden in ihm.

Im hl. Franziskus Xaverius haben wir den Zustand des Bewusstseins veranschaulicht, der die Verwirklichung der dritten Stufe der geistlichen Übungen ist, nämlich der Stufe des "Weges zur Vereinigung", der die Stufen des "Weges der Erleuchtung" und des "Weges der Läuterung" vorangehen. Das Erwachen für die Wirklichkeiten der Sünde und des Heils ist die Stufe des "Weges der Läuterung"; das Erwachen für den Wert des dargebotenen Heils ist die Stufe des "Weges der Erleuchtung", und das Entbrennen des Herzens in Liebe ist die Stufe des "Weges der Vereinigung" in den vier "Wochen" der vollständigen geistlichen Übungen des hl. Ignatius. Die dreißig Tage der geistlichen Übungen stellen die Zeit der Totalanstrengung dar, um für die Wirklichkeit der Liebe als des höchsten Wertes und der wahren Bestimmung der Menschheit zu erwachen. Der Mensch, der durch sie in vollem Ernst und restloser Ehrlichkeit durchgegangen ist, wird "Zeuge" der Wirklichkeit und des Wertes der Liebe, d.h. er gewinnt darüber die persönliche Gewissheit aus persönlicher Erfahrung, die niemand und nichts ihm nehmen kann. Man kann ihn wohl töten, aber man kann ihm seine Erfahrung nicht nehmen. Er *hat* eine neue Art Luft geatmet und *hat* ihr Ozon erlebt, und keine andere Art der Luft wird ihm dieses Ozon je ersetzen können.

Auch die Geschichte der Philosophie und der Wissenschaft liefert zahlreiche Beispiele des Erwachens der schlafenden oder schlummernden Schichten des Bewusstseins. Wenn z. B. Kant, rückblickend auf seinen Denkerlebenslauf, von seinem einstigen "Erwachen aus dem dogmatischen Schlummer"[10] spricht, dem er seine transzendentale Methode und seine kritische Überprüfung des gesamten Gebiets der philosophischen und wissenschaftlichen Erkenntnis verdankt, so handelte es sich bei diesem "Erwachen" um das Aktivwerden einer Schicht des Bewusstseins, die früher passiv in "Schlummer" versunken war. Dass man nicht bloß über die Gegenstände der Erfahrung denken kann, sondern, darüber hinaus, auch über das Denken selbst denken kann, dies war das Erwachen, das Kant meint und dessen Folgen er selbst als so bedeutsam empfunden hatte, dass er sie nur mit der "kopernikanischen Entdeckung" vergleichen konnte.

Was in Kant dabei vorgegangen war, war eine Umstellung des Bewusstseins vom Sich-Identifizieren mit dem Denkvorgang zum Beobachten und Einschätzen des Denkvorgangs. Der "dogmatische Schlummer", der dieser Umstellung voranging, bestand in der "naiven" Hingabe des Bewusstseins an das Denken: das Bewusstsein wurde von dem Strom des Denkens mitgetragen, und es war mit diesem Strom eins. Nun aber raffte es sich dazu auf, sich aus diesem Strom zu befreien, aus ihm gleichsam emporzutauchen, um ihn von einer dem Denkvorgang übergeordneten Warte aus anzuschauen und, statt von ihm getragen zu werden, ihm Grenzen und Richtung zu setzen.

Dieses Sich-Losreißen des Bewusstseins vom Denkstrom und dieses Finden einer höheren Warte – und das auf einer Ebene, von wo aus die Denktätigkeit angeschaut, beobachtet, beurteilt und gelenkt werden kann – ist allerdings eine Leistung des von einer außerordentlichen Ehrlichkeit und Wahrheitsliebe bewegten Bewusstseins, die wohl den Vergleich mit der "kopernikanischen Entdeckung" verdient. Denn viele von den anmaßenden Ansprüchen des Rationalismus mussten als Folge der "Kritik der reinen Vernunft" Kants aufgegeben werden. Seine drei "Kritiken" – der reinen Vernunft, der Urteilskraft und der praktischen Vernunft – ebneten den Weg zu einer viel ernsteren und gediegeneren Erkenntnis, nämlich der Erkenntnis, die sich aus dem *Zusammenhang* der auf drei verschiedenen Wegen und durch drei verschiedene Fähigkeiten des Menschen erworbenen Einsichten ergibt.

Aber nicht bloß die Zurechtweisung der Vernunft mit ihrem Anspruch auf Alleingeltung und nicht nur das Hervorheben des Wertes der zwei anderen Fähigkeiten des menschlichen Bewusstseins – der Urteilskraft und der praktischen Vernunft – hat die Philosophie Kant zu verdanken, sondern auch eine neue Erfahrung, die die transzendentale Methode – d.h. das innere Anschauen des Denkvorganges von einer höheren Warte aus – mit sich bringt. Diese Erfahrung ist die Wirklichkeit des transzendentalen Selbst, das dem empirischen Selbst übergeordnet ist.

Denn wenn ich mein Denken zum Gegenstand der Anschauung mache, werde ich meiner selbst als Beobachter des Denkens bewusst. Die höhere Warte, von der aus der Denkvorgang angeschaut werden kann, bedeutet gleichzeitig die Erfahrung des Selbst, das eben so vom Denkvorgang unabhängig ist, wie es als unabhängig von ihm erfahren wird. Daraus ergibt sich aber die Gewissheit der *Freiheit*, d.h. die Wirklichkeit der Moral als der Fähigkeit, innerhalb des Bereiches der determinierten Kausalreihe – der Kette der Ursachen und Wirkungen der Natur – *neue* Ursachen hineinzuschaffen; denn das bedeutet, moralisch frei zu handeln. Kants Lehre, dass allein die nicht erzwungene und vom Menschen selbst ausgehende und ausgeführte Handlung ("moralische Autonomie") ethisch von Wert ist und dass der Mensch solcher freien – d.h. ethischen – Handlungen fähig ist, beruht nicht auf pragmatischen, utilitaristischen oder rationalistischen Gründen, sondern auf der *Erfahrung* des Selbst, das dem empirischen Subjekt übergeordnet, von ihm unabhängig und folglich *frei* ist.

Und hierin liegt auch der Grund für Kants Bestehen auf dem *Pflichtbegriff* als dem höchsten Begriff der Ethik. Kants Anliegen war es, einen solchen Begriff der Ethik in den Vordergrund zu stellen, der den Unterschied zwischen dem empirischen Subjekt und dem transzendentalen Subjekt dadurch möglichst deutlich und rein zum Ausdruck bringt, dass er diesen Unterschied bis zur *Opposition* gesteigert erscheinen lässt. Im Pflichtbegriff sah er die Opposition zwischen dem empirischen Selbst mit dessen Neigungen und

Abneigungen, Wünschen und Hoffnungen, einerseits, und dem reinen *Sollen* – das allen Neigungen, Wünschen und Hoffnungen entgegengesetzt sein kann – des transzendentalen Selbst, andererseits, am deutlichsten in Erscheinung treten.

Liebe, Treue, Mut usw. können diese Opposition nicht zum Ausdruck bringen, denn sie können mit Neigungen, Wünschen und Hoffnungen vermischt auftreten, ja selbst mit ihnen verwechselt werden. Ein aus der Liebe handelnder Mensch hat seine Neigung und sein Wünschen mit in der Handlung – und wer kann da mit Sicherheit sagen, dass diese Handlung nicht aus der Neigung und den Wünschen entspringt? Nur dann ist Sicherheit über die Quelle einer Handlung, wenn diese Handlung, und zwar ungezwungen und frei, *gegen* die Neigung und die Wünsche des Handelnden gerichtet ist. Und diese Sicherheit gibt es nur in der Handlung, die aus *Pflicht* getan wird, denn nur im Handeln aus Pflicht gibt es am schärfsten den Gegensatz zwischen Neigung und moralischem Bewusstsein, zwischen Wünschen und Sollen – zwischen dem empirischen Subjekt und dem transzendentalen Subjekt.

Der Pflichtbegriff gab Kant die Möglichkeit, auf dem moralischen Gebiet auf eine ebenso deutliche und erfahrungsgemäß erlebbare Situation des Gegenüberstehens des transzendentalen Selbst und des empirischen Selbst hinzuweisen, wie seine transzendentale Methode es auf dem Erkenntnisgebiet tut. Die Pflicht konnte aber von Kant nicht als Letztes aufgefasst werden, da ja Kant der Mensch war, der die Unsterblichkeit aus dem Streben des menschlichen Wesens nach unendlicher Vervollkommnung postulierte. Wenn für Kant die Unsterblichkeit des individuellen Bewusstseins aus dem Streben nach unendlich zu verwirklichender Vollkommenheit mit Notwendigkeit folgt, wie könnte er seinen jeweiligen Begriff der Pflicht als Letztes und Endgültiges für alle Ewigkeit setzen?

Die Freiheit, die in der Handlung aus reinem Pflichtbewusstsein am deutlichsten in Erscheinung tritt, hat so viele weitere Stufen der Vervollkommnung in Aussicht, wie die Ewigkeit der eben zu diesem Zwecke notwendigen Unsterblichkeit es ermöglicht. Was *heute*, auf der heutigen Stufe, als strenge Pflicht meinen Neigungen und Wünschen Gehorsam gebietet, kann *morgen*, auf einer weiteren Stufe, die freiwillige Nachfolgeschaft meiner Neigungen und Wünsche gewonnen haben, und es kann *übermorgen*, auf einer noch weiteren Stufe, mein gesamtes Wesen, samt allen dessen Neigungen und Wünschen, in flammender Einheit umfassen. Was heute "Pflicht" ist, kann morgen "Schönheit" sein, und es kann übermorgen zu dem Zusammenklang von Wollen und Sollen werden, der als "Liebe" bezeichnet werden kann.

Kant lag es fern, die weitere Entwicklung des Pflichtbewusstseins zu leugnen; was aber wohl in seiner Absicht lag, war das Leugnen der Gefühle und Stimmungen, die sich gern als "Liebe" bezeichnen und die den strengen Forderungen der Pflicht doch nicht gewachsen sind.

Mit der Pflicht *beginnt*, im Sinne Kants, das wahre moralische Leben; *hat* es aber begonnen, so gibt es für seine weitere Vervollkommnung kein Ende. Es gibt eine Vor-Pflicht-Moral und eine Nach-Pflicht-Moral; die erstere ist relativ und endlich; die letztere dagegen absolut und unendlich – auch im Sinne ihrer Stufen unendlich. Das Erwachen aus "dem dogmatischen Schlummer" und dessen Folgen im Leben Kants dürfen nicht als eine neue Art dogmatischer Schlummer gedeutet werden. "Pflicht" im Sinne Kants ist nicht die Endstation des menschlichen Weges, sondern dessen für alle unentbehrlicher Anfang. Und der Anfang dieses Weges ist sie aus dem Grunde, weil sie die Erfahrung der Wirklichkeit der Freiheit bedeutet. Damit bedeutet sie aber auch den Anfang des sittlichen Lebens schlechthin, denn Sittlichkeit und Freiheit sind eins. Und nur das sittliche Bewusstsein ist wahrlich menschlich, denn nur der Mensch ist, auf Erden, der Freiheit fähig. Alles Unfreie dagegen ist unsittlich und untermenschlich.

Nur der Freie ist wahrlich Mensch, und alle Unfreiheit ist untermenschlich – das Erwachen für diesen Aspekt des Adels des Menschen geschah und leuchtete einst in Königsberg, der Stadt Kants, auf. Das Licht dieses Erwachens für den Adel des Menschenwesens und der Menschenbestimmung hat seitdem – für viele in der gesamten Welt – geleuchtet. Nun ist aber Königsberg, die Stadt Kants, die Stadt, von wo aus die Freiheit der menschlichen Individualität mit noch nie übertroffener Gediegenheit und Sauberkeit verkündet wurde, Kaliningrad geworden, zu Ehren des Kollektivismus, dem der russische Arbeiter Kalinin[11] ergeben war. Wir stehen vor einem großen und tragischen Symbol der Geistgeschichte der Menschheit: Königsberg ist Kaliningrad geworden.

Wenn wir sagen: "Wir stehen vor einem tragischen Symbol der Geistgeschichte der Menschheit – Königsberg ist Kaliningrad geworden", so ist damit vieles gemeint, was über die unmittelbare Formulierung hinausgeht. Der Inhalt des durch den Satz *Angedeuteten* überragt den unmittelbaren Satzinhalt. In diesem Sinn ist dieser Satz ein *Symbol,* und er ist für symbolischen Gebrauch gemeint: nicht um zur Einsicht zu zwingen oder zu überzeugen, sondern um *anzuregen*. Und hier ist uns ein weiteres veranschaulichendes Beispiel für das Erwachen aus dem Wachschlaf gegeben. Denn die Symbolik, die symbolische Sprache als *solche*, ist diejenige Art der Sprache, die mit der Tatsache der vielen Stufen des Wachseins und der beständigen Anwesenheit des Schlafseins im menschlichen Bewusstsein rechnet und darauf hinzielt, sie anzuzeigen, sie zu *wecken*. Die Symbolik, die als Sprache so alt ist wie die uns übersehbare Geistesgeschichte der Menschheit, wird und wurde immer da angewandt, wo es sich darum handelt, den Menschen über die jeweilige wache Schicht seines Bewusstseins hinaus anzusprechen.

Jedoch ist die Zeichensprache der Mathematik oder der Logik, auch der modernen sog. "symbolischen Logik" oder Logistik, *keine* symbolische Sprache, weil sie ihr Dasein gerade dem Bestreben verdankt, das in den gewöhnlichen Sprachen immer enthaltene symbolische Element völlig auszuschließen und statt dessen Zeichen zu setzen, die des *materiellen* Inhalts so weit wie möglich ledig sein sollen, d. h. die möglichst weit gebrachte *Abstraktion* darstellen. Symbole sind aber keine Abstraktionen, sondern *Sinnbilder*, Bilder, die einen Sinn enthalten, der in der Dimension der *Tiefe* liegt und zu dessen Ergreifen Schichten des Bewusstseins zur Tätigkeit gebracht werden müssen, die einstweilen hinter der Schicht des gewöhnlichen Wachbewusstseins liegen.

Wenn z. B. die drei Grundsätze der traditionellen aristotelischen Logik: der Identitätssatz, der Kontradiktionssatz und der Satz des ausgeschlossenen Dritten, durch die Formeln "A ist A", "A ist nicht sowohl B und nicht B" zum Ausdruck gebracht werden, so handelt es sich bei diesen Formeln nicht um Symbolik, sondern um das Mindestmaß der Bildlichkeit, um reine Abstraktionen, die sich dem Ideal der *formalen* Eindeutigkeit und der *materialen* Vieldeutigkeit – Gleichgültigkeit – am meisten nähern. Diese drei Sätze besagen somit: "Jedes Ding ist, was es ist" (Identitätssatz), "ein Ding kann nicht so oder so *sein* und *nicht* sein" (Kontradiktionssatz) und "ein Ding ist entweder so und so oder ist es nicht" (Satz des ausgeschlossenen Dritten) – wobei wir unter "Ding" Kühe, Menschen, Zahlen, Begriffe und alles andere denken können.

Wenn man nun den Inhalt und die Form der drei traditionellen Grundsätze der Logik – in der modernen Logik sind sie durch eine Anzahl weiterer Sätze ergänzt worden – z. B. mit dem Text der Präfation von der allerheiligsten Dreifaltigkeit vergleicht, die einen Teil der gewöhnlichen Sonntagsmesse bildet, so kann man zu einer lebendigen Anschauung des Unterschiedes zwischen der Begriffssprache des statisch aufgefassten Wachbewusstseins und der symbolischen Sprache des dynamisch aufgefassten Wach-Schlafbewusstseins gelangen.

Die Präfation lautet: "Vere dignum et iustum est, aequum et salutare, nos tibi semper et ubique gratias agere: Domine sancte, Pater omnipotens, aeterne Deus: Qui cum unigenito Filio tuo et Spiritu Sancto unus es Deus, unus es Dominus: non in unius singularitate personae, sed in unius Trinitate substantiae", oder in deutscher Übersetzung: "Es ist in Wahrheit würdig und recht, billig und heilsam, Dir immer und überall dankzusagen, heiliger Herr, allmächtiger Vater, ewiger Gott. Mit Deinem eingeborenen Sohne und dem Heiligen Geist bist Du ein Gott, ein Herr: nicht in der Einheit der *einen* Person, sondern in der Dreifaltigkeit der *einen* Wesenheit."

Dieser Text spricht in symbolischer Sprache, d.h. er richtet sich an das jeweilige wache Bewusstsein – und darüber hinaus. Denn er enthält die drei Grundsätze der Logik – den Identitätssatz: "ewiger Gott", den Satz des ausgeschlossenen Dritten: "... *ein* Gott, *ein* Herr" – aber er geht darüber hinaus, indem er sagt, dass der Vater, Sohn und Heilige Geist verschiedene Personen sind, die aber *ein* Gott sind in der *einen* Wesenheit. Mit anderen Worten: *Wenn* man sich nicht zu einer wesentlich neuen Schicht des Bewusstseins erhebt und eine neue Schicht des Bewusstseins zur Tätigkeit erweckt, sondern mit den Mitteln des Wachbewusstseins allein, d.h. mit den drei Grundsätzen der Logik, herankommt, so wird man finden, dass die drei Grundsätze der Logik dort gleichzeitig gelten und nicht gelten, d.h. überschritten werden. Der Identitätssatz wird überschritten, indem gesagt ist, dass der Vater er selbst *und* gleichzeitig identisch mit dem Sohn und dem Heiligen Geist ist; der Kontradiktionssatz wird überschritten, indem Einheit und Dreiheit als eins hingestellt werden; und der Satz des ausgeschlossenen Dritten wird dadurch überschritten, dass die Person des Vaters wirklich *ist* und doch auch *nicht* ist, da sie identisch mit der Wesenheit der zwei anderen Personen der Dreifaltigkeit ist.

Es liegt hier in unmissverständlicher Weise ein Appell vor, zu einer höheren Aktivität des Bewusstseins zu erwachen: von der Logik der "Dinge" zur "Logik" der Liebe. Denn wer geliebt hat und geliebt wurde, weiß aus Erfahrung, dass da das Wunder der Einheit und Verschiedenheit geschieht, dass da das Du ebenso wirklich wird wie das Ich und dass dabei das Ich doch nicht verschwindet. Und diese Erfahrung liefert solche Vorstellungen und Gedanken, die es auf dem Wege der Analogie dem Bewusstsein ermöglichen, die allerheiligste Dreifaltigkeit, wie sie in der Präfation angebetet wird, *wirklich* anbetend zu verehren – d.h. ihr nicht fremd und verständnislos gegenüberzustehen, sondern vor dem wahrlich göttlichen kosmischen Liebeswunder verehrend zu knien. Und dieses Knien wird dann der Ausdruck des Erwachens einer Schicht des Bewusstseins sein, die bis dahin schlafend war.

Die Anzahl der Beispiele für die Beweglichkeit der Grenzen des Wachbewusstseins und für die Praxis des Weckens der schlafenden Schichten des Bewusstseins ist sehr groß, und zwar auf allen Gebieten des menschlichen Lebens. Bei den hier angeführten Beispielen kam es nur darauf an zu zeigen, dass das Wachbewusstsein keine konstante Größe ist und dass es praktische Methoden gab und noch gibt, die Grenzen des Bewusstseins zu erweitern.

Nun muss aber im Zusammenhang mit der Frage vom Wach- und Schlafzustand des Bewusstseins noch ein Zustand des Bewusstseins betrachtet werden, der weder zum richtigen

Wachzustand noch zum echten Schlafzustand gehört, nämlich der Zustand der *Trunkenheit* und der *Raserei*. Dem Überschreiten der Grundsätze der Logik, wie es an dem Beispiel der Präfation der allerheiligsten Dreifaltigkeit veranschaulicht wurde, steht der trunkene oder rasende Zustand des Bewusstseins gegenüber, wo die Logik nicht *überschritten,* sondern abgeschüttelt wird.

So kann in diesem Sinne der Präfation der allerheiligsten Dreifaltigkeit der Text des Hexeneinmaleins in Goethes *Faust* gegenübergestellt werden:

> Du musst verstehn!
> Aus Eins mach' Zehn,
> Und Zwei lass gehn.
> Und Drei mach' gleich,
> So bist du reich.
> Verlier die Vier!
> Aus Fünf und Sechs,
> So sagt die Hex',
> Mach' Sieben und Acht,
> So ist's vollbracht:
> Und Neun ist Eins,
> Und Zehn ist keins.
> Das ist das Hexeneinmaleins!

Und die Hexe fügt noch als Kommentar hinzu:

> Die hohe Kraft
> Der Wissenschaft,
> Der ganzen Welt verborgen!
> Und wer nicht denkt,
> Dem wird sie geschenkt,
> Er hat sie ohne Sorgen.

"Und wer nicht denkt, dem wird sie geschenkt" – ist die "Erkenntnistheorie" nicht nur der Hexen, sondern auch der Schwärmer-Sekten wie z.B. der "Khlysty"-Sekte[12] in Russland, beschrieben in "In den Wäldern und Gebirgen" des russischen Schriftstellers Melnikow-Petschersky,[13] und der wirbelnden Derwische des islamischen[14] Ostens, der Schamanen Sibiriens und der Zauberer der Negerstämme Afrikas. Aber nicht nur bei den einfachen Leuten des Volkes und den Naturvölkern: der "heilige Rausch", die Orgie, und der "heilige Wahnsinn" standen auch bei hoch zivilisierten Völkern und Kulturschichten in Ehren.

Der Zustand des Rausches, der dadurch erreicht wird, dass das Denken ausgeschaltet wird, kann leicht für den Zustand des Erwachens und des Wachseins höherer Bewusstseinsschichten genommen werden. Die Aufregung, die Intensität des Rauschzustandes *kann* leicht als erhöhte Aktivität des Bewusstseins gedeutet werden. Jedoch handelt es sich dabei nicht um Erwachen, auch nicht um Schlaf, sondern um eine Invasion seitens des nachtwandelnden *Traumbewusstseins*, das weder Wachen noch Schlafen ist und das eine chaotische Mischung der zwei Zustände darstellt. Es ist ungeregelt, da ja die regelnde Wirksamkeit des Denkens und Gewissens ausgeschaltet ist, und es ist eine Mischung der verschiedenen Bewusstseinsschichten, der höheren und der unteren, der menschlichen und der untermenschlichen.

Das wahre Erwachen neuer Bewusstseinsschichten hat mit dem Rauschzustande, der Trunkenheit und Raserei nichts gemeinsam. Die *Begeisterung,* die das Erwachen des Bewusstseins begleitet und dessen innere Potenz ausmacht, ist die Begeisterung der steigernden Ruhe, die Begeisterung der immer stiller werdenden inneren Stille. Wer den gestirnten Himmel während einer silberhellen Mondnacht auch nur einmal erlebt hat, wird verstehen, was hier unter der

Begeisterung der steigernden Ruhe und der Begeisterung der immer stiller werdenden *inneren* Stille gemeint ist. Er wird verstehen, dass Ruhe nicht bloß Abwesenheit der Erregung ist, sondern wachsende Stärke des Bewusstseins, das an Klarheit, Besonnenheit und Festigkeit zunimmt. Ruhe ist Geisteskraft. Ruhe ist der Zustand, wo echtes Wachen und echter Schlaf sich verbinden und sich die Hand reichen; sie ist der Zustand des Bewusstseins, wo Wachen und Schlaf, wo wachende und schlafende Schichten des Bewusstseins *mitschwingen*.

Dies bringt uns zur Betrachtung eines weiteren Aspekts der Frage von Wachen und Schlafen, nämlich des Aspektes der *Schlaflosigkeit*. Es kann nämlich die Frage entstehen, dass, wenn man schlafende Schichten des Bewusstseins zu immer weiterem Erwachen bringt, man wohl *überwach*, d.h. schlaflos, werden kann. Schläfrigkeit und Schlaflosigkeit sind zwei Leiden, die nicht nur auf dem Gebiet des leiblichen, sondern auch auf dem Gebiet des Bewusstseinslebens erfahren werden können. Man ist schläfrig im Bewusstsein, wenn der Zustand der Interesselosigkeit sich einstellt; man ist schlaflos im Bewusstsein, wenn das Wachbewusstsein sich von den ruhenden Schichten des Tiefenbewusstseins gleichsam losreißt und sich von ihnen gänzlich emanzipiert, so dass es nicht allein wach ist, sondern auch alle Türen, die es mit den Tiefenschichten verbinden, zuschlägt.

Dieses geschieht z. B., wenn der Mensch *fanatisch* eingestellt ist und sich den Dingen gegenüber abschließt, die dem System von Grundsätzen oder moralischen Regeln, das er sich aufgebaut hat, widersprechen. Eine Abschnürung des Wachbewusstseins von dem Tiefenbewusstsein geschieht immer dann, wenn man die Freude am Lernen und Umlernen verliert und eine Abneigung empfindet, aus dem Kreis der fertigen und ausgemachten Anschauungen herauszutreten oder etwas Neues und Unerwartetes in diesen Kreis zuzulassen. Der Fanatiker, d. h. der Mensch, der umlernunfähig geworden ist, kann weder richtig wachen noch richtig schlafen. Denn das richtige Wachen ist Lernen; das richtige Schlafen ist Wachstum. Wachen bedeutet Erfahrung; Schlaf bedeutet aber Wandlung. Erfahrung wird im Wachbewusstsein *gemacht*; Wachstum und Wesenswandlung aber *geschehen* im Schlaf. Dieses gilt sowohl für den Leib als auch für das Bewusstsein.

Wie die *aufbauende* Tätigkeit des Organismus im Schlafzustand überwiegt, während er im Wachzustande *ermüdet* wird, d. h. die abbauende Wirkung überhand gewinnt, so geschieht das Werden, das geistige Wachstum, in den Tiefenschichten des Bewusstseins. Das geistige Wachstum kann nicht *gemacht* werden, während das helle Wachbewusstsein überwiegend ein Ausgeben ist und zur Bewusstseinsermüdung führt. Man kann ebenso oft bewusstseinsmüden Menschen begegnen, wie man leiblich müden, schlafbedürftigen Menschen begegnet. Es ist wohl selten, dass jemand nie die Erfahrung der Begegnung mit wissenschaftlichen Größen gehabt hat, deren eintönige und schwunglose Rede, klanglose Stimme und erloschener Blick von einem Bewusstseinszustand zeugen, der sich von den erfrischenden, erquickenden und lebensspendenden Quellen der Tiefenschichten abgeschnürt hat und somit müde ist.

Wie man um die Dynamik des Bewusstseins und die Wege und Mittel, es zu immer weiteren Stufen des Erwachens zu bringen, in der Vergangenheit viel gewusst hat, so hat man auch von der Bedeutung des "Schlafes" des Bewusstseins und von den Wegen und Mitteln, um die Schlaflosigkeit des Bewusstseins zu bekämpfen, wohl gewusst. So begegnet man z. B. in den Schriften des Daoismus, besonders in dem *Daodejing* von Laozi, einer Fülle von Gedanken über die aufbauende und heilsame Wirkung des Nicht-Tuns, des Schweigens und des Sich-Zurückziehens, um dem Walten eines Höheren als des jeweiligen Bewusstseins Raum zu geben, d.h. der Wirkung der tieferen Schichten des Bewusstseins, die zum Bereich des Schlafens gehören.

Die große Kunst und Weisheit der "Alten" bestand nach Laozi eben darin, dass sie nicht alles "machen" wollten, sondern bloß die inneren und äußeren Bedingungen schufen, die dem richtigen *Geschehen* keine Hindernisse in den Weg legten. "Himmel und Erde vereinigen sich und lassen einen süßen Tau träufeln, der, ohne von Menschen gelenkt zu werden, überall wie von selbst gleich gelingt."[15] "Lass mich nicht-tun, und das Volk wird sich wandeln. Lass mich das mühelose Verharren lieben, und das Volk wird sich zum Rechten kehren!"[16]

Diese Stellen aus dem *Daodejing* enthalten den Kern des Problems des richtigen Verhältnisses zum Schlaf und des "richtigen Schlafes". Das hier gemeinte Nicht-Tun ist nicht Untätigkeit, sondern Verzicht auf Tun.

Es ist der innere Vorgang, in dem das tätige Wachbewusstsein es den tiefer liegenden Kräften des Schlafbewusstseins überlässt, das Werk zu vollbringen. Mit anderen Worten: Gemeint ist hier das In-Bewegung-Bringen der im Schlafbewusstsein wirkenden Kräfte.

Das erwartete Ergebnis dieser Umstellung ist: "und das Volk wird sich zum Rechten kehren", d. h.: Indem den Kräften der Wandlung und des Wachstums Wirkungsraum geschaffen wird, geschieht eben eine solche Wandlung und ein solches Wachstum auf dem Gebiet des, um einen Ausdruck des Tiefenpsychologen Carl Gustav Jungs zu gebrauchen, "kollektiven Unbewussten."

Herrschen – im Sinne des *Daodejing* – ist nicht Verordnen und Befehlen, sondern Ordnen und Lenken durch Verzicht auf Herrschen und durch Überlassen des Herrscherwerks einer Macht, vor der man selbst zurücktritt und vor der man sich ebenso *bewusst* beugt, wie das "Volk" ihr unbewusst, aus freier Neigung, folgt. Wahres Herrschen, im Sinne des *Daodejing*, ist Herrschen durch Neigung, nicht durch Zwang. Der ist Herrscher – und nur der –, der auf Befehl und Zwang verzichtet hat und dessen tiefste Herzenskräfte als freie Neigungen der Menschen auftreten. Dies ist das Herrscher-Ideal des *Daodejing*, aber dies ist auch gleichzeitig die Idee des Christus-König, wie sie in der katholischen Kirche lebt. Christus-König ist nicht der König, der durch Macht herrscht, sondern Er ist König der Herzen. Wer ein Herz hat, dem ist es unmöglich, Ihn nicht zu lieben. Und wer Ihn liebt, der wird nicht anders können und wollen, als Ihm zu dienen; dieses ist der Sinn der Christus-König-Idee in der katholischen Kirche. Ist sie dem Daoismus entlehnt? Sie ist weder dem Daoismus noch irgendeiner anderen Schule entlehnt, sondern sie ist Ausdruck des tieferen menschlichen moralischen Bewusstseins, das vom Gehorsam aus Furcht zum Dienen aus der Liebe fortgeschritten ist.

Das richtige Verhältnis zum Bereich des Schlafes im Bewusstsein, das richtige Verhältnis zwischen dem wachen und schlafenden Bewusstsein, wäre dann verwirklicht, wenn das wache Bewusstsein eben dadurch immer wacher wird, dass es aus den erfrischenden und verjüngenden Quellen des schlafenden Bewusstseins schöpft, und, wenn das schlafende Bewusstsein immer schlafender wird, indem es die Begriffe, Ideen und Ideale des Wachbewusstseins aufnimmt und sie gleichsam als Stoff des stillen wachstumshaften und aufbauenden Verarbeitens in orientierende Wesenskräfte wandelt. So ist z. B. ein konsequenter Idealist, ein Hegelianer etwa, der Überzeugung, dass nur ein allumfassendes System, dessen sämtliche Glieder sich widerspruchslos zueinander verhalten und einander mit logischer Notwendigkeit fordern, wahr ist und dass es folglich darauf ankommt, ein solches lückenloses und inhaltlich widerspruchloses System im Bewusstsein aufzubauen, um dann jeglichen Erfahrungsinhalt in dieses System einzugliedern.

Nun lehrt aber die Erfahrung, dass ein solches System, wenn es im Wesentlichen aufgebaut ist, bald zur ermüdenden Last wird, seine Fruchtbarkeit einbüßt und, letzten Endes, eine Stimmung der Langeweile verursacht. Das Bewusstsein wird offenbar müde. Woran liegt die Ermüdung des Bewusstseins am allumfassenden System einer philosophischen Weltanschauung?

Es liegt eben daran, dass das richtige Verhältnis zwischen dem wachenden Bewusstsein und dem schlafenden Bewusstsein gestört worden ist. Denn indem das Wachbewusstsein ein seine – zumindest logischen – Forderungen befriedigendes System aufgebaut hat, hat es in sich die Einheit der scheinbaren Mannigfaltigkeit der Welt der Erfahrung hergestellt. Nun ist aber diese Einheit der Welt, die ja an sich absolut unleugbar ist – denn wenn es sie nicht gäbe, wäre jegliche Erkenntnis überhaupt nicht möglich und nicht denkbar –, nicht bloß etwas, das die Welt denkbar macht, sondern etwas, das sie namentlich zusammenhält und zur wirklichen und wirkenden Einheit gestaltet. Wenn ich die Luft atme und mein größter Feind dasselbe tut, so offenbart sich darin die Wirklichkeit unserer Verbundenheit und der Einheit der Welt auf eine ganz andere Art als im Begriff "Mensch", unter den wir beide – mein Feind und ich – fallen. Er und ich mögen auch die am meisten entgegengesetzten Anschauungen haben und auf Gegenteile Wert legen, aber Geburt, Mühe, Leiden und Tod machen uns doch zu Schicksalsgefährten.

Die waltende Einheit der Welt ist nicht dasselbe wie die Einheit des begrifflichen Systems, das man sich über die Welt aufbaut. Sie liegt auf einem anderen Gebiet als die systematisierende Tätigkeit des Bewusstseins. Sie liegt im Bereich des schlafenden Bewusstseins des Menschen, von wo aus sie den Zusammenklang der Einzelerkenntnisse wohl *bewirkt*, selbst aber nie zu einer Einzelerkenntnis oder einem System werden kann, auch wenn diese Einzelerkenntnis die gesamte Welt zum Gegenstand hat. Denn auch das allumfassende System kann, bestenfalls, nur *einen* Aspekt von der Welt geben, die Welt nur von *einem* Gesichtspunkt aus betrachtet begreiflich machen. Wenn dem nicht so wäre, müsste das System gleichzeitig ein philosophisches System, ein Weltendrama, eine Symphonie, eine religiöse Mysterien-Handlung und vielleicht noch manches andere sein. Nun gibt es aber kein System dieser Art und kann es auch nicht geben, da es nicht auf dem Gebiet des Wachbewusstseins, sondern des schlafenden Bewusstseins heimisch ist. Wir schlafen im Ganzen; wir wachen im Teil.

Aber das Schlafen braucht nicht unfruchtbar zu sein, so wie das Wachen nicht unbedingt fruchtbar ist. Das schlafende oder ins Dunkel gehüllte Bewusstsein ist nicht unwirksam. Es verbindet die Erfahrungen und Erkenntnisse des Wachbewusstseins zur organischen Einheit. Was ich in meinem Wachbewusstsein an Einzelerfahrungen und Einzelerkenntnissen erworben habe, wird aus meinem schlafenden Bewusstsein heraus, d.h. "wie von selbst", nach und nach zum Zusammenklang gebracht. Die große Synthese aller Einzeldinge geschieht da, und sie geschieht "wie von selbst." Oder, wie dieser Vorgang im *Daodejing* bildlich zum Ausdruck gebracht wird: "Himmel und Erde vereinigen sich und lassen einen süßen Tau träufeln, der, ohne von Menschen gelenkt zu werden, überall wie von selbst gleich gelingt."

Die große Einheit, die "Vereinigung des Himmels und der Erde", lässt eine Wirkung von sich ausgehen, die, ohne die Lenkung seitens des menschlichen Wachbewusstseins, friedensstiftend ("süßer Tau") ist. Sie verbindet unverbundene

Dinge der Erfahrung und Erkenntnis, die sich, nach und nach, wie von selbst zu einem widerspruchslosen organischen Ganzen gestalten. Erfahrungstatsachen, Ergebnisse logischer Schlussfolgerungen, psychologische Einsichten, moralische Postulate und ästhetische Wertschätzungen verbinden sich auf diese Art zu einer harmonischen Einheit, deren Einzelglieder einander ergänzen und einander beleuchten. Der *hinter* den Einzelerfahrungen und Einzelerkenntnissen verborgene Zusammenhang, ihre *Komposition*, tritt aus dem Tiefenbereich des schlafenden Bewusstseins mit zunehmender Deutlichkeit zutage.

Das Wissen des Wachbewusstseins wird durch das schlafende Bewusstsein in Weisheit gewandelt. Diese Wandlung geschieht zwar von selbst, aber ihre Früchte, ihre Ergebnisse, können für das Wachbewusstsein ausbleiben, wenn es nicht lernt, in Stille und Geduld an der Schwelle des schlafenden Bewusstseins zu verweilen und die von jenseits dieser Schwelle kommenden Wellen durch sich durchströmen zu lassen. Diese Wellen hinterlassen im Wachbewusstsein nicht nur eine das Bewusstsein erfrischende und verjüngende Wirkung, sondern auch manche Einsicht in den tieferen Zusammenhang der Dinge, die vorher scheinbar unverbunden im Bewusstsein gegenwärtig waren.

Der bewusste Verkehr des Wachbewusstseins mit dem schlafenden Bewusstsein muss gelernt werden, und dieses Lernen bedeutet das Erlangen eines größeren Maßes des Wachseins, aber eines Wachseins, das still und gegenstandslos ist. Denn es gilt, an der Schwelle des schlafenden Bewusstseins wach zu bleiben, ohne in den Bereich des Schlafes hinüberzugleiten, wach zu bleiben im gegenstandslosen Bewusstsein, das auf das Schweigen lauscht, auf die Finsternis schauend gerichtet ist und dem Gegenstandslosen gegenübersteht.

Das bewusste Regeln des Verhältnisses zwischen dem

Wachbewusstsein und dem schlafenden Bewusstsein ist für die Gesundheit des Bewusstseins ebenso wichtig, wie für die leibliche Gesundheit das harmonische Verhältnis zwischen Schlaf und Wachzustand wichtig ist. Und zu den Gesundheit bringenden Folgen des geregelten Verhältnisses zwischen den wachenden und den schlafenden Schichten des Bewusstseins gehört auch wahre Offenheit, wahre Unvoreingenommenheit, d.h. die Einstellung der Offenheit jeglicher neuen Erfahrung gegenüber, und die Bereitwilligkeit, auf vollkommen neuen Wegen zu Einsichten zu gelangen, begleitet von der ruhigen, ja sorglosen Bereitschaft, es den tieferen Schichten des Bewusstseins zu überlassen, diese neuen Erfahrungen und diese neuen Wege mit früheren Erfahrungen und früher erprobten Wegen in Einklang zu bringen.

Es der Tätigkeit des schlafenden Bewusstseins zu überlassen, die verschiedenen Erfahrungen und Erkenntnisse zum "System" zu verbinden, bewirkt im Bewusstsein eine Bewegungsfreiheit und eine Beweglichkeit, die ein jedes vom Wachbewusstsein heraus aufgebaute System oder jegliche Methodik unbedingt beschränken, ja oft unmöglich machen. Ein Bewusstsein aber, das die "systematisierende" Tätigkeit im Wesentlichen dem schlafenden Bewusstsein überlassen hat, ist frei, z. B. über psychologische Erscheinungen in rein psychologischen Begriffen und nach rein psychologischen Methoden zu denken, über wissenschaftliche Probleme in wissenschaftlichen Begriffen und nach wissenschaftlicher Methode zu urteilen, in theologischen Gegenständen auf theologische Art vorzugehen, und über moralische Dinge moralisch zu denken, usw. Es wird sich hüten, Mechanisches in Psychologisches hineinzubringen oder hineinzuinterpretieren, Moralisches vom Mechanischen zu erwarten, Ästhetisches für das Moralische zu setzen, oder Religiöses auf dem Wege der Vernunftargumente allein zu suchen. Es wird sich hüten, *eine* einzige Methode für *alle* Gegenstände und Gebiete des Daseins anzuwenden, denn es wird aus Erfahrung wissen, dass *diesseits* der Schwelle des Wachbewusstseins die Mannigfaltigkeit gilt, und dass die *Einheit* des Gegenstandes und der Methode zu dem Gebiet gehört, das *jenseits* dieser Schwelle liegt.

Oder, im Sinne Kants: Das "Ding-an-sich" liegt jenseits der Erfahrung und der Vernunft, auch das "Ding-an-sich" der Welt. Das "Ding-an-sich" der Welt ist eine Einheit, ihr "System", aber es gehört zum Bereich des Bewusstseins-an-sich, d.h. des schlafenden Bewusstseins, während die Mannigfaltigkeit der Erfahrung und die Vernunft, die "reine Vernunft", zum Bereich des wachenden Bewusstseins gehört. Das "Ding-an-sich" gehört zum Schlaf; die Erscheinung zum Wachen. Das richtige Verhältnis zwischen Schlaf und Wachen ist gleichzeitig das richtige Verhältnis zwischen *Wesen* und *Erscheinung*, ist Gesundheit des Bewusstseins, oder Weisheit.

Eine solche Weisheit kann man in dem chinesischen Geistesleben der Vergangenheit finden. Man kann ihr aber auch anderswo begegnen. So weist z. B. die christliche Lehre von der Gnade und den Werken diese Weisheit in einem ungeheuren Ausmaße auf. Denn alles in dieser überlieferten Lehre, so wie sie in der katholischen und der orthodoxen Kirche des Ostens lebt, ist darauf gerichtet, das wache Bewusstsein und die Region des schlafenden Bewusstseins zu einem Verhältnis zu bringen, das nicht nur gesund ist, sondern auch heilend nach außen wirkt.

Das Wachbewusstsein ist, wenn es aktiv, d.h. möglichst wach, ist, der Urheber der "Werke", d.h. der Bemühungen, Anstrengungen, Taten und Leistungen. Das schlafende Bewusstsein aber, das ja gleichzeitig mit dem Wachbewusstsein immer gegenwärtig ist, ist der Bereich der Wirkungen der "Gnade", d.h. derjenigen aufbauenden und Wesenswachstum bewirkenden Kräfte, die jenseits der Willkür und der Berechnung des Wachbewusstseins wirksam sind und somit als in Dunkel des "Bewusstseinschlafes" gehüllt erscheinen. Mit anderen Worten: die Werke werden *verrichtet*, die Gnade aber *geschieht* von selbst. Sie widerfährt dem Menschen, und in diesem Sinne gehört sie *nicht* zu seinem Wachbewusstsein, ist sie nicht sein "Werk", sondern sie gehört zu den tieferen oder höheren Schichten des schlafenden Bewusstseins, dessen Wirkungen der Mensch im Wachbewusstsein wohl erfährt, aber nicht verursachen kann. Die Gnade, im Sinne der heute lebenden christlichen Überlieferung, ist vom Wachbewusstsein so unabhängig, dass man mit Recht sagen kann, dass sie außerhalb seiner liegt und zum Bereich gehört, wo das wachende Bewusstsein ausgeschaltet ist, d.h. zum Bereich des schlafenden Bewusstseins.

Das richtige Verhältnis zwischen dem schlafenden und dem wachen Bewusstsein hängt somit davon ab, wie man das Verhältnis zwischen Gnade und Werken versteht und lebt. Davon hängt aber wiederum die Gesundheit des Bewusstseins, seine Weisheitsfähigkeit, ab. Wäre man z.B. zu der Anschauung gekommen, dass die Werke allein maßgebend oder von Belang sind, dann hätte man zwar eine große Aktivität in der Welt in Bewegung gebracht, hätte aber gleichzeitig das Bewusstsein in den krankhaften Zustand der Schlaflosigkeit versetzt. Wäre man dagegen zu der Überzeugung gekommen, dass die Gnade allein alles bewirkt, so hätte man die Aktivität des Wachbewusstseins mit der Zeit so reduziert, dass sich der krankhafte Zustand der Bewusstseinsschläfrigkeit eingestellt hätte.

Das richtige Verhältnis zwischen Wachen und Schlaf ist, als Aufgabe, in den Formeln des Evangeliums angedeutet: "Suchet, und ihr werdet finden. Klopfet an, und es wird euch aufgetan werden. Bittet, und es wird euch gegeben werden."

Das Suchen, das Anklopfen und das Bitten gehören zum Wachbewusstsein, zum Bereich der *Werke*; das Gefundene, das geöffnete Tor und das Gegebene gehören dagegen zum Bereich, der jenseits des Wachbewusstseins liegt, zum Bereich der *Gnade*.

Das Suchen ist wohl eine Tätigkeit des Wachbewusstseins, aber das darauf folgende "Geben" ist von ihr ebenso unabhängig, wie Wasser vom Durst unabhängig ist. Diese drei Formeln können als der *Same* betrachtet werden, aus dem im Verlauf der Jahrhunderte ein weit verzweigter Baum der Lehren von den Werken und der Gnade gewachsen ist. Die Zweige wuchsen zwar weit auseinander und manche sind auch mit der Zeit dürre geworden, aber der Stamm des Baumes lebt weiter und bleibt bestehen und ist immer derselbe. Denn wie weit man auch, innerhalb des Christentums, in der Geringschätzung des "Menschenwerks" gehen mag: man kann die Gebote des Meisters "Suchet", "Klopfet an" und "Bittet" weder leugnen noch ins Gegenteil uminterpretieren; wie weit man auch in der Hochschätzung der menschlichen Leistungen und Verdienste gehen mag: man kann den Sinn der Worte des Meisters vom "Finden werden", "Geöffnet vorfinden" und "Gegeben werden" weder leugnen noch ins Gegenteil uminterpretieren.

Der Pelagianismus, der Semipelagianismus, der christliche Rationalismus eines Tolstoj, der Sozianismus,[17] der Unitarianismus und der liberale Protestantismus treten alle zu kurz in ihrer Einschätzung der Gnade: sie glauben eigentlich, dass, wer anklopft, auch das Tor selber öffnet, d.h. dass eine Art geistigen Einbrechens geschieht.

Der Prädestinationismus von Lucidus,[18] Jan Hus und Calvin sowie Luthers Lehre von der Rechtfertigung durch den Glauben allein und von der Eitelkeit der Werke treten zu kurz in der Einschätzung der Werke und des menschlichen Wesens, aus dem sie ausfließen: sie glauben eigentlich, dass, wer das Tor öffnet, auch das Anklopfen bewirkt, d.h. dass eine Art geistigen Theaterstücks gespielt wird.

Sowohl dem Unterschätzen der Gnade wie dem Unterschätzen der Werke liegt eine, empirisch nachweisbare, ungerechte Einschätzung der menschlichen Natur, des menschlichen Wesens, zugrunde. So beruht die Anschauung, dass die Werke an sich wertlos sind, auf der Auffassung der menschlichen Natur als durch und durch korrumpiert und an sich lediglich der Sünde fähig; während die Anschauung, dass die menschliche Natur an sich überhaupt nicht korrumpiert ist, d.h. dass der Sündenfall keine, oder nunmehr keine, Wirklichkeit ist, der Ansicht zugrunde liegt, dass der Mensch keiner übernatürlichen Gnadenwirkung bedarf, um seine wahre Bestimmung zu verwirklichen.

Nun lehrt die traditionelle Kirche, dass "die Natur wohl verwundet, aber nicht zerstört ist" ("natura vulnerata, non deleta"), und dass folglich sowohl Vertreter der vorchristlichen Menschheit als auch der gegenwärtigen nicht-christlichen Menschheit der Werke der Gerechtigkeit, Güte und Weisheit fähig waren und sind. Oder, wie diese Schlussfolgerung im 7. Kanon der VI. Session des Tridentiner Konzils auf lapidare Weise formuliert ist: "Si quis dixerit opera omnia quae ante justificationem fiunt, quacumque ratione facta sint, vere esse peccata, anathema sit." "Sollte jemand behaupten, dass alle Werke, die vor der Rechtfertigung vollbracht werden, ungeachtet ihrer Absicht, wahrhaft Sünden seien, der sei ausgeschlossen."

Dementsprechend gelangten die jesuitischen Missionare im 17. und 18. Jahrhundert in China, indem sie der chinesischen Weisheit und Ethik beggegneten, zu der Ansicht, dass die Chinesen im Besitz der Hauptelemente der natürlichen Religion ("religio naturalis") seien und dass sie nichts anderes bedürften als der Ergänzung ihrer Religion durch die göttliche Offenbarung, um der vollkommenen Wahrheit, der natürlichen *und* offenbarten, teilhaftig zu sein. Andererseits weiß auch jeder, der sich in der Welt umgeschaut hat, aus Erfahrung, dass nicht nur die hoch zivilisierten Chinesen und Inder, sondern auch Vertreter der sog. "Naturvölker" öfter für Christen beschämende moralische Lauterkeit aufweisen.

So hat z. B. ein wohlgesinnter Amerikaner – es geschah in der Gegenwart, im 20. Jahrhundert –, der die Reservate der Navajo-Indianer im Staate Arizona besuchte, einem Navajo-Indianer den Rat gegeben, selbst ein Geschäft zu eröffnen, in der die von seinen Stammesgenossen benötigten Bedarfsartikel verkauft werden sollten, um auf diese Weise den Stamm von den Profit machenden weißen Händlern zu befreien. Dem Navajo leuchtete der Gedanke wohl ein. Er machte sich auf den Weg und brachte die benötigten Waren in die Reservate. Er eröffnete ein Geschäft und verkaufte die Waren an seine Stammesgenossen – für den Einkaufspreis.

Als der wohlgesinnte Amerikaner ihn darauf aufmerksam machte, dass dies wohl nicht die Art sei, ein "Geschäft" zu führen, erwiderte der Navajo: "Wie kann ich von Leuten meines Stammes, es gibt ihrer etwa 17.000, mehr verlangen, als ich selbst bezahlt habe?" Als der Amerikaner darauf erwiderte, dass er doch eine Arbeit geleistet hat, die wohl eines Lohnes wert sei, sagte der Navajo: "Soll ich von meinen Stammesgenossen dafür Geld verlangen, dass ich einmal einige Wochen eine Reise mache und für sie Waren bringe?" Ein Kaufmann wurde aus ihm nicht. Kann man daran glauben, dass dieser Navajo eine Sünde begangen hat, indem er ein profitloses Geschäft begründete? Wer es behauptet, der sei Anathema.

Wie die Erfahrung lehrt, dass die menschliche Natur an sich Züge der Unverdorbenheit und des Adels aufweist, so lehrt sie auch mit derselben Bestimmtheit, dass sie Züge der Selbstsucht, Ungerechtigkeit und Grausamkeit aufweist. Kann man daran glauben, dass ein Großinquisitor, ein Torquemada,[19] der in der Religion der Liebe vollkommen unterrichtet war, auf Geheiß des Gottes der Liebe Menschen, die anders glaubten, lebendig verbrennen ließ? Wer das behauptet, der sei Anathema.

Sowohl die geschichtliche als auch die persönliche Lebenserfahrung lehrt uns, dass die menschliche Natur sowohl moralisch gesund wie auch moralisch krank ist, mit anderen Worten, dass der Grundsatz "natura vulnerata, non deleta" *wahr* ist. Und es folgt aus diesem Grundsatz, dass die menschliche Natur einerseits wohl fähig ist, nicht auf Lüge, Hässlichkeit und Böses allein gerichtet zu sein, sondern auch nach Wahrheit, Schönheit und Güte zu streben, mit anderen Worten, dass sie fähig ist, zu "suchen", "anzuklopfen" und zu "bitten." Es folgt auch andererseits aus diesem Grundsatz, dass die menschliche Natur heilbedürftig, bedürftig der Heilung, ist.

Diese Heilung bedarf der Heilmittel, die außerhalb der menschlichen Natur liegen, d.h. der Gnade. Und aus der Feststellung, dass die menschliche Natur gleichzeitig gesund und krank, unschuldig und sündig ist, folgt wiederum, dass sowohl Werke, als Offenbarung der unschuldigen menschlichen Natur, von Wert sind, wie auch, dass die menschliche Natur der heilenden und heilbringenden Gnadenwirkung bedarf, damit ihr Suchen zum "Finden" führe, damit ihr "aufgetan werde" und damit ihr "gegeben werde"!

Und endlich folgt aus diesem Grundsatz etwas, was hier im Zusammenhang mit dem Problem des Wachens und des Schlafes besonders wichtig ist, nämlich dass das Bewusstseinsleben nur dann gesund sein kann, wenn es richtig wachen und schlafen lernt, wenn es sowohl seine eigenen

Kräfte voll und richtig gebraucht als auch die empfängliche Hingabe an und das Vertrauen auf höhere Kräfte als die eigenen pflegt.

In diesem Sinne ist die Lösung des Problems "Werke *und* Gnade", die von der traditionellen Kirche geboten wird, nicht nur theologisch wahr, nicht nur im Einklang mit der gesamten Lebenserfahrung, sondern sie ist auch *psychotherapeutisch* die Lösung des Problems der Gesundheit des Bewusstseins als des harmonischen Zusammenwirkens zwischen Wachen und Schlaf, zwischen Aktivität und Passivität des Bewusstseins.

Wann geschieht aber dieses Zusammenwirken des wachen und schlafenden Bewusstseins im höchsten Maße? Oder in theologischen Begriffen: Wann wird das Zusammenwirken von Natur und Übernatur, von "Werken" und "Gnade", am stärksten erlebt? Es gibt Taten, die aus einem Zustand des Bewusstseins entstehen, der gleichzeitig vollkommenes Wachen, ja, Über-Wachen, und vollkommenes Schlafen, ja, tiefster Schlaf, ist. Wo das gesamte Bewusstsein sonnenhell ist und wo mitternächtliche Stille und Dunkel diese Helligkeit ausströmen. Wo alle Mühen und Opfer leicht sind, wie von selbst sich vollbringen, und wo man so entspannt und natürlich ist wie im Tiefschlaf, und so aufmerksam und wach, wie wenn man auf dem Sterbebett Abschied nähme.

Die Taten, die aus diesem Zustand des größtmöglichen "von selbst" und der größtmöglichen Wachsamkeit entspringen, sind Taten der *Liebe*. Die Liebe ist der Zustand, in dem das wahre Wachen und das wahre Schlafen in vollkommenem Zusammenklang sind. In der Liebe wird *Tat* und *Geschehen* eins; in ihr offenbart sich die *Leistung* der zusammenwirkenden Bereiche des Wachens und des Schlafes.

II. Über die persönliche Gewissheit

Es gibt Fragen, die wie Hunger und Durst sind. Sie gehören zum menschlichen Wesen und lassen sich – es sei denn, dass das menschliche Wesen einer intellektuellen oder moralischen Idiotie zum Opfer fällt – weder wegreden noch wegdekretieren. Der Ursprung und die Bestimmung der Welt, das herrschende Prinzip oder Wesen der Welt, das Wesen der menschlichen Persönlichkeit, ihr Schicksal und ihre Bestimmung im Leben und im Tod, sind solche Fragen. Ist die Welt ein ewiges Geschehen, ohne Anfang und ohne Ende, das automatisch sich selbst schafft und auch sich selbst vernichtet? Oder hat die Welt einen Anfang und ein Ende, d.h. teilt sie das Schicksal aller ihrer Bestandteile? Ist sie reine Schöpfung aus dem Nichts oder ein Kunstwerk, das aus einem ihr vorangehenden ewigen oder zeitlichen Material gestaltet ist? Ist sie die Emanation, ein Ausfluss, Ausatmen oder Wort eines Urwesens, das überweltlich ist? Oder ist sie etwa der Traum dieses Urwesens, das in seinem Bewusstsein allein geschieht und in dem wir alle, die Einzelwesen der Welt, nur Traumgestalten sind, nur von einem Dritten geträumt werden? Oder ist das, was wir "Welt" nennen, überhaupt keine Einheit, sondern das Schauspiel der Begegnung von zwei, drei oder mehr Welten, von denen jede ihren eigenen Ursprung, Urheber, und ihre eigene Bestimmung hat? Oder gibt es gar so viele Welten, wie es Bewusstseinseinheiten oder Wesen gibt, so dass jedes Wesen eine Welt für sich ist, die ewig oder vergänglich ist?

Und liegt dieser Welt oder diesen Welten *ein* letztliches Wesen zugrunde? Ist es gleichgültig den Wesen und Ereignissen in der Welt gegenüber? Oder teilnahmsvoll? Oder gar auf Unheil, Qual und Vernichtung bedacht?

Und bin ich, der Mensch, als bewusst denkende, fühlende, wollende und sich erinnernde Persönlichkeit, nur eine zeitweilige Konstellation, von auswärtigen Kräften gebildet, die wie der Regenbogen eine zeitlang erscheint und dann verschwindet? Oder *gibt* es Persönlichkeit als eine Wirklichkeit, die von Dauer und wesenhaft ist? Ist die Persönlichkeit ein Instrument auswärtiger Kräfte, ein Spielball der Welt, oder hat sie die Möglichkeit und Fähigkeit der Selbstbestimmung? Ist der Mensch frei oder vollkommen determiniert?

All diese Fragen wurden durch Jahrtausende gestellt, und Menschen aller Epochen und in allen Ländern haben nach Antworten auf diese Fragen gesucht. Auch heute beschäftigen diese Fragen Menschen in allen Ländern.

Es folgt zunächst aus dieser Tatsache, dass diese Fragen zum menschlichen Geistesleben schlechthin gehören und dass sie, zum mindesten auf einer bestimmten Stufe der Bewusstseinsentwicklung, einen wesentlichen Bestandteil dieses Geisteslebens darstellen. Es folgt ferner aus der Tatsache des hartnäckigen Weiterlebens dieser Fragen, dass ein unüberwindlicher Glaube an ihre Beantwortbarkeit in der Menschheit vorhanden ist und durch Jahrtausende weiter lebt.

Es folgt aber auch andererseits, dass sie bis jetzt nie auf eine allgemeingültige und für *alle* Menschen zwingende Art beantwortet worden sind. Ja, die Geschichte dieser Fragen, also die Geschichte der Religion, Philosophie und Wissenschaft, hinterlässt den allgemeinen Eindruck, dass es überhaupt nicht so sehr auf die *Beantwortung* dieser Fragen als vielmehr auf ihr *Beantworten* ankommt, dass das Arbeiten an ihnen ein unentbehrlicher Faktor des geistigen Lebens der Menschheit ist, der dieses Leben lebendig erhält.

Wie es verkehrt wäre, sich am Wasser zu enttäuschen, weil man, nachdem man heute den Durst gelöscht hat, morgen wieder durstig ist, so wäre es auch verkehrt zu sagen: wenn diese Fragen über Jahrtausende nicht in allgemeingültiger Weise beantwortet werden konnten, ist ihre Beantwortung ein hoffnungsloses Unternehmen. Diese Schlussfolgerung wäre verkehrt, weil die Jahrtausende alten Bemühungen der Menschen, diese Fragen zu beantworten, längst aufgegeben worden wären, hätten sie sich stets als absolut erfolglos erwiesen. Der Durst *wurde* gelöscht, und viele Male und bei vielen Menschen wurde er gelöscht, aber es geschah nur nicht auf *allgemeingültige* und für *alle zwingende* Weise. Der Durst ist ein persönliches Anliegen; das Löschen des Durstes ist es ebenfalls.

Man hat persönliche Ungewissheit in diesen Fragen, und wonach man strebt, ist, *persönliche Gewissheit* in ihnen zu erlangen. Und persönliche Gewissheit *wurde* von vielen Menschen zu allen Zeiten erreicht, nur dass dieses Erreichen es den *anderen* Menschen nicht erübrigt hatte, persönliche Gewissheit ebenfalls persönlich zu erreichen. Ja, nicht nur wurde persönliche Gewissheit zu allen Zeiten erreicht, sondern sie wurde auch immer weiter *gesteigert*. Denn es gibt keine Grenze der Steigerung, des Wachstums, der Gewissheit, wie es scheinbar auch keine Grenze der Möglichkeit der Unsicherheit, Ungewissheit und des Zweifels gibt.

Der Mensch kann seine persönliche Gewissheit, wenn sie bestimmten Bedingungen entspricht, unendlich steigern; der Mensch kann aber auch andererseits im uferlosen Ozean des Zweifels ertrinken. *Eines* kann er nur nicht: andere Menschen zur Einsicht, zur persönlichen Gewissheit, in diesen Fragen *zwingen*, sei es durch Gewalt, Argumente oder Mittel der Methode. Misslungen ist bis heute, die Beantwortung der Fragen über Welt, Mensch und Gott auf eine für *alle Menschen zwingende Weise* zu finden; was aber wohl gelang, tausende und abertausende Male gelang, ist, dass Persönlichkeiten die verschiedenen Stufen der persönlichen Gewissheit in diesen Fragen erreichen konnten.

Und dieses ist es eigentlich, was Immanuel Kant durch das Werk seiner *Kritik der reinen Vernunft* und seiner *Kritik der praktischen Vernunft* der Menschheit sagte: keine allgemeingültigen, für alle zwingenden Antworten auf die Fragen über Gott, Freiheit und Unsterblichkeit sind möglich (*Kritik der reinen Vernunft*), jedoch gibt es einen Weg zur persönlichen Gewissheit, indem man die tiefen Schichten des moralischen Lebens in sich sprechen lässt; *die* zeugen von der Wirklichkeit Gottes, der Freiheit und Unsterblichkeit in einer Art, die überzeugend ist (*Kritik der praktischen Vernunft*).

Und dieser Appell Kants an das tiefere Wesen des Menschen über die Vernunft hinaus, um zur Gewissheit über Fragen dieser Art zu gelangen, ist insofern besonders bedeutungsvoll, als er in der Richtung der These über die Grundbedingung der persönlichen Gewissheit liegt, die aus der vorangehenden Betrachtung über Wachen und Schlafen folgt: nämlich, dass die *wahre persönliche Gewissheit das Ergebnis der Übereinstimmung des Wachbewusstseins und des tieferen oder schlafenden Bewusstseins* ist.

Mit anderen Worten: Wahre persönliche Gewissheit ist das Totalergebnis der gesamten Erfahrung, die gewonnen worden ist mit und an allen Fähigkeiten des menschlichen Wesens, sowohl aktiven als auch passiven.

Sie ist ein Zustand, wo Wissen und Gewissen, Denken, Gefühl und Wille, jedes auf seine eigene Art, zu demselben Ergebnis gelangt sind und im Einklang stehen. Denn solange man sich z.B. allein an die "logische Wahrheit" hält und mit Hilfe der logischen Siebenmeilenstiefel sich ein logisch durchaus plausibles System über Welt und Leben aufgebaut hat, das zwar sonnenklar im Tagesbewusstsein steht, aber auch entsprechend *flach* ist, d.h. die tieferen Schichten des Bewusstseins unberührt und unbeteiligt lässt, der *Tiefe* entbehrt, solange dem so ist, wird eine tiefliegende Unbefriedigung, ein leises Nagen von tiefliegenden Zweifeln stets das Fürwahrhalten dieses Systems begleiten.

Das tiefere Bewusstsein kann nicht ausgeschlossen werden; seine Stimme wird nicht ausbleiben, und seine kritische Stimme wird in wortloser Sprache ständig wiederholen: "Nicht Brot, sondern Stein."

Es genügt nicht, dass das Fürwahrgehaltene "richtig" sei; es muss auch *tief* sein. *Richtigkeit* allein genügt nicht, um wahre persönliche Gewissheit zustande zu bringen; es gehört auch *Tiefe* dazu.

Nur das ist wahr, was sowohl für das Wachbewusstsein als auch für das Schlafbewusstsein "wahr" ist, was nicht nur den Forderungen des Denkens, sondern auch des Gefühls, des Willens, des Gewissens und, vielleicht, noch tieferen Schichten des Bewusstseins entspricht. Persönliche Gewissheit ist vorhanden, und sie ist umso stärker, je mehr den folgenden Bedingungen entsprochen ist:

- Der Inhalt dessen, wovon man überzeugt ist, muss denkbar, fühlbar und wollbar sein.

- Der Inhalt dessen, wovon man überzeugt ist, muss gleichzeitig wahr, schön und gut sein. Er muss darüber hinaus für das Gedankenleben, Gefühlsleben und Willensleben *fruchtbar* sein, d.h. einen heuristischen Wert besitzen, eine seelenerweiternde Wirkung haben und das moralische Leben impulsieren. Denn was nicht zum Guten impulsiert, ist nicht schön und nicht wahr; was das Herz nicht erweitert, ist nicht gut und nicht wahr; was zu keinen weiteren Erkenntnissen führt, ist nicht gut und nicht schön.

- Der Inhalt dessen, wovon man überzeugt ist, soll den gesamten Menschen geistig, seelisch und leiblich *gesünder* machen, d.h. klarer, ruhiger, teilnahmsvoller und ausgeglichener.

- Der Inhalt dessen, wovon man überzeugt ist, muss entweder auf persönlicher Erfahrung oder auf deren Erweiterung durch Analogie oder auch auf der Erfahrung eines anderen Menschen beruhen, dessen moralische und gesundheitliche

Eigenschaften, wie man sie selbst an ihm erfahren hat, sein Zeugnis als ebenso vertrauenswürdig erscheinen lassen wie das Zeugnis der eigenen Erfahrung, oder sogar als mehr vertrauenswürdig erscheinen lassen.

Denn wer nur auf seine eigene Autorität pocht, vermauert dadurch viele Anregungs- und Erkenntnisquellen. Wie der einzelne Mensch in seiner Erfahrung auf mehrere Organe und Bewusstseinsfähigkeiten angewiesen ist, indem ihre Zusammenarbeit zu Ergebnissen führt, so ist er auch auf *Zusammenarbeit* mit anderen Menschen angewiesen, wodurch seine Erfahrung erweitert und seine Erkenntnis geprüft wird.

Wenn ich einen Freund habe, dem ich wie mir selbst vertraue, so habe ich vier Augen statt zwei. Wenn ich einen ehrlichen Gegner habe, der, was ich schätze, verwirft und das Gegenteil schätzt, so habe ich Grund und Anlass, mich auf *seinen* Standpunkt einzustellen und meine Anschauungen noch einmal ernstlich und ehrlich zu überprüfen. Bleiben sie nach der vollbrachten Überprüfung dennoch bestehen, so werden sie an persönlicher Gewissheit gewonnen haben, und dieses werde ich meinem ehrlichen Gegner zu verdanken haben.

Menschliche Zusammenarbeit feiert aber ihr Fest, wenn zwei oder mehr Menschen, die viele Jahre getrennt an denselben Problemen gearbeitet hatten, sich nun begegnen und der Austausch, die gegenseitige Erweiterung, Bereicherung, Bestätigung stattfindet! Oder wenn man ein altes Buch oder Manuskript in der Hand hat und plötzlich die Begegnung mit einem geistigen Bruder aus der Vergangenheit erlebt, zunächst wie einen Gruß aus einer fernen Vergangenheit, dann aber immer näher tretend, immer lebendiger werdend; die Stimme des Autors wird immer vernehmbarer, bis man, erschüttert, das Buch oder das Manuskript zur Seite legt und sich selbst aussprechen hört: "Exspecto resurrectionem mortuorum."[20]

Nur einsame, selbständige Sucher kennen den wahren Wert der Zusammenarbeit, des Verkehrs mit Zeitgenossen und der Begegnung mit Menschen vergangener Zeiten, denn sie kommen ihm nicht mit leeren Händen entgegen: sie haben etwas auszutauschen, zu erweitern, zu prüfen. Begegnungen mit Menschen und Büchern sind ihnen *Ereignisse* auf ihrem Lebenswege.

Quantitatives Leben oder Leserei und das Teilnehmen an allerlei Versammlungen und Kreisen führen nicht zur wahren Zusammenarbeit; sie gleichen eher dem Wechseln eines Geldscheins in Kleingeld. Wenn es durchaus berechtigt ist zu sagen: "Timeo hominem unius libri"[21] – ich fürchte den Menschen, der sich an ein einziges Buch hält –, so ist es nicht minder berechtigt zu sagen: "Timeo hominem multitudinis librorum" – ich fürchte den Büchermenschen. Denn wenn der erste dadurch gefährlich ist, dass er immer bereit ist zu steinigen, so ist der zweite dadurch gefährlich, dass er Literatur zwischen sich und die Welt gesetzt hat, dass ihm das Mittel zum Zweck geworden ist.

Nicht dass das Lesen gering geschätzt werden soll! Nein, man lese; man lese, wenn möglich, viel, aber man lese ein Buch so, wie ein Richter am Vorabend der Spruchsitzung die Aussagen der Zeugen und die Darstellung des Falles seitens des Staatsanwaltes und des Verteidigers liest. Oder so wie ein Arzt die klinische Vorgeschichte seines Patienten liest, bevor er den Entschluss fasst, ob eine chirurgische Operation vorzunehmen ist oder nicht. Oder auch wie ein Nachrichtenoffizier die vielen Aussagen der feindlichen Kriegsgefangenen liest, um in ihnen jegliche Andeutungen der Stärke, der Position, der technischen Mittel und der Absichten des Feindes zu finden und durch Vergleich und Ausschluss zu verwerten. Mit anderen Worten: nur ein solches Lesen ist von Wert für den Sucher der persönlichen Gewissheit, das *inten-*

siv ist, d.h. das für die *Praxis* geschieht. Und Praxis ist alles im Leben. Die geistige Praxis des Weges zur persönlichen Gewissheit in den großen Fragen des Menschengeschlechts ist nicht minder Praxis als Gericht, Medizin oder Krieg.

Bücher sind wahrlich ernst zu nehmen, denn sie geben die Möglichkeit des Kontaktes und der Zusammenarbeit mit anderen, lebenden oder verstorbenen, Menschen. Man soll aber dabei nur nie vergessen, dass es sich nicht um Bücher, sondern um die Welt und das Leben handelt. Bücher können sowohl ein wichtiges Mittel sein, an die Wirklichkeit näher heranzutreten, als auch ein Hindernis auf dem Wege zur Wirklichkeit bedeuten.

Der Sucher der wahren persönlichen Gewissheit wird wohl die Bedeutung der Bücher richtig einschätzen lernen, so wie er allerdings auch die Bedeutung des Verkehrs mit Menschen, des Sinnens in der Einsamkeit, der Beobachtung der Lebenserscheinungen, der psychologischen Introspektion und vieler anderer Dinge richtiger einschätzen lernen wird.

Denn das größte Maß der persönlichen Gewissheit hat man dann, wenn das logische Denken dazu "ja" sagt; wenn das moralische Urteil, oder das Gewissen, dazu "ja" sagt; wenn die gesamte innere und äußere Erfahrung dazu "ja" sagt; wenn das ästhetische Urteil, der Schönheitssinn, dazu "ja" sagt; wenn der leibliche und geistige Gesundheitssinn dazu "ja" sagt, und wenn es auch von ernsten, klar denkenden, ehrlichen und ausgeglichenen Menschen der Gegenwart und der Vergangenheit, die man mit Grund achtet, anerkannt oder vertreten wird.

Persönliche Gewissheit ist die Frucht totaler Erkenntnis, der Erkenntnis nicht nur mit dem Gesamtwesen des Menschen, sondern auch der Gesamtheit der Wesen, denen man wie sich selbst, oder mehr als sich selbst, vertraut.

III. Erkenntnis ohne Zwang:
Wissenschaft, Logik und persönliche Gewissheit

Die wahre persönliche Gewissheit ist das Ergebnis des Zusammenwirkens des wachen Bewusstseins und des tieferen Bewusstseins, des "schlafenden" Bewusstseins. Dies bedeutet u. a., dass der Erkenntnisvorgang, der zur persönlichen Gewissheit führt, aus *zwei* gleichzeitigen Vorgängen besteht, nämlich einerseits aus den *Bemühungen* des wachen Bewusstseins, auf vielerlei Art vieles zu lernen, und andererseits aus dem Vorgang des *Wachstums* der persönlichen Gewissheit in Weite und Tiefe.

Nicht "Erarbeiten" oder "Erlangen" ist das Wesentliche des Vorgangs, sondern ein "Hineinwachsen" in den Zustand der persönlichen Gewissheit. Was in ihr als Wahrheit lebt, wird von dem suchenden und sich bemühenden Bewusstsein nicht geschaffen oder aufgebaut, sondern geht selbständig und frei auf dem durch jene Bemühungen vorbereiteten *Boden* des Bewusstseins aus Samen auf, deren Ursprung jenseits des wachen Bewusstseins liegt.

Es wäre vielleicht sachgemäßer zu sagen, dass nicht das suchende Bewusstsein die Wahrheit als persönliche Gewissheit findet, sondern dass es eher die Wahrheit ist, die den Boden des Bewusstseins findet, in dem sie sich entfalten kann. Und dieses Entfalten geschieht *frei*, frei von Zwang seitens der programmmäßigen Absichten des Bewusstseins und der programmmäßigen Einflüsse oder Umgebung.

Die *Freiheit* ist das Element, in dem die persönliche Gewissheit in den lebenswichtigen Fragen des Menschengeschlechts erwächst. Oder mit anderen Worten: sie kommt zustande auf eine Art, die denkbar *unmechanisch* ist. Denn das Mechanische ist das Element, das von der Freiheit am weitesten entfernt ist. Es unterscheidet sich von der Freiheit, wie eine Maschine sich von einer Pflanze unterscheidet. Die Maschine funktioniert; die Pflanze lebt. Die Maschine wurde zusammengefügt; die Pflanze hat sich aus dem Samen entfaltet.

Freiheit besteht eben darin, dass eine ungehemmte und unerzwungene Wesensentfaltung geschieht. Ich bin frei, wenn mein Wesen, wie der Same der Pflanze, sich ohne Zwang und Hemmung entfaltet. Ich bin aber unfrei, wenn mein Bewusstsein nach einem System funktioniert, das von mir selbst oder von jemand Anderem zusammengefügt, *gemacht*, worden ist. Das Mechanisieren des Bewusstseins, besonders des Denkvermögens, kann sehr weit gehen, zum mindesten ebenso weit, wie die Leistungsfähigkeit einer Kalkulations- und Reaktionsmaschine, des sog. "künstlichen Gehirns", gehen kann. Es ist z. B. grundsätzlich durchaus möglich, dass eine große Anzahl logischer Voraussetzungen in eine Maschine eingebaut werden kann und diese Maschine durch ein mechanisches Kombinationsverfahren eine noch größere Anzahl von logischen Schlussfolgerungen aus ihnen ziehen können wird. Ihre Leistungen werden, obgleich ungeheuer flach, einwandfrei richtig sein.

Aber es wird wohl keinem Menschen einfallen, mit Hilfe dieser Maschine Gewissheit über Gott, Seele, Unsterblichkeit und Freiheit erlangen zu wollen. Denn sie wird nie selbst die winzigste Erfahrung weder geben noch nehmen oder entkräften können. Die Fragen: "Gibt es Elefanten? – Gibt es Sonne und Sterne? – Gibt es Engel und Teufel?" werden für diese Maschine irrelevant sein; sie wird auf diese Fragen überhaupt nicht reagieren. Auch *Werte*, z. B. Gut und Böse, Schön und Hässlich usw., werden außerhalb ihrer Funktionsmöglichkeit liegen. Alles *Qualitative* wird dieser Maschine fremd sein.

Nun handelt es sich aber für das Bewusstsein, das auf der Suche der Gewissheit über Gott, Seele, Unsterblichkeit und Freiheit ist, gerade darum, ob es sie *gibt* und wie sie beschaffen sind, d.h. es handelt sich um *Erfahrung* und *Qualität*. Ohne Erfahrung und ihre Einschätzung kann es keine persönliche Gewissheit geben. Die Frage ist nur die nach der *Art* der Erfahrung und nach der *Art* ihrer Einschätzung, die zur persönlichen Gewissheit führen. Dieser Frage ist dieser Abschnitt besonders gewidmet.

An erster Stelle kommt es in der Behandlung dieser Frage darauf an, über das Verhältnis des Weges zur persönlichen Gewissheit, als Ergebnis der "Erkenntnis" des totalen menschlichen Wesens, zur Wissenschaft und zur wissenschaftlichen Methode zur Klarheit zu gelangen. Ein Ausgangspunkt für diesen Vergleich ist z.B. durch den Vergleich der Begriffe "Wissen" im wissenschaftlichen Sinn und der "Gewissheit", im Sinne der persönlichen Erfahrung und Sicherheit, gegeben. "Man weiß" (denn "ich weiß" kann es in der Wissenschaft nicht geben – das "ich weiß" ist, wissenschaftlich, vollkommen irrelevant und hat mit der wissenschaftlichen Erkenntnis ebenso wenig zu tun wie die Tatsache, dass ich Schnupfen habe oder dass ich guter Laune bin) in der Wissenschaft, wenn das Gewusste allgemeingültig und notwendig ist, d.h. logisch und erfahrungsgemäß für jeden erwachsenen und gesunden Menschen *zwingend* ist.

Das Zwingende und Allgemeine in der wissenschaftlichen Erkenntnis beruht auf der Wahl und dem Gebrauch von nur drei Fähigkeiten und Erfahrungsbereichen des menschlichen Wesens: des logischen Denkens, der Erfahrung der äußeren Sinne – der Erfahrung des inneren Sinnes, d. h. der psychologischen Introspektion, wird der Anspruch auf Wissenschaftlichkeit bestritten – und des Gedächtnisses, das die Ergebnisse der Logik und der sinnlichen Erfahrung bewahrt.

Alle übrigen Fähigkeiten und Erfahrungsbereiche des Menschen, also Phantasie und Traumleben, das Gewissen, der Schönheitssinn, der Gesundheitssinn, der religiöse Sinn, der metaphysische Sinn, der mystische Sinn, der Sinn für das Geheimnis, das Einfühlen, die Wesensschau oder Intuition usw., können wohl Gegenstände der wissenschaftlichen Erkenntnis, nicht aber ihre *Mittel* sein.

Die Wahl des logischen Denkens, der äußeren Sinneserfahrung und des Gedächtnisses als Mittel der wissenschaftlichen Erkenntnis ist durch das wissenschaftliche Ideal der Allgemeingültigkeit und der Notwendigkeit bedingt und hat ihre Begründung in diesem Ideal. Denn wenn auch nur verhältnismäßig wenige Menschen wissenschaftliche Forschungsarbeit zu leisten gewillt und fähig sind, so sind doch die *Ergebnisse* dieser Arbeit solcher Art, dass sie grundsätzlich von einem jeden gesunden und erwachsenen Menschen nachgeprüft und zwingend überzeugend gefunden werden können.

Zum Beispiel hat van Helmont (1577-1644)[22] wissenschaftlich festgestellt, dass die Pflanze den Stoff, aus dem sie besteht, weitgehend der Luft entnimmt, indem er in einen großen Topf mit 200 Pfund (à 453.59 g.) getrockneter Erde einen 5 Pfund wiegenden Weidenast steckte, die Erde im Topf gegen Staubsetzung schützte, während 5 Jahren die Erde im Topf nur mit reinem Regenwasser begoss und dann, nach fünf Jahren, feststellte, dass die Weide 164 Pfund (ungefähr 82 Pfund im trockenen Zustande) wog, während die Erde im Topf nur 2 Unzen (1/8 Pfund) an trockenem Gewicht verloren hatte. So war jedermann gezwungen, ob Katholik, Protestant, Jude oder Agnostiker, anzuerkennen, dass eine Zunahme an trockenem Gewicht der Weide von ungefähr 80 Pfund *nicht* auf Kosten des Bodens, sondern der Luft und/oder des Wassers stattgefunden hatte. Heute weiß man, dass diese 80 Pfund ungefähr 30 Pfund Kohlenstoff enthalten. Wenn auch die übrigen 50 Pfund Wasserstoff und Sauerstoff aus dem Regenwasser stammen mögen, die 30 Pfund Kohlenstoff konnten nur der Luft entnommen werden, und zwar der Kohlensäure der Luft. Es steht jedem, der daran zweifeln sollte, frei, das Experiment zu wiederholen.

Weitere Experimente in der von van Helmont eingeschlagenen Richtung haben zu weiteren Ergebnissen geführt. So hat Liebig (1840)[23] festgestellt, dass Kohlensäure, Wasser und Ammoniak die Elemente enthalten, die für den Bau der Pflanze notwendig sind. Boussingault (1855)[24] zeigte, dass Pflanzen in einem Boden gut gedeihen können, aus dem alle organischen Stoffe durch Verbrennung entfernt worden sind, wenn stickstoffhaltige Stoffe, Nitrate, dem Wasser im Boden zugefügt werden. Aus dieser Feststellung folgt, dass die Luft die einzig mögliche Quelle des von der Pflanze aufgenommenen Kohlenstoffes ist und dass die Pflanzen normalerweise den in der Luft enthaltenen Stoff nicht unmittelbar aus der Luft schöpfen können. Ferner wurde von Boussingault und Dumas (1860-1890)[25] erwiesen, dass das grüne Blatt der Pflanze, wenn es dem Sonnenlicht ausgesetzt ist, die Kohlensäure der Luft absorbiert und entsprechend an trockenem Gewicht zunimmt. Sachs (1884)[26] berechnete endlich, dass eine Sonnenblume mit einer Blätteroberfläche von 1,5 Quadratmeter, wenn dem Sonnenlicht ausgesetzt, täglich ungefähr 36 Gramm an trockenem Gewicht zunimmt.

So gelangte man, Schritt für Schritt, zu der Kenntnis der Bedingungen und der Aufeinanderfolge der Vorgänge der sog. "Photosynthese", d.h. des erstaunlichen Vorgangs der im Blatt der Pflanze geschehenden Verwandlung des anorganischen Stoffes in organischen Stoff, der Kohlensäure in Stärke und Zucker. Wenn man den süßen Traubensaft heute genießt, so weiß man, dass der in ihm enthaltene Traubenzucker weitgehend aus der Kohlensäure der Luft stammt und ein Ergebnis des Zusammenwirkens des Sonnenlichtes und des grünen Pflanzenblattes ist. Sonne und Pflanze verwandeln das

Anorganische ins Organische; sie verwandeln "Stein" in "Brot." Dies ist ein wertvolles Ergebnis der wissenschaftlichen Methode der fragenden Beobachtung und des antwortenden Versuchs.

Viele Ergebnisse von allergrößtem Wert verdanken wir der Methode der "intelligenten Empirik." Sie sind so allgemein gültig und zwingend, wie die auf intelligente Art behandelten *Tatsachen* es sind. Es handelt sich hier um eine kausal oder auch zeitlich geordnete Phänomenologie. Aus diesem Grunde sind die empirischen Ergebnisse der auf die geordnete Phänomenologie gerichteten Wissenschaft, wie zwingend sie auch sein mögen, einem jeden ehrlichen Sucher der Wahrheit um die Welt und den Menschen ebenso willkommen und der freudig-freien Aufnahme würdig, wie einem Menschen, der um die Lösung eines Rätsels ringt, jegliche Anhaltspunkte und Winke in der Richtung dieser Lösung willkommen sind.

Es erschöpft sich aber das wissenschaftliche Anliegen, so wie man es in Wirklichkeit erfährt, nicht mit der empirisch-phänomenologischen Methode. Es hat außerdem einen Unterbau und einen Überbau theoretischer Art. Den Unterbau bilden die Voraussetzungen der Naturwissenschaft, die nicht empirisch-phänomenologischer Art sind, und die gleichsam das wissenschaftliche Credo darstellen. Der Überbau besteht aus den als Hypothesen aufgestellten Theorien. Der grundsätzliche Unterbau der Naturwissenschaft oder das Credo, das Glaubensbekenntnis, das der modernen Naturwissenschaft als Voraussetzung zugrunde liegt, kann auf den folgenden Satz zurückgeführt werden: "Alles Geschehen geschieht nach Gesetzen, und diese Gesetze sind so beschaffen, dass wir sie entdecken können."

Mit anderen Worten: es ist die Voraussetzung, oder das Postulat, der Wissenschaft, dass es eine entdeckbare Ordnung in der Welt gibt; dass diese Ordnung, oder "Gesetze", durch

Abstraktion von individuellen Erscheinungen der Welt als ihr allgemeiner Restbetrag bleibt, und dieser Restbetrag ist eben das Ziel der Wissenschaft oder die Ordnung der Welt. Die Methode der Abstraktion, d.h. das *Absehen* vom Individuellen, um das Generelle zu gewinnen, das *Absehen* von anderen Gruppen von Erscheinungen, um eine *ausgesonderte* Gruppe für sich zu erforschen, und der Verallgemeinerung (*généralisation*) über die Grenzen der jeweiligen menschlichen Erfahrung hinaus, d.h. die induktive Methode im Bilden allgemeiner Urteile, haben den Glauben zur Voraussetzung, dass Abstraktion die Wirklichkeit nicht entstellt und dass *généralisation*, d.h. Urteilen über die gesamte Welt aufgrund von 5, 10 oder 1000 individuellen Phänomenen, die beobachtet oder versuchsmäßig zustande gebracht wurden, möglich und berechtigt ist.

Ein dritter Glaubenssatz der Wissenschaft, oder richtiger: der Wissenschaftler, ist die Einfachheit der Natur. Die Überzeugung, dass das Einfachste zugleich auch das Natürlichste sei, mag wohl als ein methodologisches Prinzip aufgefasst und hingestellt werden, z. B. als das Befolgen des methodologischen Prinzips, das auf Ockam's "Rasiermesser" (*Occam's Razor*) "Pluralitas non est ponenda sine necessitate ponendi" zurückgeht.[27]

Jedoch gehen die Wissenschaftler über die methodologische Funktion hinaus: sie haben den Grundsatz der Einfachheit zum Kriterium für die Wahl zwischen zwei oder mehr denkbaren Ordnungen, die den Tatsachen der Sinneserfahrung gleich gerecht sind, erhoben. So war z. B. die Ptolemäische Theorie über das Sonnensystem ebenso wissenschaftlich wie die Theorie des Kopernikus; ihr Nachteil bestand lediglich darin, dass die Kopernikanische Theorie weniger kompliziert war. Sie machte es möglich, auf eine mathematisch *einfachere* Art dieselben Tatsachen zu erklären, die die Ptolemäische Theorie auf eine mathematisch komplizierte Art, im übrigen aber ebenso befriedigend, erklärte.[28]

Das Postulat der Einfachheit steht auch hinter dem Streben der Wissenschaftler, die Mannigfaltigkeit der Welt auf eine einzige "Substanz" oder auf einen einzigen Stoff zurückzuführen, auf etwas Unzusammengesetztes und Einfaches, das den Raum ausfüllt und die Bewegung im Raume, einschließlich der Bewegungsformen wie "Wachstum" und "Bewusstsein", bewirkt. Dies ist das Ideal derjenigen wissenschaftlichen Denker, die da gehofft haben, alle Wissenschaften letztlich auf die Physik "zurückzuführen", denn in der Physik ist der Grundsatz der Einfachheit zum herrschenden Grundsatz der Einheit geworden. Auch ist dieser Grundsatz in der Physik insofern zu größerer Geltung als anderswo gelangt, als man sich da am meisten dem Ideal der mathematischen Darlegung genähert hat. Denn das wissenschaftliche Ideal besteht letzten Endes darin, die Welt zuerst auf eine Reihe von Gleichungen mit mehreren Unbekannten, dann diese letztlich auf *eine* Gleichung mit nur einer Unbekannten zurückzuführen, um dann diese Unbekannte zu berechnen, d.h. in bekannten Größen zum Ausdruck zu bringen.

Max Planck hat darauf hingewiesen, dass dieses Ideal nur durch den Ausschluss (*élimination*) des anthropomorphistischen Elements aus der Wissenschaft zu erreichen ist.[29] Er sagt, dass die physikalischen Bestimmungen des Tons, der Farbe und der Temperatur heute mit den unmittelbaren Wahrnehmungen der Sondersinne nichts gemeinsam haben, denn Ton und Farbe werden durch die Frequenz und Wellenlänge der Schwingungen bestimmt, und die Temperatur wird entweder durch eine absolute Temperaturskala theoretisch gemessen, die dem zweiten Gesetz der Thermodynamik entspricht, oder als die kinetische Energie der molekularen Bewegung der Gase bestimmt. In allen diesen Bestimmungen ist nichts vom

Gefühl der Wärme, vom Sehen und Hören geblieben. So gelangt man zum Paradox, dass man das aus der unmittelbaren Erfahrung Bekannte durch unbekannte Dinge erklärt, die außerhalb der Erfahrung liegen.

Dies ist paradoxal; aber richtig bedenklich wird diese Entwicklung in der Wissenschaft, wenn nicht nur Farbe, Ton und Wärme, sondern auch Bewusstseinsvorgänge, also Denken, Fühlen und Wollen, ebenfalls als "epiphänomenale" Erscheinungen aufgefasst werden und auf elektrische Entladungen und Schwingungen im Nervensystem wie auch auf chemische Vorgänge, durch die innere Sekretion der Drüsen hervorgerufen, zurückgeführt werden.

Das Zurückführen des Bewusstseins auf Mechanisches und Chemisches ist insofern höchst bedenklich, als es methodologisch widersinnig ist, denn das Bewusstsein ist primär, und alle Erfahrung geschieht im Bewusstsein und mit der Voraussetzung des Bewusstseins; das Zurückführen des Bewusstseins auf außerbewusste, aber vom Bewusstsein gefundene und, öfter, erfundene, Faktoren ist methodologisch gleich dem Versuch, das Existierende durch das Nichtexistierende, das Licht durch die Finsternis, die Wärme durch die Kälte und das Leben durch den Tod zu erklären.

Man kann wohl von der Gegebenheit und Erfahrung des Bewusstseins ausgehend sein Maß reduzieren, etwa vom "träumenden Bewusstsein", "Schlafbewusstsein", ja, bis zur Nullgrenze gehend, vom "rein latenten Bewusstsein" sprechen, aber man kann nicht in der umgekehrtem Richtung vorgehen und aus der Abwesenheit des Bewusstseins das Bewusstsein entstehen lassen.

Das Minimum einer Qualität kann aus ihrem Maximum in denkbarer Weise hergeleitet werden; dass das Maximum aber aus dem Minimum oder gar aus der Nichtexistenz hervorgeht, lässt sich nicht denken. Darum lässt sich der Satz, dass mechanische Kräfte, etwa die Elektrizität, sich zum Wollen, dann zum Fühlen und zuletzt gar zum Denken in mechanischer Art hinaufgearbeitet haben, überhaupt nicht denken. Er ist ein Verzicht auf das Denken, wie er übrigens auch ein Verzicht auf die Erfahrung ist, da der Übergang vom Mechanischen zum Bewussten nie Gegenstand der Erfahrung sein kann.

Die epiphänomenale Erklärung oder Deutung des Bewusstseins seitens einer Anzahl Wissenschaftler gehört allerdings nicht mehr zu den empirisch-phänomenologischen Ergebnissen der Wissenschaft noch zu ihrem Unterbau, sondern ist ein Beispiel des Übertragens des eigentlich nur methodologischen Grundsatzes der Einheit und Einfachheit auf das Gebiet der Metaphysik. Sie gehört zu den Hypothesen, die den *Überbau* der Wissenschaft ausmachen.

Sie stellen, als Ganzes, die sog. "wissenschaftliche Weltanschauung" dar und enthalten mögliche, wahrscheinliche und an Gewissheit grenzende Antworten auf die Fragen nach dem Ursprung, dem Wesen und der Zukunft der Welt und ihrer Wesen. Diese Weltanschauung *ist* das Ergebnis der Verallgemeinerung (*généralisation*) der Forschungsergebnisse namentlich der Physik, Chemie, Biologie und Astronomie. Sie ist die metaphysische Blume, gewachsen auf dem Boden dieser Wissenschaften.

Bevor wir auf die "wissenschaftliche Weltanschauung" eingehen, wäre es vielleicht angebracht, uns mit der Frage zu befassen, ob die Lehrsätze der "wissenschaftlichen Weltanschauung" *wissenschaftlich,* d.h. allgemeingültig und zwingend, sind, mit anderen Worten, zu untersuchen, wie weit die wissenschaftliche Methode ins Weltanschauliche gehen kann, ohne die Wissenschaftlichkeit (Allgemeingültigkeit und Notwendigkeit) ihrer Ergebnisse einzubüßen.

Niemand wird leugnen, dass Sätze von der Art: "Die

Summe der Winkel eines Dreiecks gleicht zwei rechten Winkeln" oder "Ein Teil ist geringer als das Ganze" sich durch ihre Sicherheit von Sätzen wie: "Das Klima in England ist milde", oder: "Das Feuer wärmt" unterscheiden.

Die Aussagen über *Tatbestände* sind im ganz anderen Sinne sicher als in den mathematischen und logischen Sätzen. Denn die letzteren sind *an sich* wahr, während Aussagen über Tatbestände *an sich* sowohl wahr wie auch falsch sein können; sie beruhen auf Erfahrung. Nun gehören alle Aussagen der Naturwissenschaft zu der Kategorie der Tatbestand-Aussagen. Sie sind auf dem Wege der *induktiven* Schlussfolgerung gewonnen.

Die induktive Methode beruht, vom Standpunkte der Logik betrachtet, auf der *einfachen Aufzählung* der Erfahrungsgegenstände und auf der darauf folgenden *Hypothesenbildung*. Der Satz: "Alle Raben sind schwarz" ist das Ergebnis der wiederholten Erfahrung (der Beobachtung von schwarzen Raben) *und* des Aufstellens der Hypothese, dass auch alle anderen Raben, die zu Gesicht zu bekommen man noch nicht die Gelegenheit gehabt hat, schwarz sein müssen.

In exakter logischer Formulierung würde der Satz lauten: "Alle beobachteten Raben sind schwarz gewesen, folglich sind alle Raben schwarz." Oder noch exakter: "Der beobachtete Rabe *1*, Rabe *2*, Rabe *3*, Rabe *4* ... Rabe *n* waren schwarz, folglich werden auch Rabe *n+1*, Rabe *n+2*, Rabe *n+3* .... oder *alle* Raben schwarz sein."[30] Da aber unterstellt wird, dass die beobachteten Raben *nicht* alle existierenden Raben sind, so wird von der Prämisse von *einigen* Raben auf *alle* Raben geschlossen. Dieser Schluss ist formal ungültig. Er ist auch im Falle unseres Beispiels *materiell* ungültig, da man von Zeit zu Zeit auch weißen Raben, den sog. Albinos, begegnen kann.

Was man durch induktive Methode, d.h. durch Schlussfolgerung vom Teil auf das Ganze, höchstens sagen kann (um bei unserem Beispiel zu bleiben), ohne gegen die formale Logik zu verstoßen, ist: "Alle beobachteten Raben waren schwarz; es ist folglich (mehr oder weniger) *wahrscheinlich*, dass alle Raben schwarz sind."

Ein formaler Fehlschluss liegt auch in der Folgerung vor, dass eine gegebene Hypothese deswegen wahr sei, weil alle aus ihr gezogenen Konsequenzen sich bewahrheitet haben. Wenn z.B. gesagt wird: "Wenn der Sohn seinen Vater hasst, so wird er träumen, dass er den Vater ermorden will. Nun hat der Sohn geträumt, dass er seinen Vater ermorden wollte, also muss er ihn hassen", so handelt es sich um den Fehlschluss der Behauptung der Folgerung ("ponendi consequentem"). Die Folgerung: "also muss der Sohn seinen Vater hassen" könnte auf gültige Weise nur dann gezogen werden, wenn keine andere Prämisse als die gegebene zu derselben Schlussfolgerung führen kann.[31] Im Falle unseres Beispiels ist es aber nicht der Fall, denn der Sohn könnte auch gerade so gut in der Furcht der Sünde leben; der Traum wäre dann ein Ausdruck dessen, was er fürchtet, nicht aber dessen, was er wünscht. Handelt es sich aber um einen Schreckenstraum und nicht um einen Wunschtraum, so kann die entgegengesetzte Schlussfolgerung gezogen werden: der Sohn sah den patriziden Traum, gerade weil er den Vater liebte und achtete.

Die Induktion ist folglich überhaupt keine gültige Methode des Schließens, es sei denn, dass sie bloß im Sinne der Möglichkeit und Wahrscheinlichkeit angewandt wird. Jedoch können Aussagen, die bloß möglich oder wahrscheinlich sind, nicht als *wissenschaftliche* Ergebnisse, d.h. als allgemeingültig und zwingend, gelten. Sie können wohl ihre berechtigte Funktion im Haushalt der wissenschaftlichen Forschung als "Arbeitshypothesen" haben; wenn sie aber darüber hinaus, also auf dem Gebiet der Weltanschauung, eine Bedeutung erhalten, so werden sie zu Mitbewerbern der metaphysischen

Lehren der Philosophie und Religion und fallen damit unter die Kriterien und Forderungen, die auf *jenem* Gebiet gelten.

Jede wissenschaftliche Hypothese, die zu einer weltanschaulichen Theorie wird, fällt dadurch aus dem Bereich und dem Schutz der Wissenschaft heraus und muss nunmehr den logischen, moralischen, ästhetischen und anderen Forderungen entsprechen, die auf diesem Gebiet gelten. Denn da gilt ihr Anspruch auf Wissenschaftlichkeit nicht mehr: da muss sie sich Anerkennung nicht durch ihre Wissenschaftlichkeit – denn Induktion ergibt keine wissenschaftliche Metaphysik –, sondern durch ihren *Wert* für das geistige Leben der Menschheit erobern. Da muss sie sich als Beitrag zur Weisheit, Güte und Schönheit erweisen oder als flach, unfruchtbar und plump abgewiesen und vergessen werden.

Dieses gilt für den gesamten Überbau der Naturwissenschaft, der als Hypothesenkomplex weltanschaulicher Art auf den empirisch-phänomenologischen Ergebnissen ihrer Forschungsarbeit errichtet worden ist. Dieser Überbau lässt sich im Bilde eines kosmischen "Stammbaums" zusammenfassen, der die Vervollkommnungs- oder Abstammungslehre darstellen würde. Dieser "Stammbaum" entspringt aus den niedersten Anfängen und zeigt, wie sich das Höhere allmählich, durch Jahrmillionen, aus dem Niederen entwickelt hätte.

Dieser Vorgang der Entwicklung enthält in sich, erstens, eine immanente Entwicklungstendenz vom Einfachen zum Differenziert-Komplizierten; zweitens, die der ersten Tendenz entgegenwirkende Tendenz des Kopierens und Erhaltens (das Vererbungsprinzip) und, drittens, die Fähigkeit der Anpassung an die Veränderungen in der Umgebung, die der zweiten Tendenz wiederum entgegengesetzt ist.

Ob der Uranfang, die Wurzel des "Stammbaums" als elektrisches Feld (mit dem Physiker) gedacht wird, das aus dem neutralen Zustand zum Zustand der Polarisationsbildung überging und zum Entstehen der ersten Elektrone (oder anderer Atomkernbestandteile) führte, um dann sich zu dem *Uratom* zusammenzufügen, oder ob dieser Uranfang als *Urzelle* (mit dem Biologen) vorgestellt wird, macht insofern nicht viel Unterschied aus, als sowohl das Uratom des Physikers wie auch die Urzelle des Biologen *irgendwie* dazu tendieren, entweder Bestandteile eines komplizierten Ganzen oder selber komplizierter zu werden.

Ohne diese immanente Tendenz (ob mechanischer, dynamischer oder biologisch-zweckmäßiger Art) kann man sich nicht denken, wie und warum die ersten Uratome nicht für alle Ewigkeit eben als prätentionslose Uratome weiter existierten oder die Urzellen nicht für alle Ewigkeit als zufriedene Urzellen weiterlebten. Aber selbst dieses anspruchslose Weiterleben, geschweige denn die "Entwicklung zu höheren Stufen" der Uratome oder selbst der Urzellen, ist nicht denkbar ohne ihre sich ständig wiederholende *Zeugung,* d.h. irgendeine Art der sie stets kopierenden *Reproduktion*. Denn die Uratome hätten doch einmal ihre Ladung der Energie verbraucht, und die Urzellen wären unvermeidlich mit der Zeit demselben Schicksal anheimgefallen.

Eine beständige, millionen- und abermillionenmal wiederholte *Erneuerung* sowohl der Energie der Atome als auch der Gesamtstruktur der Zellen muss *als schon* während der ersten Stunden ihrer Existenz *vorhanden* gedacht werden, d.h. eigentlich gleichzeitig mit ihrem Erscheinen. Aber auch die Erneuerung oder Reproduktion der mit der immanenten Tendenz zum Komplizierteren begabten Uratome und Urzellen genügt nicht, um etwaige Veränderungen in der Struktur oder dem Verhältnis der Uratome und Urzellen zueinander denkbar zu machen. Denn es handelt sich ja nicht um *ein* einziges Atom und nicht um *eine* einzige Zelle, die in einem atomlosen Meer der Energie oder einem zellenlosen

Meer des anorganischen Stoffes einsam schwammen. Vorausgesetzt wird, dass sie nicht einsam waren, sondern einander begegneten.

Diese Begegnung kann auf jener als primitiv gedachten Stufe nur dreierlei bedeuten: entweder geschah da ein bloßes Vorbeigleiten ohne Eindruck und Einfluss aufeinander, oder es geschah eine Assoziierung, ein Zusammengehen, oder es fand eine Opposition, ein Anprallen gegeneinander, statt. Das bloße Vorbeigleiten ergibt keine weitere Geschichte; wenn das Vorbeigleiten allein stattgefunden hätte, so wäre der Urzustand der Welt unverändert geblieben. Wenn die Assoziierung allein stattgefunden hätte, so hätten sich die Zellen mit der Zeit zu einem einzigen gewaltigen kosmischen Zellenklumpen oder zu einer Zellenkolonie zusammengefunden, und die Atome hätten eine gewaltige kosmische Masse anorganischen Stoffes gebildet. Wenn der gegenseitige Zusammenstoß allein geschehen wäre, hätte es nie zur heutigen Welt der planetarischen und organischen Gebilde kommen können, denn die Atome und Zellen hätten sich entweder gegenseitig vernichtet oder so weit voneinander gestoßen, dass die Welt nur im dünnsten Gaszustande denkbar wäre.

Ein *Anpassungsvermögen* muss deswegen zum mindesten für die Urzellen postuliert werden, und zwar ein Anpassungsvermögen, das folgende Fähigkeiten zusammenfasst: eine Art *Wahrnehmung* der Ereignisse oder Veränderungen in der Umgebung; die Fähigkeit aufgrund dieser Wahrnehmung sich *umzustellen*, in ein Assoziationsverhältnis oder ein Oppositionsverhältnis einzugehen, oder auszuweichen. Eine Art *Lernfähigkeit*, d.h. die Fähigkeit, die Erfahrungen dieser Art, sei es auch in bloßer Reflexform, zu bewahren und den Nachkommen weiterzugeben.

Diese Fähigkeiten sind das *Mindestmaß* dessen, was der Urzelle zugeschrieben werden muss, um eine "Entwicklung" vom einzelligen primitiven Lebewesen zum komplizierten Organismus z.B. des Menschen irgendwie denkbar zu machen. Hören wir aber was ein Biologe, Edgar Dacqué,[32] dazu sagt:

"Stellen wir uns ein primitivstes Lebewesen einmal vor und legen wir ihm nur das bei, was wir im allermindesten Sinn nach unserer Erfahrung ihm beilegen dürfen, um es gerade eben noch als Lebewesen und nicht mehr bloß als materiell-organisches Schleimklümpchen ansprechen zu dürfen, dann hätten wir das, was die Naturwissenschaft sich unter dem durch Urzeugung entstandenen ersten Lebewesen dachte und das sie sogar eine Zeitlang noch in gelatinösen Niederschlägen auf dem Meeresboden der Jetztzeit vermutete. Ein solches Wesen müsste einen aus organischer Substanz bestehenden Körper besitzen, der, sei er noch so formlos, einen gewissen inneren, mehr oder weniger dumpf individuellen Zusammenhang haben muss, um sich als Lebewesen korrelativ in sich zu empfinden. Es muss auch die primitivsten Empfindungen zur Nahrungsaufnahme und zu dem, was damit zusammenhängt, haben, selbst wenn es die Nahrungsstoffe nur osmotisch aufnimmt oder dadurch, dass seine ungeformte Protoplasmamasse regellos ein Nahrungskörperchen umschließt, verdaut und den Rest wieder abstößt. Es muss unbewusste Empfindung dafür haben, wann es Nahrung braucht und wann es genug hat. Es muss assimilieren und nicht nur quantitativ, wie ein Kristall oder ein chemischer Niederschlag, wachsen können. Sein Körper muss innerlich in Korrelation sein, womit aller Stoffwechsel, alle Formveränderung, jede innere und äußere Bewegung, sein ganzes Verhalten geregelt wird, kurz: es muss ein Individuum sein.

Es kommt dazu die Möglichkeit des, wenn auch zufälligen, Variierens der Form, was auch eine innerlich bestehende

Korrelation voraussetzt; es kommt selbst bei einfachster Fortpflanzung durch Teilung eine erbmäßige Regenerationsfähigkeit beider Teile dazu, was alles schon einen organisch-lebendigen Apparat voraussetzt, also einen Organismus und keinen 'nahezu anorganischen' Mechanismus. Es wäre die gesuchte Urform der Deszendenzlehre, gegenständlich genommen, unter allen Umständen ein vollständiger Organismus, wäre der Ausdruck dessen, was wir auch auf der höchsten Stufe des Organischen 'Leben' nennen. Es wäre die Urform sogar schon ein spezialisiertes, angepasstes Leben, wäre sie äußerlich auch von noch so primitiver Art, also etwa nur ein Schleimklümpchen ohne starren Formumriss, gewesen. Und wir haben dabei noch nicht einmal gefragt, wie sich denn so ein primitives Wesen danach weiterentwickeln konnte, um im Verlauf der Zeit ein Wurm, ein Fisch, ein Säugetier, ein Mensch zu werden. Entweder steckte die Fähigkeit dazu von Anfang an schon in ihm und entwickelte sich mit innerer Notwendigkeit, oder es hat sich das von der Naturwissenschaft angenommene unglaubliche Wunder vollzogen, dass sich aus jener Urform durch den Zufall der äußeren Einflüsse im Darwinischen Sinn in Jahrmillionen ein Mollusk, ein Krebs und allerhand anderes gebildet habe."[33]

Dem "unglaublichen Wunder" des Zustandekommens einer solchen Urform des Lebens und des Entstehens aus ihr durch den Zufall der äußeren Einflüsse eines Mollusks, eines Krebses, eines Fisches, eines Amphibs, eines Reptils, eines Säugetieres, eines Affen, eines Menschen im Darwinischen Sinn stellte Daqué das mehr "glaubhafte Wunder" des hylozoistischen Urtyps gegenüber, der aus sich zunächst anorganische Stoffe aussonderte, dann die Pflanzenwelt heraussetzte, dann die verschiedenen Tierformen nacheinander ausstieß, um zuletzt als Mensch der Jetztzeit zu erscheinen.

Nach dieser Anschauung war der Mensch oder gar das,

was aus dem Menschen einst werden soll, "der Übermensch", schon als wirkendes Urbild in dem ursprünglichen Feuernebel gegenwärtig und rang sich, durch Ablegen einer Gestalt nach der anderen, die ihm nicht passte, die zu einseitig-spezialisiert war, zur Gestalt des Menschen der Jetztzeit durch.

"Der Menschenstamm entließ immer mehr Tierhaftes aus sich, je jetztmenschlicher er sich selber in der Natur darstellte; darum sind die höheren Tiere der letztverflossenen erdgeschichtlichen Zeit uns Jetztmenschen ähnlicher als die früheren; [...] Es könnte also sein, dass ein künftig noch entwickelterer Menschentyp eben darin seine 'Entwicklung' sähe, dass er neben sich als tierhaftere Form zurücklässt, was wir jetzt sind. Der erträumte 'Übermensch' gewinnt damit naturhistorisches Gewicht. Der spätere, uns als geringeren Menschentyp zurücklassende Vollmensch wäre aber dann nicht quantitativ mehr als wir, sondern in gewissem Sinne weniger: er hätte auch unser Tierhaftes noch ganz oder zum Teil hinter sich abgestreift und zurückgelassen. Aber er wäre innerlich mehr, denn er wäre der reinen Idee des Menschen noch näher gekommen; er wäre ein noch vollendeteres Symbol der 'Urform'."[34]

So stehen wir Laien vor zwei "Stammbäumen" der Entwicklungslehre, die auf den empirisch-phänomenologischen Ergebnissen der Naturwissenschaft aufgebaut worden ist, und haben die Wahl. Wir haben die Wahl, wenn wir überhaupt wählen *wollen*, zwischen dem "unglaublichen Wunder", d.h. dem undenkbaren Vorgang, des Werdens auf dem Wege unzähliger Zufälle durch die Jahrmillionen aus einem Schleimklümpchen der intelligenten menschlichen Persönlichkeit, und dem mehr glaubhaften Wunder, d. h. dem z. T. *denkbaren* Vorgang des allmählichen Inerscheinungtretens auf der Bühne der Gestalten des vom Uranfang an latent existierenden Urbilds der Persönlichkeit.

Die erste Theorie ist das auf Jahrmillionen sich erstreckende Wunder der Verwandlung eines Klümpchens Stoff in die menschliche Persönlichkeit, und dieses ohne Mutter und Vater, ja selbst ohne einen Künstler oder Zauberer, der weiß, wie diese Verwandlung zu bewerkstelligen ist. Ob der Vorgang dieser unbeabsichtigten und ungeleiteten Verwandlung in Jahrmillionen oder in einer Viertelstunde geschah, macht für dessen Denkbarkeit keinen Unterschied: ob schnell oder langsam geschehen, ein Undenkbares bleibt undenkbar.

In diesem Sinne hat der biblische Schöpfungsbericht, selbst wenn man die "Tage" des Sechstagewerks wörtlich als *Tage* auffasst, den Vorzug, dass er insofern denkbar ist, als er eine schaffende und leitende Intelligenz, die nach einem zweckmäßigen Plan vorgeht, voraussetzt; und wir können aufgrund der Analogie der Erfahrung z.B. des künstlerischen Schaffens den Schöpfungsakt doch als ein grundsätzlich *denkbares* Geschehen hinnehmen. Dieses können wir aber nicht, wenn es sich um ein ungeschaffenes und ungeborenes Stoffklümpchen handelt, das infolge von Schütteln und Rütteln durch zufällige auswärtige Ereignisse zur menschlichen Persönlichkeit wird. Da steht das Denken still, und man muss ihm einen blinden Glauben entgegenbringen auf die Autorität ... wessen Autorität hin?

Die andere Richtung der Entwicklungslehre ist nicht die Fortsetzung des auf Demokrit zurückgehenden atomistisch-mechanischen Materialismus, sondern die Fortsetzung des Hylozoismus der alten Ionier, des Aristoteles, über Fechner.[35] Sie stellt vor uns das Urbild des Menschen als kosmische *Veranlagung* hin, das allmählich in Erscheinung tritt. Sie ist insofern denkbar, als sie eine gewisse Analogie mit der Erfahrung der embryonalen Entwicklung und des Wachstums des Menschen darstellt. In der embryonalen Entwicklung handelt es sich nämlich auch um Metamorphosen, von dem einzelligen Keim bis zur vollendeten Menschengestalt, die von Anfang an, mit innerer Notwendigkeit und nicht durch zufällige Einflüsse von außen, stattfinden und somit die Stufen der Entfaltung der zwar unsichtbaren, aber nichtsdestoweniger wirklichen menschlichen Gestalt bis zu ihrer Vollendung darstellen. Da ringt sich ebenfalls die von Anfang an veranlagte menschliche Organisation durch verschiedene Stufen zur Erscheinung durch.

Insofern knüpft die hylozoistische Entwicklungslehre an eine Erfahrung an und erlaubt deswegen ein auf Analogie beruhendes, denkendes Aufnehmen dieser Lehre. Denn man kann sich sagen: "Die embryonale Entwicklung macht verschiedene Stadien, auch tierähnlicher Art, durch, aber sie ist von Anfang an auf den Menschen hin orientiert, und der Mensch ist auf jeder ihrer Stufen das leitende und richtungsgebende Prinzip." So kann man sich auch denken, dass die gesamte kosmische oder mindestens irdische Entwicklung eine Art embryonaler Entwicklung ist, welche nur statt neun Monate Millionen von Jahren dauert.

Dies ist ein Gedanke, der in Weiterentwicklung zu fruchtbaren und wertvollen Ergebnissen führen kann. Jedoch lässt die hylozoistische Entwicklungslehre die eigentliche Frage nach dem Anfang der Urzeugung unbeantwortet. Denn im Falle des menschlichen Embryos wissen wir, dass es vom Vater und der Mutter stammt. Woher stammt aber der die "Urform" des Menschen in sich als Anlage tragende "Urstoff"? Von wem und woher stammt diese Anlage? So haben wir es auch im Falle der hylozoistischen Entwicklungslehre mit einem Wunder zu tun, das allerdings zum Teil denkbar ist und wohl verspricht, sich fruchtbar zu erweisen.

Wir stehen somit vor der Wahl zwischen der Lehre, dass der Mensch das Ergebnis der mechanischen, d.h. unbedachten und ungewollten, Entwicklung des Stoffes ist, und der Lehre, dass die niederen Naturreiche, das Tierreich, das Pflanzenreich und das mineralische Reich, Absonderungsprodukte des Menschen sind, oder wenn wir den Umfang des Problems begrenzen, haben wir zu wählen zwischen der These "Der Mensch stammt vom Affen ab" und der These "Der Affe stammt vom Menschen ab."[36]

An dieser Stelle wäre es aber angebracht, darauf hinzuweisen, dass, auch wenn man sich mit den zwei Lehren eingehend befasst hat und eine genügende Übersicht sowohl der Argumente als auch des Tatsachenmaterials der beiden Lehren erworben hat, eine Wahl zwischen diesen Lehren einstweilen weder notwendig noch ratsam ist. Diese Lehren sind metaphysischer Art und gehören somit zum großen Komplex der metaphysischen Lehren, der vorhandenen und der möglichen, der Menschheit. Warum sollte man diese zwei Lehren aus dem gesamten Komplex, in den sie gehören, herausreißen und eine Wahl zwischen ihnen treffen, bevor man nicht die Sicherheit erlangt hat, dass es keine dritte und vierte Lehre gibt oder geben kann, die vielleicht eine Wahl zwischen der materialistischen und hylozoistischen Entwicklungslehre überhaupt erübrigen wird?

Soll man nicht erst mehr Anhaltspunkte haben, um auch die tieferen Aspekte des Problems der Entwicklung der Welt, dessen philosophische, psychologische, geschichtliche und religiöse Aspekte, in Betracht zu ziehen? Was hätte man davon, wenn man z.B. diese oder jene Entwicklungslehre gewählt hätte, ohne Kenntnis und Verständnis des Menschen als *Menschen* und nicht bloß als einer biologischen Erscheinung zu haben? Denn der Mensch, als Gegenstand der *Erfahrung*, ist nicht nur ein kompliziertes System von elektrischen Ladungen und Entladungen (was er für die Physik ist), nicht nur eine ungeheuer komplizierte Zellenkolonie (was er für die Biologie ist), sondern er ist darüber hinaus auch ein denkendes Wesen, ein moralisches Wesen und ein schöpferisches Wesen. Will man die "Entwicklung" oder das Werden des Menschen, nicht also bloß der Zellenkolonie allein, verstehen, so muss man auch sein seelisches und geistiges Werden verstehen. Um aber das Werden des Menschen zu verstehen, muss sein *gesamtes* Werden, das Werden seiner Ideale, Ideen, Begriffe, Bedürfnisse, Hoffnungen und Fähigkeiten, wie auch seiner leiblichen Organe und seiner Gestalt, betrachtet werden.

Für Hegel war der Mensch ein Stadium im dialektischen Vorgang des Weltgeistes; für den Biologen ist er ein Stadium in dem Vorgang der Zellenverknüpfung und Entwicklung in der Welt. Aber der Mensch *erfährt* sich und wird von anderen Menschen erfahren weder als vom Weltgeist gedacht, noch als von Zellen zustande gebracht. Er erfährt sich und wird von anderen Menschen erfahren als *Persönlichkeit*, die weder Weltgeist noch eine Zellenkolonie ist, sondern die selbst für ihre Gedanken, Worte und Taten *verantwortlich* ist, d.h. frei ist.

Wie dem auch sei, es war jedenfalls nicht des Verfassers Absicht, den Leser hier vor die Wahl zwischen der mechanisch-materialistischen und der hylozoistischen Entwicklungslehre zu stellen. Was aber wohl in seiner Absicht lag, war, an Hand dieser Theorien zu veranschaulichen, dass der *Überbau* der Naturwissenschaft nicht wissenschaftlich, d.h. allgemeingültig und zwingend, ist, sondern zu dem Gebiet gehört, wo andere Kriterien als die wissenschaftlichen allein, nämlich die Kriterien der *persönlichen Gewissheit* gelten. Diese sind nicht allgemeingültig und zwingend; sie gehören zum Bereich der Zwanglosigkeit, der Freiheit. Aber sie können jedem einzelnen Menschen dazu verhelfen, auf dem inneren Forum seines eigenen besten Wissens und Gewissens zu einem Grad der Gewissheit zu gelangen, der dem der Wissenschaft als empirischer Phänomenologie und logisch-mathematischer Methode gleichkommt.

Die im vorigen Kapitel angedeuteten Kriterien der persönlichen Gewissheit werden im Weiteren nach und nach im Einzelnen ausgearbeitet und veranschaulicht werden. In *diesem* Abschnitt kommt es aber namentlich darauf an, *einen* wesentlichen Aspekt der "Methode der persönlichen Gewissheit" dadurch in anschaulicher Weise zur Darstellung zu bringen, dass sie mit den Methoden, die Allgemeingültigkeit und Notwendigkeit beanspruchen, verglichen wird.

So gehört, außer der empirisch-phänomenologischen Methode, auch die Logik oder, wie sie heute in ihrer Verschmelzung mit der Mathematik und der weiter ausgebildeten transzendentalen Methode Kants auch auftritt, die Logistik (auch "symbolische Logik" genannt) zu diesen Methoden. Sowohl die traditionelle ("aristotelische") Logik als auch die (schon etwa ein Jahrhundert alte) Logistik beanspruchen Allgemeingültigkeit und Notwendigkeit für ihre Ergebnisse. Ja, sie beanspruchen, besonders die moderne Logistik, die die Rolle der unblutigen Inquisition in der wissenschaftlichen Forschung auf sich genommen hat, gewissermaßen die "Wissenschaft der Wissenschaft", d.h. die transzendentale Funktion der Wissenschaft, zu sein.

Jeder Logiker, sowohl der aristotelisch-scholastische als auch der moderne Logist, hat anerkannt, dass Logik es mit *Form* zu tun hat; aber die Wissenschaft der reinen Logik, welche mit *nichts* anderem als Form sich befasst, ist das Ergebnis der modernen Entwicklung. Wenn es sich auch schon für Aristoteles selber, als Logiker, in erster Reihe um die Form handelte, so war doch bei ihm und in der aristotelisch-scholastischen Logik eine Beimischung des Materialen, Inhaltlichen, im Formalen vorhanden. So wird z.B. der erste Grundsatz, der

Identitätssatz, *A ist A,* von der traditionellen Logik, wie von der modernen Logik behauptet wird, im metaphysischen (d.h. mit einem bestimmten weltanschaulichen *Inhalt* versehenen) Sinne gedeutet. Wenn nämlich "A" als Träger oder Subjekt von Attributen aufgefasst wird, dann kann die Formel "A ist A" so gedeutet werden, dass sie die Beständigkeit der Substanz in den Wandlungen ihrer Erscheinungsmerkmale bedeutet.

Diese Deutung, die es auch tatsächlich gegeben hat, soll aber eine metaphysische Theorie enthalten, nämlich diejenige der bestehenden Individualität. Zwar hat Aristoteles selbst den Identitätssatz nicht in dieser Form formuliert, aber dieser Satz kann wohl aus seiner Formulierung: "Was wahr ist, muss in jeder Hinsicht mit sich selbst übereinstimmen" gefolgert werden.

Wie es auch mit der metaphysischen Beimischung in der aristotelisch-scholastischen Logik bestellt sein mag, und wie rein-formal und umweltanschaulich auch die moderne Logistik sei, es schwebte und schwebt sowohl der traditionellen als auch der modernen Logik dasselbe *Ideal* vor, nämlich das Ideal der absoluten Allgemeinheit der Form, die von jeglichen Elementen des Individuellen und Inhaltlichen frei ist. Denn sowohl die vier – drei stammen von Aristoteles, die vierte wird dem berühmten Arzt der Antike, Galen, zugeschrieben – traditionellen Figuren der Syllogismen als auch z. B. die fünf "Wahrheitstafeln" (und die "Teilweise Wahrheitstafel VI") von Rudolf Carnap[37] sind so gemeint, dass ihre Buchstabenzeichen durch beliebige Inhalte ersetzt werden können, während sie selber vollkommen inhaltsleer, d.h. *formal*, sind.

Die traditionelle Logik und die moderne Logistik unterscheiden sich namentlich nur darin, dass die traditionelle Logik die grammatische Form als Wegweiser zur logischen Form annimmt und deswegen ein Instrument darstellt, das den Bedürfnissen des sich der Mittel der *Sprache* bedienenden Philosophen genügt, während die moderne Logistik selbst eine Sprache sein will, die an sich logisch, und *nur* logisch, ist und die es ermöglicht, *sämtliche* logisch relevanten Elemente zum Ausdruck zu bringen (z.B. die Relationen, für die es keine formalen Ausdrucksmittel in der traditionellen Logik gibt, und die dort durch Worte der gewöhnlichen Sprache zum Ausdruck gebracht werden), sowie *sämtliche* logisch irrelevanten Elemente auszuschließen.

Wenn früher "mathematisierende Philosophen" (wie z. B. Leibniz) an der traditionellen Logik gearbeitet haben, so ist die Logistik die Frucht der Arbeit an der Logik der "philosophierenden Mathematiker" wie z. B. Frege, Whitehead und Russell. Die Logistik ist das Ergebnis der Arbeit an der Grundlagenforschung der Mathematik, der Logik und der Philosophie, ihrer Erkenntnistheorie namentlich. Dieses Ergebnis besteht im Verschmelzen dieser drei Gebiete zu einem vierten, nämlich der Logistik. "Der Grund hierfür liegt in der historischen Tatsache, dass die Mathematiker sich im Lauf des vorigen Jahrhunderts immer mehr bewusst wurden, dass die Fundamente des Gebäudes der Mathematik einer gründlichen Nachprüfung und Sicherstellung bedurften."[38]

So wurden Systeme ausgearbeitet, die die Grundlage für einen Neuaufbau der Mathematik (der Arithmetik, der Analysis, der Funktionentheorie und der Infinitesimalrechnung) ergeben sollten. Die Systeme von Frege, Whitehead-Russell und Hilbert haben ihre Eignung für diese Aufgabe erwiesen. Dabei geschah die Verschmelzung der Logik und der Mathematik. So sagt Gottlob Frege abschließend: "Ich hoffe in dieser Schrift wahrscheinlich gemacht zu haben, dass die arithmetischen Gesetze analytische Urteile und folglich a priori sind. Demnach würde die Arithmetik nur eine weiter ausgebildete Logik, jeder arithmetische Satz ein logisches

Gesetz, jedoch ein abgeleitetes sein. Die Anwendungen der Arithmetik zur Naturerklärung wären logische Bearbeitungen von beobachteten Tatsachen;[39] Rechnen wäre Schlussfolgern. [... Die Zahlgesetze] sind anwendbar auf Urteile, die von Dingen der Außenwelt gelten: sie sind Gesetze der Naturgesetze. Sie behaupten nicht einen Zusammenhang zwischen Naturerscheinungen, sondern einen solchen zwischen Urteilen; und zu diesen gehören auch die Naturgesetze."[40]

So wurde von Frege Arithmetik zu "einer *weiter ausgebildeten* Logik" und ihre Zahlgesetze zu "Gesetzen der Naturgesetze" erklärt, und hierin liegt das Wesentliche sowohl des Anliegens als auch des Anspruches der Logistik. Aber ihr Anliegen und ihr Anspruch beschränken sich nicht auf das Gleichheitszeichen zwischen Mathematik und Logik; sie gehen weiter. Die Logistik will auch die direkte Nachfolgerin und Fortsetzerin der "kopernikanischen Entdeckung" Kants, seiner transzendentalen Methode, sein.

Wenn Kant seine Kategorien der reinen Vernunft aufgrund der Introspektion, d. h. indem er den Denkvorgang in sich selbst beobachtet hatte, feststellte, so will die Logistik die kategoriale Struktur der Erkenntnis nicht durch Introspektion, die ihr zu subjektiv ist, sondern auf dem Wege der Untersuchung auf ihren logisch-methodologischen Gehalt der wissenschaftlichen Leistungen erkennen und darstellen. Sie geht dabei von der Ansicht aus, dass die erfolgreichen Leistungen der Wissenschaft die *objektivierte* menschliche Vernunft darstellen und deswegen eine mehr objektive Anwendung der transzendentalen Methode des "Denkens über das Denken" als die Introspektion ermöglichen. Sie will sozusagen "von den Früchten auf den Baum" schließen, indem sie die Leistungen der Wissenschaft, namentlich ihre erfolgreichen Theorien, auf die in ihnen zum Ausdruck kommende kategoriale Struktur der Vernunft hin untersucht.

Da aber Kant nachgewiesen hat, dass eine über die kategoriale Struktur der Vernunft hinausgehende Metaphysik nicht möglich ist, d.h. dass die transzendentale Logik selbst die einzig mögliche Form der Metaphysik aus der reinen Vernunft sein kann, und da Hegel die transzendentale Logik selbst als Metaphysik ausgebaut hat, indem er die kategoriale Struktur der Vernunft als identisch mit der Struktur der Welt erklärte, so hat auch die moderne Logistik den Anspruch, die moderne Vernunftmetaphysik zu sein. Somit ergibt es sich, dass die Logistik gleichzeitig sowohl die Grundlagen der Mathematik, Logik und Metaphysik als auch die mathematisch-logische Zeichensprache für diese Gebiete ist.

Wie weit jedoch das Anliegen und der Anspruch der Logistik auch reichen mag, es handelt sich dabei um das Ideal der Logik und der sog. exakten Wissenschaft überhaupt, nämlich um das Ideal der absoluten Allgemeingültigkeit und Notwendigkeit, d. h. um Ergebnisse, die von den Zufälligkeiten des Psychologischen und Empirischen vollkommen frei sein sollen. Es ist das Ideal der rein formalen Erkenntnis, der reinen Form. Letzten Endes schwebte der Logik, vielleicht nicht so bewusst wie der Logistik, eine "Ars magna" vor, ähnlich der des Raymundus Lullus,[41] nämlich ein *mechanisches* Verfahren im Finden des benötigten Arguments und im Ziehen der notwendigen Schlussfolgerung. In diesem Sinne ist das "Aussagenkalkül" der Logistik, dessen Wert darin bestehen soll, "dass die Regeln, die die Kombinationen von Aussagen betreffen, in ihm in einer dem wissenschaftlichen Bedürfnis angemessenen Vollständigkeit formuliert und zu einem widerspruchsfreien System vereinigt sind",[42] als ein weiterer Schritt in der Richtung zur Mechanisierung des Denkprozesses zu betrachten.

Das Ausarbeiten eines solchen, das Aussagekalkül ermöglichenden Systems erfordert allerdings ein ungeheures Maß von Gedankenarbeit; ist aber diese Arbeit einmal geleistet, so wird man sie nicht mehr zu wiederholen brauchen: dann wird man sich ihrer Ergebnisse in mechanischer Art bedienen können, so wie man sich der fertigen, aber *einst* durchdachten Formeln der Arithmetik (Algebra) beim Lösen der Aufgaben bedient. Auch Frege gibt zu, dass es möglich ist, "durch wirkliches Denken die mathematische Zeichensprache" so auszubilden, "dass sie, wie man sagt, für einen denkt."[43] Das mühsame "wirkliche Denken" durch ein System von Tafeln (wie etwa die Logarithmen-Tafeln) des Aussagenkalküls einmal ersetzen zu können, ist die Aufgabe und das Ziel der Logistik. Aber auch die traditionelle Logik, z.B. in den vier Figuren der kategorischen Syllogismen, strebte nach einer größtmöglichen Ökonomie des Denkens, d.h. danach, durch ihre Ergebnisse soviel wie möglich an Gedankenmühe zu ersparen und das Urteilen möglichst mühelos zu machen.

Da nun das Ziel oder das Ideal sowohl der Logik als auch der Logistik darin besteht, den wissenschaftlich arbeitenden Menschen gleichsam einen Apparat in die Hand zu geben, der, wie man sagt, für einen denkt, d.h. der Dienste auf dem Gebiet des formalen Denkens leistet, so brauchten wir hier nicht ein in der mathematischen Zeichensprache ausgedrucktes Beispiel der Logistik zu entlehnen, um den Unterschied zwischen der *materialen* Erkenntnis der persönlichen Gewissheit und der *formalen* logischen Erkenntnis zu veranschaulichen. Ein einfaches Beispiel aus der traditionellen Logik wird diesem Zweck genügen.

Nehmen wir den Satz: "Alle Menschen sind sterblich; Sokrates ist ein Mensch; folglich ist Sokrates sterblich." Es handelt sich hier um ein logisch richtiges Urteil, das formal einwandfrei ist. Nun ist aber der erste Teil des Satzes, die Prämisse, ein Ergebnis nicht der Logik allein, sondern namentlich der *Erfahrung*. Es ist die Erfahrung, die uns gelehrt hat, dass Menschen sterblich sind. Diese Erfahrung besteht darin, dass nach einer bestimmten Zeit die Erscheinung, die wir "Mensch" nennen, aus dem Bereich der Erfahrung unserer fünf äußeren Sinne verschwindet, wenn sie auch im Bereich der Erfahrung des inneren Sinnes (auf dem Gebiet der Psychologie, als Erinnerung, Phantasiegestalt, Traumgestalt, Gefühlsgestalt, Willensgestalt usw.) noch lange weiterleben kann.

Dieses Verschwinden aus dem Bereich der äußeren Sinneserfahrung der einzelnen Menschen geschah so oft und wiederholte sich so lange, dass man den Erfahrungsschluss, d.h. den Schluss der Induktion, der lediglich einen höheren oder geringeren Grad der Wahrscheinlichkeit logisch ermöglicht, gezogen hat, dass alle Menschen sterblich sind. Da es sich doch *logisch* nur um ein Wahrscheinliches, wenn auch dessen Grad sehr hoch sein mag, handelt, so sollte die Prämisse eigentlich lauten: "Wenn alle Menschen sterblich sind ..."

Auch das Mittelglied des Syllogismus "Sokrates ist ein Mensch" ist eine Erfahrungsaussage und deswegen logisch weder beweisbar noch widerlegbar. Es sollte deswegen eigentlich lauten: "Wenn Sokrates ein Mensch ist ... " Dementsprechend sollte der gesamte Syllogismus lauten: "Wenn alle Menschen sterblich sind, und wenn Sokrates ein Mensch ist, so würde folgen, dass Sokrates auch sterblich ist." Es handelt sich hier lediglich um den Zusammenhang der drei Sätze, nicht aber um ihren Inhalt. Denn der Gegensatz wäre logisch ebenso richtig, wenn nur die Art des Zusammenhangs, die *Form* der Schlussfolgerung, unverändert bleibt. Man könnte also ebenso gut sagen: "Wenn alle Menschen unsterblich sind, und wenn Sokrates ein Mensch ist, so würde folgen, dass Sokrates auch unsterblich ist." Die Entscheidung, ob der erste oder der zweite Satz *wahr* ist – denn beide sind logisch *richtig*, es handelt sich nur um ihre materiale oder inhaltliche

Wahrheit – hat ein Drittes, nämlich die *Erfahrung*, zu treffen. Mit anderen Worten: die *Gewissheit* in der Frage der Sterblichkeit bzw. Unsterblichkeit des Sokrates ist anderswo als auf dem Gebiet der Logik zu erlangen. Sie ist nicht auf dem Gebiet der *formalen*, sondern auf dem Gebiet der *materialen* Erkenntnis zu suchen.

Der Laie, dem es nicht auf die Förderung eines spezialisierten Gebietes der Wissenschaft und auf die Entwicklung der speziellen Methode dieses Gebietes, sondern auf persönliche Gewissheit in den Lebensfragen der Menschheit ankommt, wird sich wohl mit Dankbarkeit in der formalen Logik üben, um Präzision, Vorsicht und Folgerichtigkeit für seine Gedankentätigkeit zu lernen. Er wird aber von ihr keine Aufschlüsse im Sinne *seines* Anliegens erwarten. Dieses schon aus dem Grunde, weil, wenn auch die Logik und Logistik eine positive Antwort geben sollten, diese Antwort wegen ihres formalen Charakters ihn nicht befriedigen würde. Denn die Antwort hätte aus der zu einer systematischen Ordnung gebrachten Verknüpfung der Dinge bestanden, während die Wesensbeschaffenheit der Einzeldinge und die sie ordnende Weisheit es sind, auf die es ihm ankommt. Die Antwort wäre zu flach und zu oberflächlich, um ihn zu bewegen, sein Leben danach einzurichten.

Die christlichen Märtyrer hatten wohl eine persönliche Gewissheit, die so stark war, dass selbst der drohende qualvolle Tod sie nicht zum Schwanken zu bringen vermochte, aber sie verdankten diese Gewissheit nicht der Einsicht, dass Gott und seine Inkarnation logische Notwendigkeiten sind. Sie verdankten sie einem Vorgang des *Werdens* und *Reifens* ihres gesamten Wesens, in den man einen Einblick z. B. in den *Bekenntnissen* des hl. Augustinus oder auch in dem wunderbaren modernen Zeugnis des menschlichen Werdens, in dem Buch *Die Feuersäule*[44] von Karl Stern[45] erhalten kann.

Die persönliche Gewissheit, zu der man nicht durch einen Syllogismus der Logik oder durch einen Implikationssatz der Logistik gelangt ist, sondern die durchlitten, erharrt, erstrebt, gewachsen und gereift ist, ist die Frucht der Wandlung des gesamten Bewusstseins. Sie hat die Dimension der Tiefe hinzugewonnen, eine Dimension, die in dem formalen logischen Urteil überhaupt keine Rolle spielt. Und doch ist es die Tiefe, die die persönliche Gewissheit allein erwachsen lässt und ihren Grad bestimmt. Die christlichen Märtyrer waren Menschen der Tiefe, und aus dieser Tiefe schöpften sie jene Kraft der Gewissheit oder des Glaubens, die zu brechen es keine Mittel gab.

Ist aber die formale Logik die einzige Art des wahrheitsfähigen Denkens, die einzig mögliche Methode für das Denken, das Wahre vom Falschen zu unterscheiden und das Wahre zu finden? *Muss* alles klare, gewissenhafte und folgerichtige Denken unbedingt formal-logisch sein? Ist die formale Logik die einzige Möglichkeit für das Denken, der Wahrheit bewusst zu werden und die Täuschung zu überwinden? Ist die formale Logik der einzige Weg für das Denken, um zur Wahrheit zu gelangen?

Dieser Zweifel entbehrt nicht an objektiven Anlässen, geschweige denn an tieferen Gründen, wenn man sich in der Geistesgeschichte der Menschheit umsieht. Da fallen einem natürlicherweise zuerst die Sterne der ersten Größe auf, solche wie Kant, Plato und Aristoteles. Nur steht es z. B. mit Kant so, dass er, der einen der größten Beiträge zur formalen Logik geleistet hat, zur Gewissheit über Gott, Unsterblichkeit und Freiheit nicht auf dem Wege der formalen Logik, sondern dem der moralischen Logik oder materialen Logik, die er als "rein praktische Vernunft" bezeichnete, gelangte.

So stehen wir vor der Tatsache, dass ein gefeierter Denker und scharfsinniger Logiker die Gewissheit des Daseins Gottes, der Unsterblichkeit und der Freiheit weder auf eine äußere Autorität hin noch auf dem Wege der formalen Logik erlangt hat, sondern indem er sie aus dem Wesen des moralischen Bewusstseins, zum mindesten *seines* moralischen Bewusstseins, geschöpft hat. Und zwar schöpfte er sie aus dem Wesen des moralischen Bewusstseins nicht als Gefühlsmystiker, sondern als *Denker*, sich einer Logik bedienend, die nicht auf den Gesetzen oder der kategorialen Struktur der theoretischen Vernunft, sondern auf der kategorialen Struktur des *moralischen* Bewusstseins sich gründet.

Kants Gewissheit in Bezug auf das Dasein Gottes, auf Freiheit und auf Unsterblichkeit ist eine Leistung der *moralischen Logik*. Die formale Logik der reinen Vernunft konnte es, für Kant, nicht leisten; wo die auf dem Prinzip der *Notwendigkeit* begründete Logik versagt hatte, wurde die auf dem Prinzip der *Freiheit* (= moralisches Bewusstsein) begründete Logik mit Erfolg gekrönt.

Hören wir, was Kant selbst darüber sagt: "Also liegt der Grund der auf dem bloß theoretischen Wege verfehlten Absicht, Gott und die Unsterblichkeit zu beweisen, darin, dass von dem Übersinnlichen auf diesem Wege (der Naturbegriffe) gar keine Erkenntnis möglich ist. Dass es dagegen auf dem moralischen (des Freiheitsbegriffs) gelingt, hat diesen Grund: dass hier das Übersinnliche, welches dabei zugrunde liegt (die Freiheit), durch ein bestimmtes Gesetz der Kausalität, welches aus ihm entspringt, nicht allein Stoff zur Erkenntnis des andern Übersinnlichen (des moralischen Endzweckes und der Bedingungen seiner Ausführbarkeit) verschafft, sondern auch als Tatsache seine Realität in Handlungen dartut, aber eben darum auch keinen andern, als nur in praktischer Absicht (welche auch die einzige ist, deren die Religion bedarf) gültigen, Beweisgrund abgeben kann.

Es bleibt hierbei immer sehr merkwürdig, dass unter den

drei reinen Vernunftideen *Gott, Freiheit und Unsterblichkeit*, die der Freiheit der einzige Begriff des Übersinnlichen ist, welcher seine objektive Realität (vermittelst der Kausalität, die in ihm gedacht wird) an der Natur, durch ihre in derselben mögliche Wirkung, beweist und eben dadurch die Verknüpfung der beiden andern mit der Natur, aller dreien aber unter einander zu einer Religion möglich macht; und dass wir also in uns ein Prinzip haben, welches die Idee des Übersinnlichen in uns, dadurch aber auch die desselben außer uns, zu einer, ob gleich nur in praktischer Absicht möglichen, Erkenntnis zu bestimmen vermögend ist ..."[46]

Nun ist in diesem Zusammenhang zu bemerken, dass für die Weiterentwicklung der moralischen Logik im Vergleich mit der formalen Logik verschwindend wenig getan worden ist. Und doch ist sie etwas, was seinem Wesen nach ungeheuer viel verspricht und deswegen der weiteren Entwicklung wert ist. Man darf doch an der Möglichkeit nicht vorbeigehen, dass Kants "moralisch-hinreichender Grund" für die Realität Gottes, der Unsterblichkeit und der Freiheit ein Anfang und ein Same ist, aus dem noch vieles andere wachsen könnte, und dass die moralische Logik vielleicht grenzenlose Entwicklungsmöglichkeiten in sich birgt. Man berufe sich nicht auf die angeblich begrenzten Möglichkeiten der "moralischen Logik" als der Logik der praktischen Vernunft, die lediglich für praktische Zwecke gilt. Denn wo sind die Grenzen der Praxis? Soll man die "Praxis" auf die äußeren Handlungen allein begrenzen? Auf das Gebiet des Tuns und Lassens allein? Sind Äußerungen in Worten keine Handlungen? Ist Schweigen kein Lassen? Ist die therapeutische Sorge um die geistige Gesundheit der Menschheit und ihrer Kultur keine Angelegenheit der praktischen Vernunft? Ist die Pflicht, die Wahrheit zu suchen und ihr zum Siege über Illusion und Lüge zu verhelfen, keine Angelegenheit der praktischen Vernunft?

Alles, was eine moralische Bedeutung hat, alles, was moralisch fordernd oder gefährlich ist, gehört zum Bereich der praktischen Vernunft, zum Bereich der moralischen Logik. Und es gibt nichts in der Welt, das zu klein wäre, um keine moralische Bedeutung in irgendeinem Zusammenhang zu besitzen, und es gibt auch nichts in der Welt, das zu groß wäre, um eine moralische Bedeutung beizubehalten. Die praktische Vernunft, die moralische Logik, hat zu ihrem Gegenstand die gesamte Welt, ebenso wie die theoretische Vernunft und die formale Logik. Es handelt sich nur um den Unterschied im *Verhältnis* zur Welt: ob man sie unter dem *moralischen* Gesichtspunkt oder unter dem *mechanischen* Gesichtspunkt betrachten will.

Sonne, Mond und Sterne können als Stoffmassen innerhalb des sich mechanisch bewegenden Systems der Gravitationsverhältnisse betrachtet werden; sie können aber auch als Offenbarung einer waltenden *Ordnung* betrachtet werden, die von größtmöglicher praktisch-moralischer Bedeutung ist. Denn innerhalb dieser Ordnung haben wir unsere Taten zu verrichten und unsere Ziele zu setzen. Wie wäre es, wenn z.B. die Sonne heute im Osten, morgen im Westen und übermorgen überhaupt nicht aufginge? Die *Zuverlässigkeit* in der Welt ist ein moralisch-praktischer Faktor des menschlichen Lebens, der nicht minder moralisch-praktisch von Bedeutung ist als die Zuverlässigkeit der Menschen, mit denen wir in Freundschaft, Ehe und Arbeit verbunden sind. Was wäre ein Freund, auf den man sich nicht verlassen kann? Was wäre eine Welt, auf die man sich nicht verlassen könnte?

Alle Dinge können entweder vom mechanischen oder vom moralischen Standpunkt betrachtet werden. Die formale Logik ist das Gesetz der mechanischen Betrachtung der Dinge; die moralische Logik ist dagegen das Gesetz der moralischen Betrachtung der Dinge. Die praktische Vernunft ist in ihrem Gegenstand nicht nur auf die nächstliegenden menschlichen Handlungen und Ziele beschränkt; ihr Gegenstand reicht so weit, wie das moralische Anliegen des Menschen reicht. Und dieses hat grundsätzlich keine Grenzen.

Nun blicken wir auf Plato hin. Auch Plato verdankt seine Überzeugung, dass die Welt ein Kunstwerk ist, d. h. dass sie Ausdruck von Urbildern oder Ideen ist, nicht der formalen Logik. Er erlebte und beschrieb die Erkenntnis, der er diese Überzeugung verdankte, als eine Art Geburt aus den Tiefen des jeweils Unbewussten oder Überbewussten. Er verglich sie auch mit dem Vorgang des Sich-Erinnerns, wo ein nicht im Bewusstsein Gegenwärtiges, ein "Vergessenes", aus den Tiefen des Unbewussten oder Überbewussten auftaucht. Nun sind sowohl "Geburt" als auch "Erinnerung" keineswegs Vorgänge der formalen Logik, sondern *schöpferische* Ereignisse. Wir mögen daran glauben oder es bezweifeln, aber Platos Denken war *für ihn* ein Schöpfen aus der Tiefe. Dasselbe galt für seinen Lehrer Sokrates, in dessen Namen Plato immer sprach.

Wenn es nicht die formale Logik war, war es vielleicht Kants "reine praktische Vernunft" oder moralische Logik, deren Plato sich bedient hatte? Denn Logik, d.h. ein geordnetes Denken, ist für Plato wohl charakteristisch; er war ein *Denker*, kein Gefühlsmystiker.

Betrachtet man Platos Gedankenwelt näher, so kann man zweierlei feststellen: Plato bediente sich weitgehend sowohl der formalen Logik als auch der moralischen Logik in der Darstellung und Begründung bestimmter Teile seines Lehrgebäudes. Dieses Lehrgebäude selbst aber, als ganzes, ist das Ergebnis namentlich einer *dritten* Art des Denkens, einer dritten *Logik*, nämlich der Logik des künstlerischen Schaffens.

Wenn wir unter "Logik" die Gesetzmäßigkeit, die im "sinnvollen Wort" (Logos) waltet, verstehen, so muss es für jeden wesentlich-unterschiedlichen Sinnes-Bereich des "sinnvollen Wortes" eine eigene "Logik" geben. Das Ideal der *Harmonie*, das dem künstlerischen Streben, das "Wie" mit dem "Was" in Übereinstimmung zu bringen, zugrunde liegt, bringt ebenso eine "Logik" mit sich, wie das Ideal der allgemeinen Gültigkeit (allgemeine Wahrheit) eine Logik, nämlich die formale Logik, mit sich bringt. Geht es aber um das "Was" allein, so handelt es sich um den Bereich der moralischen Logik. Der schöpferische Akt umfasst das Urbild des zu Schaffenden, das Geschaffene und den Vorgang des Werdens des Geschaffenen. Dies ist die Grundlage der Logik des künstlerischen Schaffens, ihre Grundelemente, ähnlich wie die Grundelemente der formalen traditionellen Logik Subjekt, Prädikat und Attribut sind. Für Plato war die Welt das Geschaffene, ein Kunstwerk, und die Urbilder der Welt nannte er "Ideen", während er sich das Werden der Welt als einen dem künstlerischen Schaffen, d.h. dem Umwandeln des Ideellen ins Reale, das im Zustandekommen eines Kunstwerks geschieht, analogen Vorgang dachte. Platos Demiurgos ist eigentlich der Welt-Künstler, der die Ideen in äußere Erscheinung wandelt.

Ist eine künstlerische oder "ästhetische" Logik denkbar? Warum sollte sie nicht denkbar sein, zumal Plato sich ihrer ausgiebig bediente und Kant ihr eines seiner drei Hauptwerke, die "Kritik der Urteilskraft", widmete, wo er sie als "ästhetische Urteilskraft" bezeichnete! Wenn eine Unwahrheit meistens auch geschmacklos und moralisch minderwertig erscheint, warum sollte man auch dem Geschmack und dem moralischen Sinn den Wert als Kriterium absprechen, den man dem Wahrheitssinn zugesprochen hat? Wenn ein Ding seine Richtigkeit und seine Wahrheit hat, warum soll es nicht auch seine Ausdrucksvollkommenheit und seine moralische Bedeutsamkeit haben? Wenn die Welt eine gesetzmäßige

Ordnung ist, warum soll sie nicht gleichzeitig auch *Kosmos*, d.h. das große Kunstwerk sein? Oder auch Schauplatz für die Verwirklichung der Freiheit, d.h. des moralischen Lebens?

Wie die moralische Logik neben der formalen Logik nicht nur denkbar ist, sondern auch tatsächlich existiert, so ist auch die ästhetische Logik neben ihr nicht nur denkbar, sondern existiert tatsächlich.

"Dass es drei Arten der Antinomie gibt, hat seinen Grund darin, dass es drei Erkenntnisvermögen: Verstand, Urteilskraft und Vernunft gibt, deren jedes (als oberes Erkenntnisvermögen) seine Prinzipien a priori haben muss ..." sagt Kant.[47] Wenn nun jedes der drei Vermögen "seine Prinzipien a priori haben muss", so hat auch ein jedes seine *Logik*, denn Logik ist der Gebrauch der a priori-Prinzipien des Bewusstseins. Logik ist die *innere* Gesetzmäßigkeit des Bewusstseins; sie ist dessen beständige *Struktur.* Und wie es eine solche Struktur des theoretischen Denkens gibt, so gibt es sie auch im ästhetischen und moralischen Denken.

Aber es handelt sich bei den drei "Logiken" nicht um drei getrennte Welten oder um drei getrennte Strukturen des Bewusstseins, sondern um drei Aspekte der *einen* Welt und um drei Strukturen oder Organe des *einen* Bewusstseins. Das Wahre, Schöne und Gute stellen die *Dreieinigkeit* des menschlichen Geisteslebens dar, und alle *wirklichen* Errungenschaften dieses Geisteslebens haben die Eigenschaft des Zusammenklanges der drei Aspekte. Dieser Zusammenklang ist vollkommen frei von Zwang und erhebt nicht den Anspruch auf Allgemeingültigkeit: es ist das freie Anliegen eines jeden einzelnen Menschen, ihn zu suchen und zu finden. Eine "Wissenschaft" des Zusammenklangs, die zwingend und allgemeingültig wäre, gibt es nicht und kann es auch nicht geben.

Auch wenn die zweiundeinhalb Milliarden Bewohner der Erde zur Einsicht gekommen wären, dass persönliche

Gewissheit im Zusammenklang der auf drei Wegen gewonnenen Ergebnisse besteht, d.h. bewusst oder unbewusst zu Gläubigen an die Heilige Dreifaltigkeit geworden wären, so hätte dieser Gesichtspunkt zwar wohl allgemeine Geltung, aber er wäre doch nicht allgemeingültig. Denn seine allgemeine Geltung wäre das Ergebnis der zweiundeinhalb Milliarden Ereignisse der persönlichen Einsicht und des persönlichen Wachstums, nicht aber der zwingenden Notwendigkeit einer unpersönlichen Methode, die deswegen allgemeingültig ist, weil sie das Besondere, das Persönliche, abstreift und einen "allgemeinen Restmenschen" zum Adressaten hat.

Persönliche Gewissheit hat zu ihrer Voraussetzung die Persönlichkeit und ihre Freiheit, d.h. die vollkommene Abwesenheit von Zwang, auch von theoretischem Zwang, dem Zwang der theoretischen "Beweise." Sie ist keine *Wissenschaft*, sondern eben *Gewissheit*, die nicht durch "Beweise" erzwungen, sondern auf dem Boden der Freiheit geboren und gewachsen ist.

IV. Erkenntnis ohne Zwang

Systematik, Ordnung, Symbolik

Eindeutige Begriffe, die zu einem lückenlosen und widerspruchslosen System vereinigt worden sind, stellen das Ziel, ja das Ideal, nicht nur der exakten Wissenschaften, sondern auch der sog. "Geisteswissenschaften", z. B. der Theologie, Philosophie und Rechtswissenschaft, dar. Auch einem Theologen, einem Philosophen und einem Rechtswissenschaftler schwebt meistens das Ideal eines umfassenden und widerspruchslosen Systems vor, wie es einem Physiker, Mathematiker und Logiker vorschwebt. Das Streben nach

Eindeutigkeit und Systematik geht manchmal so weit, dass Definition der Erkenntnis und System der Wahrheit gleichgesetzt werden.

Der Anspruch der genannten Geisteswissenschaften auf Wissenschaftlichkeit geht, letzten Endes, darauf zurück, dass sie mit den exakten Wissenschaften das Ziel gemeinsam haben, mit Hilfe von eindeutigen Begriffen zu einem abgeschlossenen, umfassenden, lückenlosen und innerlich widerspruchslosen System zu gelangen. Der fehlende empirische Beweis der Voraussagbarkeit wird in den Geisteswissenschaften durch die Kohärenz, die einander unterstützende und tragende Eigenschaft der Einzelglieder des Systems, und die Abwesenheit der Widersprüche innerhalb seiner Grenzen ersetzt.

So hat z.B. Hegel dem System eine Bedeutung zugeschrieben, die der Erkenntnis der Wahrheit gleichkommt. Systematisches Denken und Erkenntnis der Wahrheit waren ihm eins. Die weitere systematische Entwicklung der Begriffe "Sein", "Nicht-Sein" und "Werden" als These, Antithese und Synthese betrachtete er als sowohl notwendig wie genügend, um die Welt, ihre gesamte Vergangenheit und Zukunft zu erkennen, d.h. als ein widerspruchsloses und lückenloses System vor dem geistigen Blick zu haben.

Dasselbe gilt auch für den Marxismus, der Hegels dialektische Methode übernommen hat. Ein Marxist weiß genau Bescheid um die Welt und die Weltgeschichte, ihr Woher und Wohin. Er weiß zugestandenerweise wohl nicht alle Tatsachen, aber er kennt alle Gesetze des Weltgeschehens. Und die Überzeugung, dass er sie wirklich kennt und dass es wahre Gesetze des Weltgeschehens sind, schöpft er aus der Widerspruchslosigkeit und Lückenlosigkeit seines Systems. Denn System und Wahrheit sind für ihn eins.

Worin besteht nun das Wesen des "eindeutigen Begriffs" und des "Systems"? Nehmen wir z.B. den Begriff "Freiheit" und untersuchen ihn auf seine Bedeutung in verschiedenen Zusammenhängen. So spricht man z.B. im Völkerrecht – Hugo Grotius hat ein Werk diesem Problem gewidmet[48] – von der "Freiheit der Meere" und meint damit, dass die See jenseits der Grenzen der sog. territorialen Gewässer für die Schiffe jedes Staates frei steht. Die See gehört keinem Staat, und die Freiheit der See bedeutet somit *ihren freien Gebrauch* seitens der Staaten für die Zwecke namentlich der Schifffahrt und des Fischfangs.

Wenn wir nun im gewöhnlichen Sprachgebrauch von der Freiheit des Menschen oder des Bürgers sprechen, so meinen wir nicht den freien Gebrauch des Menschen oder des Bürgers seitens eines Dritten, sondern wir meinen im Gegenteil, dass der Mensch oder Bürger über sich selbst allein verfügt. Einen Sklaven freilassen hat die Bedeutung, vom Verfügungsrecht über ihn Abstand zu nehmen und ihm das Verfügungsrecht über sich selbst zu überlassen.

Wenn wir aber von unserer "Willensfreiheit" sprechen, so meinen wir weder, dass mein Wille jedermann zur Verfügung freisteht, wie etwa das Meer für den Gebrauch der Staaten, noch dass er über sich selbst verfügt, denn der Wille kann ebenso wenig über sich selbst verfügen, wie Freiherr von Münchhausen sich selbst am Schopf vom Boden in die Luft hochziehen konnte. Was wir meinen, ist die Fähigkeit der *Wahl* zwischen Gegenständen, Handlungen, Gut und Böse, usw.

Der Begriff der Freiheit erhält aber bei Hegel einen anderen Inhalt. Unter "Freiheit" versteht Hegel nicht die Fähigkeit der Wahl des Willens, sondern Gehorsam des Willens der Vernunft gegenüber. Man ist nach Hegel frei, nicht wenn man tut, was man will, sondern wenn man will und tut, was einem die Vernunft gebietet. Wiederum einen anderen Inhalt hat der Begriff "Freiheit" bei Schiller. Für Schiller bedeutet Freiheit einen *Zustand* des Bewusstseins, in dem der irrationale

Spieltrieb und die strengen Gebote der Vernunft sich im Erleben des Schönen vereinigen und um des Schönen willen ein Bündnis schließen. Dann hört der Zwang des Geistes dem Triebleben gegenüber und der Zwang der Triebe dem Geiste gegenüber auf: der Mensch ist *frei*.

Der Begriff "Freiheit" hat einen anderen Inhalt z. B. in der indischen Religionsphilosophie, im Vedānta und Yoga. Da bedeutet Freiheit den Zustand des *Befreitseins* von den Banden, die das Bewusstsein an die Māyā, die Illusion des getrennten Daseins in der Welt der Erscheinungen, binden. Wunschlose Ruhe des Bewusstseins ist da der Inhalt des Begriffs "Freiheit".

Wenden wir uns zum Neuen Testament, zu den Briefen des Apostels Paulus, so begegnen wir wiederum einem Begriff der Freiheit, der sich von den eben angeführten unterscheidet. Die "Freiheit in Christo", die dort der "Unfreiheit unter dem Gesetz" gegenübergestellt wird, ist die Freiheit von Furcht und Zweifel im Leben und im Tode. Letzterem ist der "Stachel" genommen; ersterer ihr Grund. Denn nicht aus Furcht vor der Strafe, sondern aus Liebe wird nunmehr die Aufgabe des Menschen erfüllt. Der Inhalt des paulinischen Begriffs der Freiheit ist Liebe zu Gott und Menschen.

Endlich hat Nikolai Berdjajeff, der an Jakob Böhmes und Schellings Gedanken über die Freiheit weiterarbeitete, dem Begriff der Freiheit den Inhalt des "Schaffens aus dem Nichts" gegeben. Freiheit bedeutet für ihn die Fähigkeit, aus dem Nicht-Sein Sein zu schöpfen, oder Nicht-Sein in Sein zu wandeln.

Um nun einen *eindeutigen* Begriff der Freiheit zu erhalten, wird man entweder eine bestimmte Auffassung von den oben angeführten oder noch anderen hier nicht angeführten Auffassungen der Freiheit wählen, oder nach einem umfassenden Begriff, der alle diese Auffassungen enthält und durch Abstraktion von ihnen zu gewinnen ist, suchen müssen.

Der erste Weg ist leicht und mit keinen anderen Schwierigkeiten verbunden als mit der Gewissensfrage, ob man seine *eigene* persönliche Auffassung der Freiheit für *den* Begriff der Freiheit schlechthin halten darf. Was den zweiten Weg, den des Definierens eines eindeutigen Begriffes der Freiheit, der alle existierenden Auffassungen der Freiheit umfassen sollte, anbelangt, so ist es ungeheuer schwer, eine Definition zu finden, die den Auffassungen z. B. Berdjajeffs, des Apostels Paulus, Patañjali[49] (Yoga), Hegels, der Theologie und Jurisprudenz gleichzeitig und gleichmäßig gerecht würde. Sollte man aber dennoch die Schwierigkeit überwunden und den Seelenfrieden in einer Definition wie etwa "Freiheit ist ungehemmte und unerzwungene Wesensentfaltung", oder "Freiheit ist die Fähigkeit des unverursachten Verursachens", oder auch "Freiheit ist der Zustand des Subjekts, wo es sein eigener Gesetzgeber ist" usw. wiedergefunden haben, so hätte man sich doch noch mit der Frage auseinanderzusetzen, was man durch eine Definition *gewonnen* hat.

Wohl hat man einen eindeutigen Begriff dadurch gewonnen, dass man die verschiedenen Aspekte des Freiheitsbegriffes unter eine Kappe gebracht hat. Dieses hat man aber auf Kosten der *Reichhaltigkeit* des Freiheitsbegriffes erreicht. Denn den umfassenden Begriff oder die umfassende Definition hat man durch das *Abstreifen* der individuellen Besonderheiten der verschiedenen Freiheitsbegriffe als ihren Restbetrag gewonnen. Man hat nun das allen (oder vielen) Freiheitsauffassungen Gemeinsame gefunden und definiert, aber man hat dabei das Besondere einer jeder von ihnen verloren. Geht man aber auf das Besondere ein, so verliert man das Gemeinsame. Wie könnte man den Freiheitsbegriff so zum Ausdruck bringen, dass sowohl das Gemeinsame aller seiner möglichen Auffassungen als auch das Besondere einer jeder von ihnen zur Geltung kommen könnte? Eine Antwort auf diese Frage fand das menschliche Bewusstsein seit uralten Zeiten und überall in der Welt im *Symbol*.

Das Symbol ist als Ausdrucksmittel gemeint, das gleichzeitig vieldeutig und eindeutig ist. Es ist das Zusammensein des Gemeinsamen und des Besonderen, beides zusammengefasst nicht in einer Definition, sondern in einem *Sinnbild*. Wenn man, statt die verschiedenen Auffassungen der Freiheit unter die eine Kappe der umfassenden Definition zu bringen, sie z. B. im *Sinnbild* eines Mittelpunktes, aus dem Strahlen nach der Peripherie hin ausgehen, zusammenfasst, so gewinnt man dadurch eine Ausdrucksform, die viele eindeutige Begriffe enthalten kann und sie doch alle gleichzeitig zu einer Einheit vereinigt. Ein Symbol fällt nie auseinander, wie viele eindeutige Begriffe man auch aus ihm schöpfen mag. Ein Symbol schrumpft andererseits nie zu einer bloßen Abstraktion zusammen, wie weit man auch im Suchen und Finden des letzten und allerletzten Inhalts in ihm fortschreiten mag. Das *Kreuz* über den Kirchen und in den Kirchen bedeutet vieles, und doch bedeutet es in diesem Vielen nur Eines. Es ist ein wahres Symbol.

Nun kehren wir aber zu der Betrachtung der eindeutigen Begriffe und ihrer Systeme zurück. Warum will man eigentlich eindeutige Begriffe haben? Warum besteht das Streben, der Sprache und der Gedankensprache ihre Anregungswirkung und ihre Andeutungsfähigkeit zu nehmen und sie zu einem Instrument der exakten Mitteilung, der konventionell streng bestimmten Signalisation, zu gestalten?

Die Antwort scheint auf der Hand zu liegen. Man strebt nach Eindeutigkeit, um Vieldeutigkeit zu vermeiden, d.h. man will die Verständigung zwischen Menschen dadurch fördern, dass man Worte und Begriffe so gebraucht, dass keine Missverständnisse durch ihren Gebrauch im Verkehr der Menschen entstehen. *Unmissverständlichkeit* ist das Ziel des Strebens nach Eindeutigkeit.

Lassen wir diese Erklärung zunächst gelten und fragen wir weiter: *Worüber* sollen sich die Menschen unmissverständlich verständigen können? Nun, über alles, was sie auf dem Herzen haben, über alles, was sie denken, lautet die einfachste Antwort. Geht es aber *wirklich* um das, was die Menschen auf dem *Herzen* haben? Handelt es sich tatsächlich um das, was die *Menschen* denken? Stellen wir uns vor, dass das Ideal der Eindeutigkeit erreicht worden ist. Das bedeutet, dass der einzelne Mensch, die Persönlichkeit, nur so viel und nur das sagen kann, was durch ein allgemeines Übereinkommen über die geltenden Inhalte der Sprache und der Begriffe zu sagen möglich und erlaubt ist. Die durch Konvention eindeutig gemachte Sprache wird wohl ein ausgezeichnetes Instrument der Mitteilung und Verständigung darüber sein, was *man* denkt, nicht aber was *ich* denke und was du denkst.

Darum wird sie auch kein taugliches Ausdrucksmittel für dasjenige sein, was einer "auf dem Herzen hat." Denn die Forderung nach der allgemein geltenden Eindeutigkeit bringt ja die Forderung mit sich, das Individuelle, also das "was einer auf dem *Herzen* hat", zum Schweigen zu bringen. Mit anderen Worten: Die absolut eindeutige Sprache bedeutet gleichzeitig das Ausschalten und Zumschweigenbringen des Menschen als Persönlichkeit. *Man* wird wohl alles genau sagen können, was *man* denkt, aber *ich* und *du* werden zum Stummsein verurteilt werden. Denn du und ich, wir werden keine Sprache mehr zur Verfügung haben.

Der *wirkliche* Verkehr und Gedankenaustausch der Menschen ist ein Geschehen, das viel mehr enthält als den bloßen Austausch von Worten als Tonsignalen. Alle Worte sind viel mehr *Anregungen* als Mitteilungen im Sinne einer Nachrichtenübertragung. Denn wenn zwei Menschen in Wort oder Schrift miteinander verkehren, so geschieht dieser Verkehr nicht nur auf der Ebene des Worte-Aussendens, des

Erhaltens der Wort-Sendungen und ihrer Deutung durch das Wachbewusstsein allein, sondern es geschieht gleichzeitig der Verkehr der tieferen, "schlafenden" Schichten des Bewusstseins. Wenn dem nicht so wäre, wenn wir nur auf unsere technische Fähigkeit des Wortdeutens angewiesen wären, wäre eine schnelle und direkte Verständigung zwischen Menschen überhaupt unmöglich; denn jeder Verständigung müsste eine lange Debatte über jedes im Gespräch gebrauchte Wort und über jeden durch die Worte übermittelten Begriff vorangehen.

Dass dieses *meistens* nicht nötig ist und dass Menschen sich öfter allein durch ein paar Andeutungen verständigen können, liegt daran, dass die Menschen gleichzeitig nicht nur mit dem Ohr, sondern auch mit dem Lauschvermögen ihres Empfindens und Herzens hören und dass die Menschen, wenn sie sprechen, nicht nur mit der Zunge, sondern auch mit dem Mitteilungsvermögen ihrer Gedankenkraft, ihres Gemütslebens und ihres gesamten Schwingungssystems sprechen. Ein Gespräch ist immer gleichzeitig das Schaffen eines Schwingungskreislaufes zwischen den Menschen, anderenfalls kommt es eben nicht zum "Gespräch", sondern wird entweder Leerlauf oder Streit.

Der Verkehr zwischen Menschen ist ein Austausch von Mitteilungswirkungen *vielerlei* Art, die gleichzeitig geschehen: er trägt in sich Elemente, die zu dem Gebiet gehören, das jenseits des Wachbewusstseins liegt. Wenn es solche Elemente nicht gäbe, wäre z.B. *Musik* unmöglich. Was ist die "eindeutige Mitteilung" des Geigenspiels an den Zuhörer, und was will er aus dem Spiel "erfahren"? Es gibt aber viele Arten Musik. Die Musik der Musikinstrumente ist nicht die einzige Art der Musik, die es gibt. Es gibt auch eine Art Musik, die jedes unserer Gespräche begleitet, und sie ist es, die die Verständigung über die Worte und ihren wörtlichen Inhalt hinaus möglich macht.

Die Regungen der tieferen Bewusstseinsschichten, die die menschliche Rede begleiten, sind eine besondere Art der Musik, die die Zwischenräume zwischen den Worten, ja, auch zwischen den Einzelbegriffen, bedeutungsvoll ausfüllt. Und diese Begleitung der gesprochenen Worte ist für die Verständigung der Menschen durch das Wort ebenso wesentlich wie das gesprochene oder geschriebene Wort selbst. Sie ist das Element, durch das *Persönlichkeiten* sich verständigen. Und je mehr ein Mensch Persönlichkeit ist, desto stärker und vernehmbarer ist die "Begleitmusik" seiner Rede. Das Evangelium deutet es in plastischer Weise an, indem es sagt: "Er sprach wie einer, der Macht hat, nicht wie die Schriftgelehrten und Pharisäer." Das sagt zunächst soviel, dass seine Rede von soviel ergreifender und offenbarender "Musik" begleitet war, dass die Rede der Schriftgelehrten und Pharisäer im Vergleich zu ihr leer und wirkungslos zu sein schien.

Will man den Zusammenklang der offenbaren Rede und der sie begleitenden Musik rein und stark erleben, so nehme man die Abschiedsreden des Meisters von seinen Schülern, wie sie das Johannes-Evangelium enthält, und lasse sie auf sich wirken; nicht deuten und pressen, einfach wirken lassen, wie man Musik wirken lässt:

"Wenn ihr Mich liebt, so werdet ihr Meine Gebote halten. Und Ich werde es vom Vater erbitten, und Er wird euch einen anderen Tröster geben, auf dass er verbleibe mit euch für allezeit, den Geist der Wahrheit, den die Welt nicht empfangen kann, weil sie ihn nicht sieht und ihn nicht kennt. Ihr aber kennt ihn, da er mit euch verweilt und in euch sein wird. Ich werde euch nicht als Waisen allein lassen; Ich werde zu euch kommen. Noch eine kurze Weile und die Welt wird Mich nicht mehr sehen. Ihr aber werdet mich sehen, denn Ich lebe, und ihr werdet leben. An jenem Tage werdet ihr erkennen, dass Ich in Meinem Vater bin und ihr in Mir, und Ich in euch.

Wer Meine Gebote hat und sie hält, der hat Mich lieb. Und wer Mich lieb hat, den wird Mein Vater lieb gewinnen, und Ich werde ihn lieb gewinnen und Ich werde Mich Selbst ihm offenbaren ..."

Ist es möglich, die Sonnenuntergangsmusik dieser Abschiedsrede nicht zu vernehmen? Wer kann, wenn er auch nur ein wenig Herz und offenen Sinn übrig hat, der tiefen Zauberwirkung dieser Worte entgehen? Wie schlicht sind die Worte, wie echt ist die Sprache und wie uferlos ist die See der Helligkeit der tiefsten Weltgeheimnisse, die sich durch sie offenbart! Man liest, man lauscht, man wird still und hell. Und die Stille und Helligkeit wachsen, man ist ergriffen von ihnen und man weiß: die Welt ist groß, das Sein ist eine unfassbar kostbare Gabe, das Leben ist unendlich wertvoll; alle Wesen sind geheiligt, wenn es *ein* Wesen gab, das so sprach, ja, wenn es nur ein Wesen gab, das solche Worte zu erdichten fähig war ... Die Sprache der eindeutigen Begriffe und Worte ist zum Sezieren da; die Sprache des Verkehrs der Persönlichkeiten ist aber Anregung, Andeutung und geistige Bluttransfusion. Die Abschiedsreden im Johannes-Evangelium sind Bluttransfusion.

Nun kehren wir zu unserer Frage zurück: Warum will man eigentlich eindeutige Begriffe haben? Die Antwort, die sich nun ergibt, ist, dass man nach der Eindeutigkeit der Begriffe des *Systems* wegen strebt. Hat man einmal das Ideal des umfassenden, lückenlosen und widerspruchslosen Systems vor Augen, so kann man nicht umhin, danach zu streben, dass auch sämtliche Glieder des Systems, d. h. die Einzelbegriffe, ja, selbst das Tatsachenmaterial, nicht ihren *eigenen* Inhalt und Wert aufweisen, sondern einen solchen Inhalt und Wert erhalten, die den obersten Grundsätzen des Systems entsprechen. So erhält z. B. der Begriff "Freiheit" einen ganz anderen Inhalt und Wert innerhalb des marxistischen Systems als innerhalb eines liberalen staatsphilosophischen Systems. Denn der Grundsatz, der dem Freiheitsbegriff seinen Inhalt und Wert im marxistischen System bestimmt, ist die Macht über die Wirtschaft einer sozialen Klasse (des Proletariats), während in den liberalen Systemen der Inhalt und Wert des Freiheitsbegriffs von dem Grundsatz des größtmöglichen Spielraumes für die einzelne Persönlichkeit bestimmt wird. Das eine System orientiert alle seine Begriffe auf dessen zentralen Grundsatz der Wirtschaft und der Klasse, oder Klassenwirtschaft. Das andere System orientiert dagegen Begriffe, aus denen es besteht, auf den zentralen Grundsatz der Persönlichkeit und ihrer freien Initiative, oder der persönlichen Initiative.

Man kann den Einfluss der Systeme auf die Einzelbegriffe dadurch veranschaulichen, dass man sich einen Mittelpunkt vorstellt, der den herrschenden Grundsatz des Systems darstellt, und viele Einzelbegriffe als Pfeile, die in ihrem Inhalt und Wert zu diesem Mittelpunkt hin gerichtet sind oder gerichtet werden.

Klassenwirtschaft   *Persönliche Initiative*[50]

Klassenwirtschaft		Persönliche Initiative	
Freiheit	Recht	Gleichheit	Recht
Gleichheit		Freiheit	
Wahrheit	Schönheit	Wahrheit	Schönheit
Güte		Güte	
usw.		usw.	

Dieses gilt für sämtliche Systeme, die aus eindeutigen Begriffen bestehen, nicht aber für phänomenologische Systeme wie z.B. das System der Botanik, die das Erfahrungsmaterial nach gemeinsamen Merkmalen der Einzelerscheinungen ordnen. So bestimmt z. B. im psychologischen

System Freuds das Lustprinzip den Inhalt und Wert nicht nur aller Begriffe, die unmittelbar zum System gehören, sondern auch aller Begriffe, mit dem es irgendwie in Berührung kommt. So erhalten geschlechtliche Befriedigung und mystische Vereinigung mit Gott die Bedeutung von zwei Formen der Befriedigung der wesentlich selben Lust, nur dass die "Kanäle", in welche sie geleitet wurde, sich unterscheiden. Religion, Metaphysik, Kunst, sie sind alle Formen des Auslebens der "Libido", sind Formen der Lustbefriedigung. Das Prinzip der Lust wird von den Menschen, deren Bewusstsein von diesem System beherrscht ist, wie eine Art "Stein der Weisen" gebraucht: wie der alchimistische Stein der Weisen alles, was er berührt, in Gold verwandelt, so verwandelt das Lustprinzip des Freudschen Systems alles, womit es in Berührung kommt, in Lustbefriedigung.

Es wäre aber ungerecht, diese Wunderwirkung allein dem obersten Prinzip des *Freudschen* Systems zuzuschreiben. *Alle* Systeme weisen die Tendenz auf, nicht nur ihren ureigenen Begriffen den Inhalt und Wert zu geben, der von ihrem obersten Grundsatz gefordert wird, sondern diesen Inhalt und Wert auch auf sämtliche Begriffe zu projizieren, mit denen sie in Berührung kommen. Alle Systeme haben als ihre Mittelpunkte allein herrschende Grundsätze, und diese herrschenden Grundsätze werden meistens zu "Steinen der Weisen", die alles in das jeweilige "Gold" des Systems verwandeln, womit sie in Berührung kommen.

Die Systeme tendieren wie die Staaten stets nach Ausbreitung und Eroberung neuer Gebiete. Sie sind wesentlich expansionssüchtig. So führt die Lehre Freuds alles auf Lust und Unlust zurück, der Marxismus auf Klassenkampf wegen wirtschaftlicher Güter, der Utilitarismus auf Nutzen usw. Sie alle sind im Besitz eines besonderen Steins der Weisen und hantieren damit in entschiedener Weise. Warum streben aber die Menschen nach einem allumfassenden, lückenlosen und widerspruchslosen System? Worin besteht die faszinierende, ja, hypnotisierende Wirkung der Systeme?

Macht und Kraft unterscheiden sich wesentlich. Ein Mensch kann kräftig sein und doch keine Macht besitzen. Andererseits kann ein Mensch schwach sein und doch über große Macht verfügen. Leibliche Gymnastik, Übungen der Konzentration und sonstige Übungen, die man an sich vornehmen mag, entwickeln *Kräfte*, erhöhen die Leistungsfähigkeit, während Maschinen, die dem Unvermögen des Menschen Abhilfe leisten, *Macht* bedeuten. Wenn ich ein Musikstück auf dem Klavier spielen kann, so ist es meine Fähigkeit, meine *Kraft*; wenn ich aber das Grammophon eine Platte spielen lasse, so ist es nicht der Ausdruck meiner Kraft, sondern meiner *Macht*. Das Streben nach Kraft ist das Streben nach Leistungsfähigkeit; das Streben nach Macht ist das Streben nach Leistung allein, ohne die entsprechende Fähigkeit.

Nun ist jede Maschine, jeder Mechanismus, ein Ersatz für Kraft, für Fähigkeit. Jeder Mechanismus ermöglicht eine Leistung über die Fähigkeit des Menschen hinaus. Darum ist jeder Mechanismus ein Ausdruck des Strebens nach Macht. Was ist aber das Ideal des vollkommenen Gedankensystems anderes als ein Mechanismus, der, nachdem es einmal aufgebaut ist, gedankliche Leistungen über die Fähigkeiten des Menschen hinaus ermöglichen soll? Haben wir nicht alle die Erfahrung gehabt, an uns selbst oder an anderen, wie *leicht* es ist, Fragen zu beantworten und Erscheinungen zu erklären, wenn man ein System oder wenigstens Systemchen zur Verfügung hat? Und wie *schwer* es einem fällt, auf eine Frage aus dem Wesen der individuellen Situation und aus dem Wesen der Sache heraus eine Antwort zu finden? Wie *wenig* im ersten Falle unsere *Kraft*, unsere Fähigkeit, in Anspruch genommen wird und wie *viel* sie dagegen im letzteren Falle benötigt wird?

Nehmen wir z. B. einen Marxisten. Er kann eine beliebige Frage im Handumdrehen in einer mindestens für ihn selber befriedigenden Weise beantworten. Gott? Erdichtung der ausbeutenden Klasse, um das Trachten der ausgebeuteten Klassen von der Tatsache ihres Ausgebeutetwerdens abzulenken.[51] Religion? Der von der ausbeutenden Klasse geschaffene Apparat, um die ausgebeuteten Klassen auf "Gott" statt auf ihre Rechte zu richten. Wissenschaft? Das Instrument der jeweilig herrschenden Klasse, Macht über Natur und andere Menschen auszuüben, usw. Das Beantworten aller Fragen ist dem Marxisten eigentlich kinderleicht. Und es ist ihm so leicht, weil er einen mechanischen Apparat, ein *System*, zur Verfügung hat, das einen großen Teil der Mühe im Beantworten der Fragen von ihm nimmt und die Arbeit für ihn leistet. Und darin liegt weitgehend das Anziehende, das Faszinierende, jedes Systems, dass es einen großen Teil der Gedankenarbeit für den Menschen leistet. Es ist ein Mittel der Machterweiterung.

Nun dürfen aber in diesem Zusammenhang *System* und *Ordnung* nicht verwechselt werden. Die zu einer Ordnung gebrachten Ergebnisse eines geordneten Denkens stellen etwas wesentlich anderes als ein System dar. Während das System um einen einzigen herrschenden Grundsatz herum aufgebaut wird, kann eine Gedankenordnung viele Grundsätze gleichzeitig berücksichtigen und dennoch eine Ordnung sein. Und zwar kann sie eine Ordnung der inhaltlich bedingten Aufeinanderfolge der behandelten Probleme oder auch der Stadien des *Wachstums* gleichsam aus einem Samen, also durch Explikation des Implizierten, darstellen. So ist z.B. die *Summa Theologica* des hl. Thomas von Aquino kein System, sondern eine Ordnung. Die in ihr behandelten "Quaestiones" (Fragen) werden in geordneter, inhaltlich bedingter Aufeinanderfolge nicht mit Hilfe eines einzigen Grundsatzes beantwortet, sondern indem die Grundsätze der aristotelisch-platonischen Logik und Philosophie in Zusammenklang mit den vielen Grundsätzen des Alten und Neuen Testaments und der Lehren der Kirchenväter gebracht werden.

Das Lehrgebäude des hl. Thomas ist, was die ihm zugrunde liegenden Grundsätze anbelangt, denkbar pluralistisch, während ein System immer unitarisch oder *monistisch* ist. Wenn z.B. Thales (625-545 v. Chr.) alles Seiende auf Wasser, Anaximenes (585-525 v. Chr.) auf Luft und Heraklit (540-480 v. Chr.) auf Feuer zurückführen, so liegt bei ihnen das Streben nach einem *System* vor, denn sie wollen die Mannigfaltigkeit der Erscheinungen auf *ein einziges* Prinzip zurückführen. Dasselbe tun z. B. Fichte, Hegel und Schopenhauer, indem der erste das "Ich", der zweite die "Vernunft" und der dritte den "Willen" als das allumfassende und herrschende Prinzip erklären. Der Unterschied besteht nur darin, dass die drei ionischen Philosophen ihre Prinzipien der äußeren Erfahrung entnahmen, während die drei Deutschen sie in der inneren, psychologischen, Erfahrung fanden.

Gemeinsam aber ist ihnen allen das Streben, die Mannigfaltigkeit der Erscheinungen, sowohl äußeren wie der inneren, auf *ein einziges* Prinzip zurückzuführen. Und dieses ist das Wesen des System-Schaffens, während eine Ordnung oder ein Lehrgebäude, das kein System ist, wohl auch auf *Eines* gerichtet ist, aber von einer Pluralität der Grundsätze und Kriterien Gebrauch macht, um sich dem Einen zu nähern.

Jedes Denken, jedes Erkenntnisstreben, geht auf die letztliche Einheit aus, die hinter der Mannigfaltigkeit der Erfahrung verborgen ist oder sich durch sie offenbart. Die letztliche Einheit der Welt ist das Postulat der Erkenntnis, denn wenn die Welt in ihrem Grunde keine Einheit wäre, wäre Erkenntnis überhaupt unmöglich. Darum besteht das Anliegen jeglichen Erkenntnisstrebens im Finden und

Erkennen der Einheit, die hinter der Vielfältigkeit verborgen ist oder die sich durch die Vielfältigkeit kundtut. Der Unterschied zwischen einem System und einer Ordnung besteht namentlich darin, dass, während das System *einen einzigen Erfahrungsinhalt* oder dessen Derivat zum Erklärungsprinzip der Vielfältigkeit der Erfahrung erhebt, die Ordnung es mit *einem letzten Rätsel* zu tun hat, für dessen Lösung sie von der Mannigfaltigkeit der Erfahrung Gebrauch macht.

Das System "weiß" *ein* Ding und erklärt damit *viele* Dinge; die Ordnung hat *ein* letztliches Rätsel und gebraucht zu dessen Lösung *viele* Dinge. So hat z.B. das gesamte Lehrgebäude des hl. Thomas von Aquino die Heilige Dreieinigkeit Gottes zum letzten Gegenstand und Ziel der Erkenntnis, im Sinne der endlosen Annäherung, und macht zu diesem Zweck von vielen Dingen und Methoden (der Hl. Schrift, der Kirchenväter und Kirchenlehrer, der Logik und Philosophie) Gebrauch. Es richtet *viele* sekundäre und teilweise Erkenntnisse auf das *eine* Geheimnis. Anders gehen die System-Schöpfer vor. Sie nehmen *eines* als bekannt und gegeben an und erklären damit vieles, indem sie das Viele auf jenes Eine zurückführen.

Ob dieses Eine, das dem Vielen zugrunde liegt und es erklärt, in der äußeren Erfahrung als Wasser, Luft, Feuer oder "Stoff" gefunden wird oder in der inneren psychologischen Erfahrung als "Libido", "Wille zur Macht" oder "Vernunft" entdeckt wird, ist insofern gleich, als es sich jedesmal um einen einzigen Erfahrungsinhalt handelt, dem eine Universalbedeutung zugewiesen wird. Er wird dann zum alleinherrschenden Prinzip und damit zur Grundlage für ein System.

Ein System ist grundsätzlich ein gedanklicher *Mechanismus*; eine Gedankenordnung aber ist, wenn sie inhaltlich bedingt und deswegen gleichsam "gewachsen" ist, vielmehr mit einem *Organismus* zu vergleichen. Die organische

Ordnung *ergibt s*ich aus einer Reihe von selbständigen Untersuchungen; sie ist nicht das von Anfang an vorschwebende und die Inhalte der Einzelbegriffe bestimmende Postulat, sondern das am Ende sich ergebende Gedankengebilde, das grundsätzlich nie abgeschlossen sein kann und immer weiter wachstumsfähig bleibt.

Im System wird der Inhalt und der Wert jedes Einzelbegriffs von dem postulierten herrschenden Grundsatz bestimmt; in der Gedankenordnung wird dagegen der sie letztlich zusammenfassende und aus ihr wie Blüte und Frucht sich ergebende Satz oder Formel von den Inhalten der Einzelbegriffe bestimmt. So ist z.B. das Gedankengebilde, das Immanuel Kant vor die Welt hingestellt hat, *kein* System, sondern ein Ergebnis der Untersuchung des theoretischen Erkenntnisvermögens, des praktischen moralischen Bewusstseins und der ästhetischen Urteilskraft auf drei verschiedenen Wegen und mit verschiedenen, sich selbst *widersprechenden*, Ergebnissen.

Wenn Kant z.B. öfter vorgeworfen wird, dass er die Metaphysik durch die eine Tür (*Kritik der reinen Vernunft*) hinauswies und gleichzeitig durch eine andere Tür (*Kritik der praktischen Vernunft*) wieder hereinließ, so ist es durchaus wahr, dass er es tat; denn es handelte sich für ihn nicht um den vorgefassten Grundsatz: "Metaphysik darf es nicht geben", sondern um die wahrheitsgemäße Untersuchung, wo und wann Metaphysik berechtigt und wo und wann sie unberechtigt ist. Es handelte sich bei Kant nicht um den Aufbau eines abgeschlossenen und widerspruchslosen Systems, in dem Metaphysik grundsätzlich ausgeschlossen werden sollte, sondern um eine freie untersuchende Gedankenarbeit über die Leistungsfähigkeit der verschiedenen auf die Erkenntnis gerichteten Vermögen des menschlichen Bewusstseins.

Dass Kant zu den sich widersprechenden Ergebnissen gelangte, dass einerseits "der Mensch über Gott, Freiheit und

Unsterblichkeit nichts Bestimmtes aussagen kann" und dass andererseits "der Mensch über Gott, Freiheit und Unsterblichkeit Bestimmtes aussagen kann", ist wohl ein Widerspruch für einen Systematiker, aber absolut kein Widerspruch für einen Sucher der persönlichen Gewissheit. Denn ihm ist Kants Ergebnis der Untersuchung des theoretischen Vermögens, dass Gott, Freiheit und Unsterblichkeit auf rein theoretische Weise weder behauptet noch geleugnet werden können, und das Ergebnis, dass sie mit dem moralischen Vermögen auf rein moralische Weise wohl behauptet werden können, ebenso natürlich und ebenso wenig ein Widerspruch, wie z.B. das Wachsen der Wurzel einer Pflanze in der Richtung nach unten und ihres Stengels in der Richtung nach oben – wobei die Pflanze nicht in zwei Stücke reißt – unnatürlich und ein Widerspruch ist.

Es handelt sich bloß um das Zusammenwirken zweier in entgegengesetzter Richtung wirkender Tendenzen des pflanzlichen Organismus. Und wenn die Wurzel keine unmittelbare Erfahrung der Sonnenwirkung hat, so hat sie die Erfahrung der chemischen und anderen Eigenschaften des Bodens, so hat der Stengel und dessen Blätter die Erfahrung des Sonnenlichtes und der Luft. Dies ist ein Fall der Verteilung und des Zusammenwirkens der verschiedenen Organe des pflanzlichen Organismus. Dasselbe gilt auch für die Erkenntnisorgane des Menschen: wenn die theoretische Vernunft über Gott, Freiheit und Unsterblichkeit ebenso wenig aussagen kann wie die Wurzel der Pflanze über Licht und Luft, so ist die praktische Vernunft darüber auszusagen berufen, so wie der Stengel und seine Blätter, wenn er sprechen könnte, über Licht und Luft auszusagen berufen wäre.

Der Systematiker wählt *einen* Grundsatz, *eine* Methode und *eine* Fähigkeit des Menschen, um sein System aufzubauen. Der auf die organische Erkenntnis gerichtete Sucher der persönlichen Gewissheit macht aber grundsätzlich von ebenso vielen Methoden und Fähigkeiten der Erfahrung und Erkenntnis Gebrauch, als er Gegenstände der Erkenntnis oder Probleme vor sich hat. Grundsätzlich bedeutet für ihn jeder besondere Gegenstand der Erkenntnis oder jedes besondere Problem die Forderung, einen besonderen Weg, eine besondere Methode, die diesem besonderen Gegenstand oder Problem entspricht, zu suchen und zu finden.

Es kommt dementsprechend im Falle der Lehren Kants nicht darauf an, das von ihm Ausgearbeitete als Grenzleistung hinzunehmen, sondern darauf, dass Kant für verschiedene Erkenntnisgegenstände den Gebrauch verschiedener Methoden und Vermögen des Bewusstseins als notwendig erwiesen hat. Gott, Freiheit und Unsterblichkeit stellen kein bloß theoretisches Anliegen dar, sondern namentlich ein praktisch-moralisches. Sie gehören zum Gebiet der moralischen Logik, nicht der formalen. Dies ist ein Ergebnis, das für alle denkenden Menschen von Bedeutung sein kann. Dasselbe kann aber nicht von den Ergebnissen der Anwendung der moralischen Logik bei Kant gesagt werden.

Denn wenn die moralische Logik der praktischen Vernunft das Dasein Gottes, die Freiheit und Unsterblichkeit fordert, warum soll sie an diesem Punkt stehen bleiben und nicht zu weiteren und tieferen Einsichten vordringen können? Lediglich deswegen, weil es für Kant persönlich und für *seine* persönlichen Bedürfnisse genügend zu sein schien, und weil Kant an Weiterem auf diesem Gebiet nicht interessiert war? Nein, wenn man auf dem Wege der moralischen Logik zur persönlichen Gewissheit über das Dasein Gottes, die Freiheit und die Unsterblichkeit gelangen kann, so folgt daraus, dass dieser Weg noch zur Gewissheit über vieles Andere auf dem Gebiet des Übersinnlichen führen kann. Er muss nur *gegangen* werden.

Ein weiterer Unterschied zwischen System und Ordnung

besteht in der Tendenz zu der Eindeutigkeit und *Abgeschlossenheit* der Begriffe einerseits, und dem Streben nach *Inhaltsreichtum* und *Offenheit* der Einzelbegriffe andererseits. Denn wenn im System der Einzelbegriff nur einen solchen Inhalt und nur soviel Inhalt haben darf, als das herrschende zentrale Prinzip des Systems es zulässt, so gilt für die organisch gewachsene Gedankenordnung das Gegenteil: da hat jeder Begriff sowohl einen fassbaren Inhalt als auch einen über ihn hinaus reichenden "möglichen" Inhalt, der zur Zeit latent in den Schichten des "schlafenden Bewusstseins" liegt, später aber einst auch im Wachbewusstsein aufleuchten kann. Wie die Eisberge aus einem Teil bestehen, der über der Meeresoberfläche hervorragt, und einem meist größeren Teil, der unter der Oberfläche in den Meerestiefen verborgen ist, so bestehen die Begriffe, die nicht eines Systems wegen, sondern ihrer selbst wegen das Bewusstsein beschäftigen, aus einem Inhalt, der im Wachbewusstsein gegenwärtig ist, und einem solchen, der unter dessen Oberfläche verborgen liegt.

Hier hat jeder Begriff gleichzeitig eine klare Bedeutung und darüber hinaus noch die Möglichkeit mehrerer tieferer Bedeutungen. Er ist grundsätzlich *vieldeutig*, im Sinne der *Steigerungsfähigkeit* seines Inhalts in der Richtung der Vertiefung und der größeren Helligkeit.

Wenn man somit z.B. den Freiheitsbegriff nicht als Glied eines Systems, sondern für sich allein nimmt, so wird man zunächst rein phänomenologisch vorgehen, d.h. die Erscheinungen und Erfahrungen der Freiheit als Bewegungsfreiheit, Handlungsfreiheit, Wahlfreiheit, Forschungsfreiheit, Gedankenfreiheit, Gewissensfreiheit, Freiheit von Not, Furcht und Zweifel, schöpferische Freiheit und anderes mehr betrachten. Dann wird man nach einem Ausdrucksmittel für die auf diesem Wege gewonnene Erkenntnis suchen. Dieses Ausdrucksmittel wird man aber nicht in der Richtung der *Abgrenzung* von anderen Begriffen im Sinne des Feststellens, was Freiheit *nicht* ist, der *Definition*, suchen, sondern in der Richtung der *Mitteilung* dessen, was Freiheit *ist*, der *Expression*. Dabei wird man sich aber hüten, die so gewonnene eigene Erkenntnis als endgültig und abschließend anzusehen. Man wird nach einem Ausdrucksmittel suchen, das nicht nur die gewonnene Einsicht zum Ausdruck bringt, sondern auch gleichzeitig offen bleibt und Raum bietet für weitere mögliche Einsichten.

Ein Ausdrucksmittel, das diesen Bedingungen entspricht, kann nun ein Sinnbild, ein *Symbol*, sein. Denn nur das Symbol ist eine Expression ohne Definition, eine Mitteilung des materialen Inhalts ohne formale Abgrenzung, die gleichzeitig auch inhaltlich offen bleibt und weiterer Vertiefung ihres Verstehens fähig ist.

Worin besteht der wesentlichste Unterschied zwischen einem scharf definierten, eindeutigen Begriff und einem Symbol? Nun, der allerwesentlichste Unterschied besteht darin, dass die eindeutigen Begriffe, als Glieder des System-Mechanismus, hinter dem das Streben nach Macht steht, notwendigerweise einen gewissen *Zwang* ausüben, während die Symbole es nicht tun. Ja, je zwingender die eindeutigen Begriffe sind, desto vollkommener sind sie, vom Standpunkt der Systematik aus gesehen.

So sagte z.B. Hegel, dass er seine Leser *zwingen* wolle, die Wahrheit dessen, was er lehrte, anzuerkennen. Was Hegel ausgesprochen hat, es lebt und wirkt als Absicht hinter jeder begrifflichen Beweisführung. Und darin liegt auch einer der Gründe, warum z.B. der Begriff "Gott" als unwissenschaftlich, als nicht zwingend allgemeingültig, gilt; er zwingt nämlich nicht in dem Maße, als sonst die Begriffe, die als wissenschaftlich gelten, es tun. Deswegen haben alle Versuche, Gott und Gottes Dasein durch begriffliche Beweisführung zwingend zu machen, eigentlich versagt. Die "quinque viae" des hl. Thomas von Aquino zeigen wohl, dass ein Mensch, der an Gott glaubt, *seine* Vernunft mit diesem Glauben auf verschiedenen fünf Wegen in Einklang bringen kann, sie zeigen aber andererseits, dass sie, als *Beweise* für Nicht-Gläubige genommen, nicht zwingend sind.

Dasselbe gilt auch für den ontologischen Beweis Gottes des hl. Anselm und, in mehr ausgearbeiteter Form, von Leibniz. Kant hat den Mangel an zwingender Verbindlichkeit dieser Beweise gezeigt. Aber auch abgesehen von Kants Kritik der Gottesbeweise ist es nicht schwer einzusehen, dass das Anerkennen bzw. Leugnen des Daseins Gottes nicht eine bloße Frage der logistischen Argumentation ist und sein kann. Sonst hätte es keine Atheisten gegeben, die logisch denken können, und alle Leute, die nicht scharf logisch denken können oder sich um die logischen Argumente nicht kümmern, wären Atheisten.

Kant selbst hat einen achten Grund für das Anerkennen Gottes hingestellt, aber es ist kein "Beweis" im Sinne der zwingenden Wirkung auf die Vernunft, sondern ein Postulat des *moralischen* Bewusstseins Kants. Da handelt es sich nicht darum, dass der Begriff "Gott" den Menschen zu seiner Anerkennung zwingt, sondern es ist das moralische Wesen des Menschen selbst, das diesen Begriff fordert; es zwingt gewissermaßen der Welt der Begriffe diesen Begriff auf. Insofern der Gottesbegriff nicht zwingend ist, ist er schon wesentlich *symbolisch*. Denn Symbole sind durch Worte, Bilder, Figuren usw. ausgedrückte Sinnbilder, die wohl bedeutsam, aber nicht zwingend sind. So ist z.B. der Satz: "Alle Menschen sind sterblich; Sokrates ist ein Mensch; folglich ist Sokrates sterblich" zwingend, während z.B. der Satz: "Er ist am dritten Tag auferstanden von den Toten, aufgefahren gen Himmel und sitzet zur Rechten Gottes, des allmächtigen Vaters, von dannen Er wiederkommen wird, zu richten die Lebendigen und die

Toten" *nicht* zwingend, sondern verkündend ist. Der erste Satz sagt gleichsam: "Du bist nicht frei, mich anzuerkennen oder nicht anzuerkennen, mich so oder anders aufzufassen; was ich besage, hast du vorbehaltlos und eindeutig anzuerkennen." Der zweite Satz sagt dagegen: "Siehe, hier stelle ich vor dich Dinge von großem Wert und tiefer Bedeutung hin, komm, wenn du willst, tritt näher, trete ein in ihr Licht, ihre Wärme und ihr Leben." Der erste Satz gebietet, der zweite aber bietet. Er ist gleich einer Einladung zu Tisch, zum Mahl. Er befiehlt und gebietet nicht; er empfiehlt nur und bietet.

Dies ist der allgemeine Geist der Symbolik: Bieten, ohne zu gebieten. Die Symbolik lässt den Menschen frei; sie ist die Sprache, in der ein Freier zu einem Freien spricht. Symbolik ist die Sprache der Erkenntnis ohne Zwang. Das Respektieren der Freiheit geht in der Symbolik weiter als die bloße Freiheit, das in ihr Gebotene anzunehmen oder abzuweisen: auch *nach* der Annahme, oder richtiger: Aufnahme, eines Symbols bleibt man frei. Denn das Symbol zwingt nicht einen bestimmten Inhalt, einen eindeutigen Begriff, auf, sondern es ist Weg und Mittel zu *Entdeckungen*, die man *innerhalb* seiner nur selbst machen kann. Es ist vieldeutig, aber seine Vieldeutigkeit ist nicht Unbestimmtheit, sondern sie besteht in der inneren *Schichtung* der durch das Symbol bestimmten Inhalte.

Das Symbol ist ein Weg der Vertiefung; es ergibt Inhalt auf Inhalt, die als Schichten in ihm gelagert sind. Und diese Inhalte werden nur durch die freie Initiative und eigene Entdeckung des sich vertiefenden Bewusstseins gewonnen. Es *kann* jedes Symbol für einen bestimmten Menschen auch *eindeutig* bleiben, wenn er sich mit einer einzigen Schicht der Bedeutung des Symbols begnügt und keinerlei weitere Vertiefung sucht. Aber auch dann ist der aus dem Symbol gewonnene eindeutige Begriff oder Inhalt *seine* eigene Entdeckung. Ein Symbol mag flach oder tief aufgefasst werden, man bleibt aber in beiden Fällen frei, nicht nur im Sinne der Freiheit, es flach oder tief aufzufassen, sondern auch in dem Sinne, dass der gewonnene Inhalt eine eigene Entdeckung ist, und zwar auch in dem Falle, wenn tausend andere Menschen denselben Inhalt in ihm gefunden haben.

Ob Symbole *gedeutet* werden können? Sie können wohl gedeutet werden, ja, sie sollen es, denn darin besteht ihr Leben und ihre Bedeutung als Ausdrucksmittel, aber man hüte sich davor, eine bestimmte Deutung als die Deutung zu betrachten und zu erklären! Der Verfasser hat sich sein Leben lang mit Symbolik beschäftigt, aber bis auf den heutigen Tag hat er nie das Gefühl gehabt, auch nur ein einziges Symbol endgültig gedeutet, d.h. seinen Inhalt erschöpft zu haben. Und er ist zu der Überzeugung gelangt, dass das Deuten der Symbole in der Sprache der eindeutigen Begriffe wohl berechtigt und begrüßenswert sein kann, aber nie die Symbole selbst ersetzen, "wegdeuten", kann.

So kann man z.B. das Symbol des Kreuzes als "Opfer" deuten, aber auch nach dieser Deutung bleibt das Symbol sinnvoll bestehen. Denn es versinnbildlicht auch z.B. die Vertikaltendenz und die Horizontaltendenz im Wachstum der Pflanzen, als deren Folge sich die Spirallinie in der Verteilung der Zweig- und Blattbildungen der Pflanze ergeben. Denn Wachstum ist Kreuz. Es versinnbildlicht auch das Gesetz des Wachstums des Bewusstseins des Menschen in den Richtungen der Höhe und der Weite, woraus sich der spiralförmige Entwicklungsweg ergibt. Denn des Menschen Weg ist durch das Kreuz bestimmt. Es steht auch als Sinnbild für die zwei Urpflichten des Menschen, die im ewigen Widerspruch miteinander stehen: die Pflicht, auf dem Posten im Leben zu stehen, und die Pflicht, in die Weite als Pilger zu wandern. Denn des Menschen Pflicht ist Kreuz. Es steht auch als das mahnende Zeichen für die Aufgabe des Menschen, den

Widerspruch zwischen Ideal und Wirklichkeit zu tragen, zu ertragen und zu lösen; denn die Vertikale allein ist Don Quichote, und die Horizontale allein ist Sancho Pansa; der volle *Mensch* ist aber Kreuz.

Damit bedeutet das Kreuz gleichzeitig die Hauptaufgabe des Denkens, der Philosophie, den Gegensatz des Realismus und des Idealismus in einem Ideal-Realismus zu begreifen; denn des Menschen Denken ist Kreuz. Es bedeutet auch das geistig-leibliche Gesundheitsprinzip des Menschen, die Fähigkeit der Passivität und der Aktivität, des Schlafes und des Wachens. Denn des Menschen Leben ist Kreuz. Es bedeutet auch die gleichzeitige Notwendigkeit der Hingabe an die Menschen und an die Welt und der Einsamkeit und Selbständigkeit im Wissen und Gewissen. Denn des Menschen Verkehr ist Kreuz. Es bedeutet ferner Raum und Zeit, Kausalität und Freiheit, Vererbung und Individualität, Stoff und Geist, Leben und Tod ... und vieles andere noch. Denn des Menschen Schicksal in der Welt ist Kreuz.

Symbolik ist nicht nur die Sprache des Freiseins und des Freilassens, sondern auch gleichzeitig die Sprache der schöpferischen Produktivität und der wahren Bescheidenheit. Denn man hat nur dann Anlass und Grund, von der Symbolik Gebrauch zu machen, wenn man für Erkenntnis und Ausdruck aus den Tiefen schöpfen will, d.h. wenn das Wachbewusstsein und die tieferen Schichten des Bewusstseins ("Schlafbewusstsein") zusammenschwingen.

Gleichzeitig wird man aber durch das Wesen und den Sinn der Symbolik selbst immer daran erinnert, dass man Schüler ist und es immer bleiben wird. Was man anderen Menschen, den Mit-Schülern in der großen Schule des Lebens in der Welt, geben kann, ist höchstens ein individuell anregendes Beispiel, wie man überall lernen kann und dass es sich lohnt, im Leben zu lernen. Die Symbolik schützt vor Anmaßung. So ist die Heilige Dreieinigkeit das Symbol des höchsten Geheimnisses der Gottheit, "Geheimnisses" im Sinne der Unerschöpflichkeit seiner Erkenntnis, seines Lichtgehalts, nicht im Sinne der Finsternis, und es bewirkt Bescheidenheit. Auch im Denken gibt es eine kniende Haltung. Und diese Haltung nimmt man jedesmal an, wenn es im Ernst gilt, von der Heiligen Dreieinigkeit zu denken.

Anders ist die Wirkung der auf Macht ausgehenden Systemgläubigkeit. So kann z. B. die Lehre von der dialektischen Triade der These, Antithese und Synthese den anmaßenden Wahn des Allwissens und des All-Besserwissens bewirken. Hegel sprach im Namen des Weltgeistes; Marx sprach im Namen der Weltgeschichte; Lenin und Stalin glaubten, als Meister der Dialektik, alles zu wissen. Man verehrt die Heilige Dreieinigkeit immer mehr, je mehr sie Bedeutung für das Bewusstsein gewinnt; man beansprucht aber selber immer mehr Verehrung, je mehr man Meisterschaft im Handhaben der dialektischen Triade gewinnt.

Es besteht aber die Möglichkeit, Symbole in eindeutige Begriffe zu verwandeln, sie zu "entsinnbildlichen", und aus diesen Begriffen ein System aufzubauen. Auf diese Weise entstanden z.B. harte theologische Systeme, die öfter nicht nur unmenschliche Grausamkeit in der Praxis ergaben, sondern auch zu ungeheuren Verleumdungen Gottes führten. Auf diese Weise ist z. B. jenes theologische System entstanden, das Gott einen Teil der Menschheit als für die ewige Seligkeit und einen anderen Teil als für die ewige Verdammnis bestimmt schaffen lässt. Dabei folgt dieser Satz, der, aus dem Zusammenhang des Systems gerissen, widersinnig und unmoralisch zu sein scheint, mit wahrhaft eiserner Folgerichtigkeit innerhalb des Systems, das auf dem herrschenden Grundsatz der Allmacht und Allwissenheit Gottes, mit stillschweigendem Ausschließen der Liebe, aufgebaut ist.

Andererseits besteht aber auch die Möglichkeit, eindeutige Begriffe zu vertiefen und sie in Symbole zu verwandeln, sie gleichsam zu "versinnbildlichen." Auf diese Weise verwandelten sich z. B. die Begriffe der Zahl und der Zahlenverhältnisse der Arithmetik und des Raumes und der Raumverhältnisse der Geometrie in Symbole, die bei den Pythagoreern, Gnostikern und Kabbalisten, auch bei Plato in seinem *Timäus*, eine große Rolle spielten. Da wurde die Eins als Einheit aufgefasst, und die Einheit stand wiederum als der Ursprung alles Werdens und als das Endziel und Ideal alles Erkennens da. Die Arithmetik hat dadurch nicht gelitten, denn ihre Regeln galten unverändert, dessen ungeachtet, ob sie symbolische Bedeutung hatten oder keine solche Bedeutung hatten. Die Veränderung geschah nicht in der Struktur und den Gesetzen der Arithmetik und Geometrie, sondern lediglich in ihrer Bedeutung für den Menschen.

Zur quantitativen kam die qualitative Bedeutung hinzu. Die Mathematik erhielt, neben der Berechnung der Größen, noch die Funktion der Anregung zur Erkenntnis der Wesensbeschaffenheiten. Ist es Unfug und Spielerei, z. B. die Eins als Einheit, die Zwei als Getrenntwerden oder Polarisation, die Drei als Überwindung des Getrenntseins zu betrachten? Oder man nehme den algebraischen Satz "a + b = c." Er ist absolut formal, und die Buchstaben stehen für beliebige *Quantitäten*. Nun nehmen wir den Satz aus der Kabbala: "Aus der Vereinigung der Strenge und Milde entsteht Schönheit" – in der Sprache der Kabbala lautet der Satz: "Aus der Vereinigung der *Geburah* und der *Gedulah* entsteht *Tiferet*." Der zweite Satz ist absolut material, und seine Worte stehen für bestimmte *Qualitäten*. Und doch sagen beide Sätze eigentlich dasselbe, nämlich dass die Vereinigung zweier Größen eine dritte Größe ergibt.

Der Unterschied besteht im wesentlichen nur darin, dass

der erste Satz qualitätslos, d. h. moralisch *tot*, ist, während der zweite Satz, obgleich er die Quantität mit umfasst, ganz auf das Qualitative, d.h. *Leben*, eingestellt ist. Symbolik ist die rein-qualitative Erkenntnissprache, und darum ist sie die Sprache des *Lebens*; die quantitative Erkenntnissprache der Mathematik und Mechanik ist dagegen die Sprache des *Todes*. In diesem Sinne kann der Satz des Evangeliums: "Himmel und Erde werden vergehen, meine Worte aber werden nicht vergehen" – auch so gelesen werden: "So groß der Himmel ist und so groß die Erde ist, sie gehören, als Größen, zum Bereich des Todes, aber meine Worte sind keine Größen und gehören nicht zum Bereich des Vergehens, weil sie *Leben*, weil sie Qualität sind."

Es wäre noch manches Wesentliche über die Symbolik und ihre Bedeutung auf dem Wege zur persönlichen Gewissheit zu sagen. Und dies wird auch in der Fortsetzung dieser allgemeinen Darstellung der praktischen Probleme der Erkenntnis ohne Zwang, nämlich der Systematik, Ordnung und Symbolik, geschehen. Es ist aber an der Zeit, die allgemein gehaltene Darstellung zu unterbrechen und zwei konkrete Beispiele anzuführen, die manchem in der vorangehenden Darstellung Angedeuteten "Fleisch und Blut" verleihen werden und auch für die Fortsetzung der Betrachtung der Probleme der zwangsfreien Erkenntnis, wie ich hoffe, von Wert sein können. Die Beispiele, die nun folgen werden, beziehen sich auf den Gebrauch des moralisch-qualitativen Denkens, dem die "moralische Logik" entspricht, und auf die Verwertung der Symbolik auf dem Wege der Vertiefung in ihren Inhalt mit den Mitteln des formalen, ästhetischen und moralischen Denkens.

Erste Abschweifung: "Ein Credo" – ein Beispiel der moralisch-qualitativen Betrachtungsweise der Dinge

Gestaltete, organisierte, lebende und bewusste Wesen umgeben mich in der Welt. Woraus sind sie geworden? Was liegt ihnen zugrunde? Wenn ich einem erwachsenen Menschen begegne, so weiß ich, dass er sein Leben als erwachsener Mensch der Tatsache verdankt, dass ihn nach seiner Geburt liebende Hände aufgenommen und für ihn gesorgt haben, bis er ein Alter erreicht hatte, in dem er die Fähigkeit erlangte, für sich selbst zu sorgen. Denn der Mensch wird nicht lebensfähig geboren: ein Säugling muss, wenn er sich selbst überlassen wird, bald sterben. Somit verdanken alle Menschen ihr Leben der Liebe.

Ist dem bei den Menschen allein so? Kann etwas geschaffen, aufgebaut und erhalten werden aus Gleichgültigkeit oder gar aus Hass? Kann man z.B. ein Musikstück komponieren aus Gleichgültigkeit oder aus Hass zur Musik? Kann eine Welt von gestalteten, organisierten, lebenden und bewussten Wesen aus Gleichgültigkeit ihnen gegenüber oder aus Hass auf sie entstehen? Denn Gleichgültigkeit ist ihrem Wesen nach unschöpferisch, und Hass ist zerstörend. Worin anders kann denn die Kraft, die den Wesen der Welt ihr Dasein gibt und die in der schöpferisch-gestaltenden Tätigkeit der Welt sich offenbart, gefunden werden, als in der Liebe?

Wenn ein Schöpferisches, ein Gestaltendes, in der Welt wirksam ist – und es ist wirksam, da Werden und Gestalten in der Welt geschehen –, wie ist es möglich, dass absolute Gleichgültigkeit, oder die "Materia" der Materialisten, sich zu solchen Leistungen aufrafft? Und wenn sie sich dazu aufrafft, so ist sie keine Gleichgültigkeit mehr, sondern sie will Sein geben und es gestalten, d.h. sie ist Liebe geworden.

Oder ist es ein blinder, dunkler Trieb, der nicht Sein *geben*, sondern für sich selbst Sein *erlangen* will? Der sich selbst gestalten und erhalten will? Aber selbst der blinde, dunkle Trieb, der die fein organisierten Augen zustande bringt und Gehirne schafft, deren er, der Nicht-Denkende, sich zum Denken bedient, ist doch *Trieb* zu *Gestalten*, Organisieren, Schaffen, d.h. er *liebt* dieses Dasein, dieses Werden und diese Tätigkeit des Gestaltens. Auch in ihm ist, auch wenn er möglichst wenig Inhalt haben soll, doch das Wenige, das ihm als Inhalt von den Evolutionisten gegönnt wird, nichts anderes als Liebe, wenn sie auch blind und minimal sein soll. Denn entweder hat der Lebenstrieb oder Entwicklungstrieb, von dem man spricht, überhaupt keinen Inhalt oder hat er irgendeinen Grad der Liebe zum Inhalt. Wenn dem nicht so wäre, hätte er nichts schaffen können, ja nichts schaffen *wollen*, d.h. er hätte, als *Trieb*, überhaupt nicht existiert.

Die Welt ist aus der Liebe geworden, sie lebt durch die Liebe und bleibt durch die Liebe erhalten. Und wenn ich das Schaffende und Erhaltende in der Welt "Gott" nenne, so ist Gott die Liebe, und wer in der Liebe lebt, der lebt in Gott und Gott in ihm.

Nun ist aber die Liebe nicht, wie Luft oder Wasser, eine Substanz, die allein für sich existiert, fließt oder weht. Sie ist ein Verhältnis, eine Einstellung. Die Liebe setzt stets einen Liebenden voraus. Und da die Liebe etwas ist, was nie erzwungen werden kann, so ist der Liebende der Welt frei. Ein Wesen aber, das frei ist, nennen wir Persönlichkeit. So ist Gott Persönlichkeit, und die Welt, als Schöpfung der Liebe, ist eine freie Tat Gottes. Gott ist die Freiheit, und wer in Gott lebt, lebt in der Freiheit und ist frei. Da Gott freie Persönlichkeit ist, so ist das Sein der Menschen und anderer bewusster Wesen eine freie Tat Gottes, d.h. ein *Geschenk*. Da dieses Geschenk göttlich ist, so ist es nicht für eine Zeit geborgt, um wieder einmal zurückgefordert zu werden, sondern für alle Ewigkeit gegeben. Folglich ist das Sein der menschlichen Persönlichkeit ewig. Die menschliche Persönlichkeit ist unsterblich. Gott ist Persönlichkeit und ist unsterblich, und wer Persönlichkeit ist, der ist wie Gott unsterblich.

Gott schenkt nicht, was Er *besitzt*, sondern was Er *ist*. Darum schenkt er Sein, das wahres Sein ist. Wahres Sein ist aber nur Persönlichkeit. Darum ist des Menschen Persönlichkeit Ebenbild Gottes. Nicht Gott, als Persönlichkeit, ist eine anthropomorphisierende Projektion des Menschen, sondern der Mensch, als Persönlichkeit, ist eine theomorphisierende Projektion Gottes. Gott ist die persönlichste Persönlichkeit, und alles, was die menschliche Persönlichkeit an Eigenschaften besitzt, hat sein Vorbild in Gott. Wenn der Liebe des Menschen in Gott die Liebe entspricht, die göttlich ist, so entspricht auch der Freude des Menschen eine Freude, die göttlich ist; dem Leiden des Menschen ein Leiden, das göttlich ist; dem Zorn des Menschen ein Zorn, der göttlich ist; der Hoffnung des Menschen eine Hoffnung, die göttlich ist; dem Lachen des Menschen ein Lächeln, das göttlich ist; den Tränen des Menschen Tränen, die göttlich sind ...

Gott ist die Fülle des Lebens, und die Fülle des Lebens ist die volle Persönlichkeit. Wer ein volles Leben der menschlichen Persönlichkeit lebt, der lebt ein Leben, das Gleichnis des Lebens Gottes ist. Denn der Mensch ist Ebenbild und Gleichnis Gottes.

Damit ist aber auch gesagt, dass der Mensch mit der Gabe des Schöpfertums begabt ist. Nachahmung ist die erste Stufe des Schaffens, Umgestaltung die zweite, Gestaltung des ungestalteten Rohstoffs die dritte, aber das Schaffen aus dem *Nichts* ist die letzte und höchste. Des Menschen schöpferische Phantasie kann sowohl aus der Fülle des Seienden, des Ists, als auch aus der Leere des Nicht-Seienden, des Nichts, schöpfen. Schöpft sie aus der Fülle des Seienden, so geschieht in ihr und durch sie die Geburt des Ungeborenen. Schöpft sie aber aus der Leere des Nicht-Seienden, so schafft sie ein neues Sein, ein anderes Sein als das göttlich geschenkte und ein Gegen-Sein dem göttlich geschenkten gegenüber.

So entsteht das Böse und damit Vereinsamung, Krankheit und Tod in der Welt. Persönlichkeiten, menschliche und andere, schaffen aus dem Nichts Gegen-Welten in der Welt Gottes. So entsteht der Konflikt in der Welt zwischen der gottgewollten Schöpfung und der durch Willkür der Persönlichkeiten umgestalteten, neugestalteten oder geschaffenen Schöpfung.

Die Naturwissenschaftler, die das Leben der Natur kennengelernt haben, sagen: Siehe, die Natur ist weder gut noch böse; mit einer Hand spendet sie Leben und Glück, mit der anderen Hand zerstört sie es in grausamer Weise. Die Natur ist amoralisch und vorsatzlos; zärtlich liebreich schaffend und gleichzeitig grausam zerstörend treibt sie ihr Spiel mit Leben und Tod. Mit erhabener Gleichgültigkeit schafft sie das wunderbare Zusammenwirken zum Frommen des Lebens zwischen den Bienen und Blumen oder die weisheitsvoll vorsorgliche Milchdrüsen-Organisation für die Ernährung der jungen Säugetiere und Menschen. Und gleichzeitig schafft sie die Tetanus-Bazillen im Boden, die Poliomyelitis-Erreger im Boden und im Wasser, die Malaria-Bazillen in den Teichen, die auf dem Umweg der Moskitos und Mücken in das Blut des Menschen gelangen, wo sie z.B. in Indien allein 1.200.000 Menschen jährlich töten. *Die* Natur, sagen die Naturwissenschaftler, ist gleichzeitig gütig und grausam ... Gibt es aber *die* Natur? Ist nicht, was man "Natur" nennt, nichts weiter als eine Abstraktion von einer *Reihe* von Ordnungen und "Welten", die man alle in den einen Topf dieser Abstraktion geworfen hat?

Was man "Natur" nennt, ist der äußere *Schauplatz*, auf dem sich die weisheitsvoll gütige Natur mit der verzerrt umgestalteten und der phantastisch willkürlichen Natur begegnen. Die

Bienen und Blumen gehören zu einem *anderen* Bereich des Seins als die Malaria-Mikroben; und Tiger und Hyänen gehören wiederum zu einem anderen Bereich. Mindestens drei Bereiche des Daseins muss man, wenn man überhaupt unterscheiden will, in der sog. "Natur" unterscheiden: den Bereich der weisheitsvoll gütigen Natur, den Bereich der verzerrten Natur und den Bereich der Leben zerstörenden, bösen Natur.

Diese Bereiche sind im Kampf miteinander und stellen keinesfalls eine Einheit, "*die* Natur", dar. Ebenso wenig wie man von einer Schlacht sagen kann, dass sie "neutral" und "vorsatzlos" sei, weil dort Soldaten sowohl der Seite des Aggressors als auch der sich verteidigenden Seite unterschiedslos fallen, kann auch von der Natur gesagt werden, dass sie "amoralisch" und "vorsatzlos" sei, weil sie "mit der einen Hand zerstöre", was sie "mit der anderen Hand geschaffen habe." Wie die Schlacht kein einheitlicher Organismus ist, sondern eben ein Konflikt zwischen zwei Heeren, die, aus verschiedenen Richtungen kommend, sich auf dem Schlachtfeld begegnet sind, so ist auch die "Natur" kein einheitlicher Organismus, sondern der Schauplatz der Zusammenarbeit *und* des Konfliktes zwischen Seinsbereichen, die gänzlich verschiedenen Ursprungs sind. Oder wird jemand behaupten, dass Gott die Malaria-Mikroben ersonnen, sie in die Teiche gesetzt und ihnen den Auftrag gegeben hat, sich der Mücken zu bedienen, um jährlich Millionen von Menschenleben ein qualvolles Ende zu bereiten? *Darf* Gott des Schaffens der Parasiten beschuldigt werden? Ist nicht viel mehr moralische Logik in dem, was Goethe Mephistopheles sagen lässt:

Der Herr der Ratten und der Mäuse,
Der Fliegen, Frösche, Wanzen, Läuse,
Befiehlt dir (Ratte), dich hervorzuwagen
Und diese Schwelle zu benagen?

Denn hier ist der Gedanke klar ausgesprochen, dass es neben der göttlichen Schöpfung auch andere Schöpfungen gibt, die sich auf demselben äußeren Schauplatz begegnen. Wenn dem nicht so wäre, müsste man auch den Beitrag der Menschheit zur Natur, z.B. die großen Millionenstädte, leugnen und sagen, Gott hätte New York, London und Moskau geschaffen. Nun wissen wir, dass diese Städte Menschenwerk sind, aber wie viele Dinge gibt es in der Welt, deren Ursprung wir nicht kennen, und für die wir die Verantwortung Gott oder seiner Natur zuschreiben? Denn Gott hat vielen Wesen Schöpfertum gegeben, und von diesem Schöpfertum wurde von ihnen in verschiedener Art Gebrauch gemacht. Darum gibt es im Rahmen der umfassenden Schöpfung Widersprechendes und Gegensätzliches.

Was für die sog. "Natur" gilt, gilt auch für die Weltgeschichte. Die Weltgeschichte ist nicht nur *Gottes* Walten, sondern auch das Walten der Freiheit und der Willkür der Wesen, die sie mitgestalten und mitbestimmen, mit deren fatalen Folgen. Vorsehung, Freiheit und Fatalität als Folge des Gebrauchs resp. Missbrauchs der Freiheit in der Vergangenheit offenbaren sich gleichzeitig auf dem *Schauplatz* der Weltgeschichte. Die Weltgeschichte umfasst deswegen gleichzeitig Fortschritt und Rückschritt, Degeneration und Regeneration. Sie ist *Kreuz*, und zwar nicht nur der Menschen, sondern auch Gottes. Denn indem Gott den Wesen Freiheit geschenkt hat, hat Er seine Freiheit beschränkt. Die Weltgeschichte, inwiefern sie Walten der freien Wesen ist, ist das Kreuz Gottes geworden. Gott ist in der Weltgeschichte gekreuzigt.

Wer das nicht einsehen kann oder will, wird früher oder später entweder Gott leugnen oder Ihn lästern, indem er Ihn für alle Gewaltherrschaft und Ungerechtigkeit der Weltgeschichte verantwortlich macht. Wer das einsehen kann und will, wird früher oder später sagen: Wir Menschen haben die Weltgeschichte so gestaltet; Du aber hast sie anders gewollt. Gedenke meiner, wenn Dein Reich kommen wird. Drei Kreuze stehen im Wandel der Weltgeschichte unverrückt: das Kreuz des menschlichen Fatalismus, das Kreuz der menschlichen Willkür und das Kreuz der Vorsehung Gottes.

Zwei Schächer und der Dritte, dies ist das moralische Bild, das hinter dem äußeren Geschehen der Weltgeschichte steht. Und wieder und wieder geschieht irgendwo die Grablegung Gottes, und wieder und wieder geschieht irgendwo in irgendeiner Form die Auferstehung Gottes, und dann eine Art Himmelfahrt, und eine Art Pfingstereignis ...

Die Weltgeschichte, rein *moralisch* gesehen, ist die Geschichte Gottes im Menschheitsbewusstsein: geboren, gekreuzigt, begraben, auferstanden, aufgefahren gen Himmel, befeuernd abgestiegen ins Menscheninnere. Dies sind die wesentlichen Ereignisse, auf die es in der Weltgeschichte ankommt. Sie sind der Sinn der Weltgeschichte. Ohne sie wäre die Weltgeschichte ein endloses Alpdrücken ohne Sinn und ohne Ziel.

Diesen Sinn der Weltgeschichte stellt die Kirche jährlich und täglich vor die Menschheit hin. Darum ist sie das sichtbare Rückgrat der Weltgeschichte und das Organ des Bewusstseins der Einheit der Bestimmung der Menschheit. Die Bestimmung der Menschheit liegt aber im Sieg mit dem Gott des Lebens über den Tod. Diese Dinge stehen vor dem moralischen Bewusstsein so, dass es nicht anders sein kann. Sie sind für das persönliche moralische Bewusstsein gewiss. Sie sind "gewisslich wahr."

Zweite Abschweifung: Maß, Zahl und Gewicht
– ein Beispiel für die Verwertung der Symbolik

Alle Dinge können *qualitativ* aufgefasst werden. Dann werden sie zu Symbolen. Dieses gilt auch für solche Begriffe wie "Maß, Zahl und Gewicht", die meistens nur im quantitativen Sinne aufgefasst werden, ja, die als die eigentlichen Quantitätsbegriffe gelten. Und dennoch können Maß, Zahl und Gewicht auch als Symbole gelten. Dabei büßen sie ihre quantitative Bedeutung nicht ein. Denn die Qualität umfasst auch die Quantität, während die Quantität die Qualität nicht umfasst. Mit anderen Worten: die Symbolik enthält auch das Zählbare, Messbare und Wiegbare, aber sie enthält darüber hinaus auch das Wertbare, Schätzbare und Beeindruckbare.

Die Quantität ist gewissermaßen der Leichnam der Qualität: um ein Volk zu zählen, muss man die einzelnen Persönlichkeiten, aus denen es besteht, in Gedanken töten, in leblose Dinge verwandeln, um sie dann ebenso zu zählen, wie man Leichen zählt. Wenn ich sage, dass ein Volk aus vierzig Millionen Menschen besteht, so ist damit über diese Menschen nicht mehr ausgesagt, als wenn es sich um vierzig Millionen Leichen handelte. Das Lebendige, das Individuelle an ihnen, wird beim Zählen von ihnen abgestreift; was da bleibt, sind eigentlich Leichen, d.h. zu Dingen gewordene Menschen. Dasselbe gilt grundsätzlich auch für Maß und Gewicht, wenn sie im ausschließlich quantitativen Sinne gebraucht werden. Leblose Dinge, z. B. Leichen, können nicht nur gezählt, sondern auch gemessen und gewogen werden.

Aber, wie gesagt, Zahl, Maß und Gewicht können auch im qualitativen Sinne, d.h. symbolisch, aufgefasst werden. Denn auch Eigenschaften und Werte haben ihre Steigerung, ihr "mehr" und "geringer." Und Gedanken und Taten haben ihr Gewicht. Es gibt *wichtige* Entscheidungen, und es gibt

Meinungen von *Gewicht*, die wir nicht *leicht* hinnehmen können. Auch *wägen* wir das "Für" und "Wider" ab, bevor wir eine gewichtige Entscheidung treffen. Wir kennen auch das *Maß* unseres Interesses für bestimmte Dinge, das *Maß* unserer Geduld. Wir tragen die *Last* der Verantwortung und leiden unter der Last des Schuldbewusstseins.

Wenn wir sagen, dass wir "auf etwas Gewicht legen", so meinen wir, dass wir es ernst nehmen, d.h. dass wir bereit sind, dem gemeinten Ding, der gemeinten Angelegenheit oder Frage mehr Aufmerksamkeit zu schenken als anderen Dingen, Angelegenheiten und Fragen, auf die wir kein besonderes Gewicht legen. Auf etwas Gewicht legen bedeutet etwas ernst nehmen, und etwas ernst nehmen hat die praktische Bedeutung, dass ein größeres Maß der *Konzentration* des Bewusstseins aufgebracht wird. Nun ist aber die Fähigkeit der Konzentration der Aufmerksamkeit oder des Sammelns "still und unerschlafft am kleinsten Punkt der größten Kraft" (Goethe)[52] die Fähigkeit, überhaupt Dinge ernst zu nehmen.

Wer in seinen Gedanken, Gefühlen und Wünschen an den Dingen, ohne Halt zu machen, vorbeigeht, der *kann* die Dinge nicht ernst nehmen. Sie werden für ihn zu wesenlosen Schatten, die an ihm vorbeihuschen, obgleich er es ist, der an ihnen in seinen Gedanken vorbeihuscht. Die Dinge verlieren dann ihre Eigenschaft, das Bewusstsein zu *beeindrucken*. Auch Gedanken, Ideen und Ideale verlieren ihre Eigenschaft, Eindruck auf ein Bewusstsein auszuüben, das unvermögend oder nicht gewillt ist, ihnen das notwendige Maß der Aufmerksamkeit, der Konzentration, entgegenzubringen. Was ist die Kunstschätzesammlung im Prado, im Louvre, im British Museum oder im Dresdner Zwinger wert für einen Menschen, der ihnen keine Aufmerksamkeit schenkt, weil seine Aufmerksamkeit z.B. nur auf seine eigene Person konzentriert ist? Was ist der Wert z.B. des Johannes-Evangeliums für einen Menschen, der es nie mit voller Aufmerksamkeit, d.h. überhaupt nicht richtig, gelesen oder gehört hat?

"Selig sind die Armen im Geist, denn ihrer ist das Himmelreich", weil sie unbefangen und darum fähig sind, ihre ungeteilte Aufmerksamkeit den neuen Werten zu schenken und sie einzuschätzen. Wessen Bewusstsein, wessen "Geist", nicht "arm", d.h. frei und offen, sondern "reich", d.h. von Eigenem erfüllt und dem Anderen und Neuen gegenüber interesselos und geringschätzend eingestellt ist, dem ist das Reich der höchsten Werte, das Himmelreich, wertlos und wesenlos. Denn er hat für dieses Reich nichts übrig, er ist von dem eigenen "Reich" voll in Anspruch genommen, und seine Aufmerksamkeit, seine Konzentrationsfähigkeit, ist daran gebunden. Er hat "kein Ohr, um zu hören", weil er, auch wenn er die Verkündigung der höchsten Wahrheiten und der größten Werte mit dem leiblichen Ohr hören würde, doch nichts vernommen hätte, denn seine Aufmerksamkeit wäre anderswo. Unbeeindruckt hätte er dieser Verkündigung gegenüber gestanden, und die höchsten Wahrheiten und die größten Werte der Verkündigung hätten für ihn kein Gewicht. Er hätte sie nicht ernst genommen.

Die Fähigkeit, den Gedanken, Ideen und Idealen volle Aufmerksamkeit entgegenzubringen, sie wirklich ernst zu nehmen, ist letzten Endes die *Glaubensfähigkeit*. Denn der Akt des Glaubenfassens besteht im Ernstnehmen z.B. eines Gedankens und im Erleben des *Gewichtes*, d.h. des beeindruckenden großen Wertes seines Inhalts. Die Glaubensfähigkeit beruht auf der Fähigkeit, von Gedanken, Ideen und Idealen beeindruckt zu werden, ihr *Gewicht* zu erleben.

Ein Mensch, der Gedanken, Ideen und Idealen nicht volle Aufmerksamkeit und Offenheit entgegenbringt, wird nie ihr *Gewicht* erleben. Er mag wohl relativistisch gemeinte "Meinungen", Vermutungen und Hypothesen dazu aufbringen, aber Glauben wird er nicht fassen können. Denn Glaube ist nicht eine Meinung, auf die man pocht, sondern er ist wie ein Siegelabdruck auf das gesamte menschliche Bewusstsein, bewirkt durch das *Gewicht*. Das "Numinosum" Rudolf Ottos[53] und Carl Gustav Jungs,[54] das die Siegelabdruckwirkung des Religiösen im Glaubenfassen und der Konversion in der Psychologie zu bezeichnen hat, ist ein anderes Wort für die Wirkung des *Gewichts* der Gedanken, Ideen und Ideale auf das menschliche Bewusstsein. Der Glaube als *Erfahrung* ist die Erfahrung des Gewichts der geistigen Dinge.

Eine ähnliche Vertiefung in der Richtung des Qualitativen kann auch mit dem Begriff "Maß" geschehen. Auch hier kann von der alltäglichen Erfahrung ausgegangen werden. So wissen wir alle, dass wir z. B. ein bestimmtes Maß an Geduld haben, dass wir nur so und so viel und so und so lange etwas Schmerzliches, Bedrückendes oder Langweiliges ertragen können. Wir können aber auch die Erfahrung haben, dass das Maß dessen, was wir ertragen können, beträchtlich wachsen kann, wenn es gilt, um eines höheren Wertes willen zu ertragen, wenn es einen "Sinn" hat. Wenn uns ein Zukünftiges vorschwebt, auf das wir großen Wert legen, und wenn wir die Fähigkeit besitzen, dieses Zukünftige stets vor Augen zu halten, kann das Maß des Ertragbaren ungeheuer wachsen. Man lässt sich von einem Kind viel mehr gefallen als von einem Erwachsenen. Denn man weiß, dass das Kind ein Zukünftiges in sich trägt, um dessen willen es sich wohl lohnt, die gegenwärtige Ungezogenheit zu ertragen. Es ist die Hoffnung, die unser Ertragenkönnen wachsen lässt. Alle Märtyrer und Dulder schöpften die Kraft des Ertragenkönnens aus dieser Quelle, aus der Quelle der *Hoffnung*.

Die Hoffnungsfähigkeit bestimmt das Maß dessen, was wir ertragen können. Sie setzt voraus, dass wir ein Zukünftiges so lebendig vergegenwärtigen können, dass es zum wirksamen

Bestandteil der Gegenwart wird. Sie ist die Fähigkeit, sich gleichsam der "Zukunft zu erinnern". Wie Dankbarkeit die Fähigkeit voraussetzt, ein Wertvolles in der Vergangenheit trotz allem Ablenkenden, ja Widersprechenden in der Gegenwart nicht zu vergessen, so ist Hoffnung die Fähigkeit, das zukünftig mögliche Wertvolle nicht zu vergessen. Sie ist gleichsam Dankbarkeit im Voraus. Und unsere Fähigkeit der Dankbarkeit im Voraus, ein zukünftiges Wertvolles zu vergegenwärtigen, ist unser *Maß, unsere* Spanne Zeit, während welcher wir warten, ertragen, und aushalten können. Die Hoffnung ist das Maß der *Stärke* unseres Seelenlebens, der Fähigkeit des Bewusstseins, nicht zu verzagen, nicht aufzugeben und nicht zu kapitulieren.

Wenn wir nun in derselben Weise den Begriff "Zahl" in der Richtung des Qualitativen vertiefen, so kommen wir zunächst darauf, dass es Menschen gibt, die für uns "zählen", und andere Menschen, die weniger oder überhaupt nicht "zählen." Dabei werden wir gewahr, dass in unserer *seelischen Wirklichkeit* letzten Endes nur soviel Menschen wirklich existieren, d.h. "zählen", als wir sie in irgendeiner Form und Art in unser Herz aufgenommen haben. Es zählt nur der, den man liebt. Somit ist unsere "Zahl" der Umfang unserer Liebesfähigkeit. Die Zahl des vollkommenen Egoisten ist Eins, denn wirklich existent ist für ihn nur er allein.

Wenn für einen Menschen ein Du in Freundschaft oder Liebe zur seelischen Wirklichkeit wird, so macht er den großen, den oft erschütternden Schritt von der Eins zur Zwei. Nun ist er nicht mehr allein; seine seelische Wirklichkeit hat sich auf das Du erweitert. Und jede weitere "Zahl" bedeutet ein weiteres Hinauskommen aus sich selber und eine weitere Erweiterung der seelischen Wirklichkeit.

Die alten Pythagoreer sagten: Zahlen sind Götter. Denn wenn "Götter" die Bedeutung des "*über* den Menschen Hinausreichenden" haben, so ist die Zahl tatsächlich etwas, was den Menschen über seine Beschränktheit hinaus erhebt und erweitert. "Zahlen sind Götter", weil Götter *mehr* als Menschen sind und weil Zahlen für das "Mehr" stehen, wenn Menschen über sich selber hinausgehen. Der Mensch lebt ein Leben, das *mehr* ist als sein Eigenleben, wenn er liebt. Die *Liebesfähigkeit* ist das Leben der Zahl, und das Leben in der Zahl ist göttlich. Die Zahl der Wesen in der Welt ist ein Ausdruck der Liebe Gottes. Die Zahl der Wesen in der Welt ist groß, weil die Liebe Gottes groß ist.

So kann eine vertiefte, d.h. qualitative oder symbolische Betrachtung des Gewichtes, des Maßes und der Zahl zu ihrer Verinnerlichung als Glaube, Hoffnung und Liebe führen.

V. Theologie und persönliche Gewissheit

In den vorangehenden Ausführungen über das allgemeine Erkenntnisleben und den Weg zur persönlichen Gewissheit wurde namentlich das wissenschaftliche und das philosophische Anliegen berücksichtigt. Nun ist es an der Zeit, auch das *theologische Anliegen* in seinem Verhältnis zum Streben nach persönlicher Gewissheit näher zu betrachten. Dem Sucher der persönlichen Gewissheit wird seitens der Kirche, der traditionellen Kirche, gesagt, dass er der Autorität der Kirche Glauben entgegenzubringen hat. Unter "Autorität der Kirche" kann er zunächst nur zweierlei verstehen, nämlich dass es einst geistig-leibliche Ereignisse gab, die zum Inhalt einer Überlieferung wurden, und dass diese Überlieferung bis auf den heutigen Tag unverfälscht in der Kirche fortlebt. Betrachtet man den Anspruch der Kirche auf Autorität in diesem Lichte, so kann man nicht umhin zu gestehen, dass der Anspruch auf die *Autorität des Zeugnisses* wohl begründet ist. Denn man kann das Vorhandensein der Überlieferung nicht leugnen, und man muss wohl anerkennen, dass der Inhalt dieser Überlieferung eine ungeheure Überzeugungskraft besitzt, da die Überlieferung so lange ohne Unterbrechung lebt.

Ein Zeuge, zumal wenn er selbst so überzeugt ist wie die Kirche im Laufe der Geschichte, verdient grundsätzlich Vertrauen. Man mag ihm wohl nicht vertrauen *wollen*, aus irgendwelchen Gründen persönlicher Art, aber das strenge Gesetz der objektiven Gerechtigkeit, das in dem Gerichtsverfahren in allen Ländern der freien Welt gilt, lautet, dass man einem Zeugen zu Glauben verpflichtet ist, solange die Unwahrheit seiner Aussage nicht einwandfrei erwiesen ist. Jedenfalls ist eine im Voraus misstrauende Einstellung der Kirche gegenüber, ebenso wie auch der Wissenschaft und Philosophie gegenüber, unbedingt unfruchtbar. Denn Vertrauen ist Offenheit, und Offenheit ist die Vorbedingung des Lernens. Kennenlernen und Verstehen sind aber ohne Achtung und Offenheit nicht möglich. Der Skeptiker weiß nichts Erhebliches über Welt und Leben, nicht weil Welt und Leben nichts Erhebliches enthalten, sondern weil er Skeptiker ist, d.h. weil er für das Erhebliche in ihnen nicht offen ist.

So fordert wohl der Gerechtigkeitssinn, dass ich der Kirche als Zeugin grundsätzlich nicht minder Vertrauen schenke als z.B. den astronomischen Wissenschaftlern, die mir über räumlich ferne Dinge berichten, die ich selbst nicht beobachtet habe. Aber dieses Vertrauen wäre sinnlos, wenn es *blind* wäre. Ich kann nur Dingen vertrauen, die ich kennengelernt habe. Aber auch mit der bloßen Kenntnis der judäo-christlichen Überlieferung ist nicht viel getan, wenn ich sie nicht verstehe, d.h. nicht selbst Einsicht in ihren Wahrheitsgehalt und Wert erreiche. Ein bloßes Nachsprechen der Worte, z.B. "Ich glaube an Gott den Vater, den allmächtigen Schöpfer des

Himmels und der Erde", wird doch von mir nicht erwartet; was von mir wohl erwartet wird, ist, dass ich diese Worte so ausspreche, dass sie Ausdruck *meiner persönlichen Überzeugung* sind.

Ein Ausdruck meiner persönlichen Überzeugung können sie aber nur dann sein, wenn ich die persönliche Gewissheit habe, dass ihr Inhalt wahr ist. Ich mag der Kirche unendlich dankbar sein, dass sie die Überlieferung erhalten und an mich herangebracht hat, und ich mag ihr das größte Vertrauen entgegenbringen, aber es erübrigt sich für mich keinesfalls die Aufgabe, das von mir mit Vertrauen und Dankbarkeit Aufgenommene auch wirklich und ehrlich zur persönlichen Gewissheit zu bringen. Denn was ich weder verstehe noch erlebe noch irgendwie anders fasse, *kann* von mir auch nicht geglaubt werden, da man ja nicht an Worte, sondern nur an Gedanken, Werte, Wesen und Ereignisse glauben kann. An Gedanken, Werte, Wesen und Ereignisse kann man aber nur dann glauben, wenn sie sich denken, fühlen und wollen lassen, d.h. wenn sie, sei es auch nur bis zu einem bescheidenen Grad, durch Einsicht, Einfühlen und moralisches Einschätzen zu Dingen der persönlichen Gewissheit geworden sind.

Wenn dem nicht so wäre, so wäre die *Theologie* überhaupt nicht entstanden. Denn das Anliegen der Theologie besteht eben darin, dass der Inhalt der überlieferten Offenbarung widerspruchslos *gedacht* werden kann; dass der Inhalt der Offenbarung ebenso dem Denken nähergebracht werde, wie er durch den Kultus dem Gemüt und dem Willen nähergebracht wird.

Die theologische *Methode* besteht darin, dass man an der überlieferten Offenbarung auf der Grundlage der Voraussetzung gedanklich arbeitet, dass die Offenbarung eine Realität ist und dass sie an sich, nicht mein Verständnis von ihr, *wahr* ist. Auch die Naturwissenschaft arbeitet an der Natur auf der

Grundlage der Voraussetzung, dass die Naturerscheinungen real sind und dass sie an sich eine *wahre* Gesetzmäßigkeit zum Ausdruck bringen. Was dem Naturwissenschaftler die *Naturtatsachen* sind, sind dem Theologen die Offenbarungssätze. Der Naturwissenschaftler richtet sein Denken auf Naturalsachen und lässt es durch Tatsachen belehren und berichtigen. Die Tatsachen der Natur stellen für ihn nicht nur den Gegenstand seiner Forschung, sondern auch das Kriterium, die höchste Autorität und letzte Berufungsinstanz dar. Für den Theologen sind es die Aussagen der überlieferten Offenbarung, die den Gegenstand, das Kriterium und die höchste Autorität seiner Forschung darstellen. Die Natur ist die "Bibel" des Naturforschers; die "Natur" des Theologen ist die Bibel. Beide gehen von der Voraussetzung aus, dass sowohl die "natürliche Offenbarung" in der Natur als auch die "übernatürliche Offenbarung" in der Bibel nicht eitel Lug und Trug sind, sondern Wirklichkeiten und Wahrheiten. Die Arbeit in beiden Richtungen auf der Grundlage dieser positiven Voraussetzung hat sich als fruchtbar erwiesen. Die Ergebnisse der Naturwissenschaften sind der gläubigen Einstellung der Naturoffenbarung gegenüber zu verdanken; die Ergebnisse der theologischen Wissenschaften, der Dogmatik, Exegese, Apologie, moralischen Theologie, Kirchengeschichte, vergleichenden Religionsforschung, Pastoraltheologie, Liturgik, Kirchenrecht u. a., sind der gläubigen Einstellung der übernatürlichen Offenbarung gegenüber zu verdanken.

Die Theologie hat, wenn man ihre Entwicklung durch die neunzehn Jahrhunderte betrachtet, eine bewundernswerte gedankliche Arbeit geleistet. Wenn auch in ihr wie in allem, was lebt und lebensfähig ist, verschiedene, ja, entgegengesetzte Tendenzen beständig am Werke sind, wie z.B. die positive und die negative Theologie, die juristisch-formalistische und die symbolisch-mystische Tendenz, so hat sie doch ein

Gedankengebäude sowohl von gewaltigen Ausmaßen als auch mit sorgfältigster Ausarbeitung seiner Einzelheiten in der Welt geschaffen. Generationen von gleichzeitig frommen und intelligenten Menschen haben mit ungeheurem Fleiß und ungeheurer Hingabe an diesem Gedankenbau gearbeitet, Baustein auf Baustein für ihn beitragend und jeden Einzelbegriff bis zur größtmöglichen Scharfumrissenheit ziselierend.

Seit Johannes Damaszenus und über Alexander von Hales, Albertus Magnus, Thomas Aquinatus, Duns Scotus und Johannes Bonaventura hinaus bis auf unsere Tage ist in der Theologie an einem Gedankentempel gearbeitet worden, der vor dem inneren Sinn mit derselben Größe steht wie die großen Kathedralen vor den äußeren Sinnen. Und wenn wir die herrlichen Bauten der Gotik, die großen Kathedralen, die vor unseren äußeren Sinnen stehen, mit Recht schätzen und die Begeisterung, den Kunstsinn und den Fleiß ihrer Erbauer in ihnen bewundern, warum bringen wir nicht dieselbe Ehrfurcht für den großen Gedankenbau und dieselbe Bewunderung für die Begeisterung, den Formsinn und den Fleiß von dessen Erbauer auf?

Nun, der Grund liegt wohl darin, dass es den modernen Menschen nicht schwer fällt, die Kathedralen unserer Vorfahren im Raum zu schauen und sie auf sich zu wirken lassen. Anders ist es aber mit den unsichtbaren Gedanken-Kathedralen: um sie zu schauen und sie zu würdigen, muss man alle Linien ihrer Architektonik mit tätigem Denken verfolgt haben. Da muss man eine Gedankenarbeit geleistet haben, zu der nur wenige sich zu bequemen geneigt sind. Jedoch fordert das Gebot der Gerechtigkeit, dass man das Gedankengebäude unserer Ahnen ebenso ehrt, wie man ihre sichtbaren Bauten ehrt, und dass man dessen Erbauern, sowohl den großen Architekten als auch den fleißigen Maurern, die ihnen gebührende Achtung zollt. Man wird ihnen wohl kaum Achtung versagen können, wenn man bedenkt, dass ihr Anliegen auf einem wirklichen Ernstnehmen sowohl der überlieferten Offenbarung als auch des menschlichen Denkens beruhte. Der Ernst, mit dem sie die Religion genommen und auch das menschliche Denken eingeschätzt und gehandhabt haben, kann den modernen Menschen tief beeindrucken, ja beschämen.

Die Scholastiker, besonders die älteren, weisen einen Ernst auf, den heute fast nur noch die *Kinder* besitzen: die ungeteilte, vom Relativismus unberührte Hundertprozentigkeit. Man stelle sich ein Kind vor, dessen kindlicher Eifer durch Erziehung und Erfahrung nicht herabgedämpft worden ist, und gebe diesem Kind den Verstand eines Erwachsenen, dann erhält man einen Begriff vom Geist der Scholastik. Der ironisch-spöttelnde Sinn des philosophierenden Weltmannes, die sogenannte "weltmännische Weisheit" eines Montaigne, François de La Rochefoucauld, Voltaire oder auch Bertrand Russell heutzutage, der alles relativ und mehr oder weniger diskreditiert erscheint, ist dem Geist der Scholastik fremd. Das Kind kennt keinen Spott: es ist überzeugt und will überzeugen.

Die Scholastiker waren aber dabei keinesfalls primitiv, d.h. von der Kultur wenig berührt. Im Gegenteil, ihre Werke zeugen von einem ungeheuren Maß der Bildung, d.h. des durch Zucht und Übung erreichten Geformtseins des Gedankenlebens und des sprachlichen Ausdrucks. Die meisten Begriffe, die wir von der Scholastik übernommen haben und heute fast gedankenlos gebrauchen, wie z.B. "Form" und "Materie", "Substanz" und "Essenz", waren ursprünglich inhaltsreich und tief. Sie waren einst wirklich gedankliche Leistungen, Leistungen der Tiefe, Klarheit und Feinheit des Denkens. Wie oft wird man wohl heute einem Menschen begegnen, der sich wirklich im Klaren ist z. B. über den Unterschied zwischen den Begriffen "Substanz" und "Essenz"?

Nein, ein Mensch, dessen Denken für das Fassen solcher Begriffe und für solche Feinheit im Unterscheiden zwischen ihnen geschult ist, ist nicht primitiv. Er ist durch und durch ein Kulturmensch. Nur war sein Kulturideal ein anderes. Es war das Ideal einer Kultur, die theozentrisch ist. Das heute noch herrschende Kulturideal ist aber anthropozentrisch. Mit anderen Worten: die höchsten Vertreter der mittelalterlichen Kultur wollten sie auf Gott und seiner Offenbarung begründet haben, während die besten Vertreter der modernen Kultur sie auf dem Menschen gründen.

Nun gibt es schon in der Gegenwart eine mächtige Strömung, die ein drittes Kulturideal zur Geltung zu bringen bestrebt ist, nämlich der Wirtschaftsordnung. Der Sozialismus ist weder auf Gott noch auf den Menschen als Persönlichkeit orientiert, sondern auf die staatlich-gesellschaftliche Wirtschaftsordnung. Und wie heute z.B. ein Mitglied der Akademie der Wissenschaften der UdSSR mit Kant nichts anfangen kann, so kann auch heute z.B. ein Neukantianer mit einem Thomas von Aquino oder Duns Scotus nichts anfangen.

Aber der Sucher nach persönlicher Gewissheit fragt sich nicht, ob er dieses oder jenes Kulturideal annehmen soll, sondern sein Anliegen ist auf das Erlangen der persönlichen Gewissheit in den ewigen Fragen des Menschengeschlechtes gerichtet. Er kann sich nicht einer "Zeitströmung", ob alten oder neuen, anschließen, um von ihr getragen zu werden. Denn wenn er es täte, hätte er *sein* Ideal der persönlichen Gewissheit aufgegeben: die Tatsache seines Mit-Schwimmens mit einer "Strömung" hätte sein *persönliches* Anliegen in ein *kollektives* umgewandelt. Nicht unbeteiligt, aber *frei* soll er den einzelnen geschichtlichen Kulturidealen gegenüber stehen, sie "prüfen und das Beste behalten".

Dieses gilt im gleichen Maße für die Kulturideale der Antike, des Mittelalters und der Neuzeit, und zwar nicht, weil die Kulturideale vergänglich sind, sondern gerade im Gegenteil, weil sie *ewig* sind, weil jedes von ihnen einen Bestandteil der Ewigkeit besitzt. Sie alle leben weiter, sei es in den äußeren oder tieferen Schichten des Bewusstseins, und sind stets "gegenwärtig". Alles an ihnen, was Ewigkeitswert hat, d.h. was an ihnen wahr, schön und gut ist, bleibt bestehen und bleibt stets und überall "aktuell".

Sie sind Schichten des Bewusstseins, auch wenn man keine Bücher über sie gelesen hat. Und wenn eine tiefer liegende Schicht des Bewusstseins sich auch in der äußeren Schicht geltend macht, so geschieht eine der "Renaissancen", des Mittelalters, der Antike und anderer, noch fernerer, Kulturzeitalter. Wie ein Baumstamm aus den Ringen seiner Lebensgeschichte *besteht*, so besteht auch das Bewusstsein aus den Schichten seiner Lebensgeschichte, nur dass sie nicht verholzt, sondern in fortwährender Wechselwirkung begriffen sind. In diesem Sinne leben in uns und unter uns die Ideale z.B. des Rittertums weiter, auch wenn wir keinen Helm, Schild und Schwert mehr tragen. In diesem Sinne leben aber auch die Ideale der großen gottgeweihten Bauten, sowohl der sichtbaren Kathedralen als auch der gedanklichen Kathedralen, der "Summen" der Scholastik, in uns und unter uns. Dies gilt für Dinge der Vergangenheit, die einen Ewigkeitswert besitzen. Rittertum und gottgeweihtes Baumeistertum tragen wohl den Hauch des Ewigkeitswertes in sich. Darum wird es Ritter und Baumeister ebenso wie Heilige solange geben, wie es auf Erden eine freie Entfaltungsmöglichkeit für die Menschen geben wird.

Es gibt aber neben der "ewigen Vergangenheit" auch noch Erscheinungen der "vergänglichen Vergangenheit", die keinen Ewigkeitswert besitzt. Die Vergangenheit lebt nicht nur durch dasjenige an ihr, das stärker ist als Vergessen, Schlaf und Tod, das Ewigkeitswert hat, weiter, sondern sie wird auch öfter zum künstlichen Leben eines ungeläuterten und unerlösten *Phantoms* wachgerufen. Die Vergangenheit *lebt* einerseits als Ewigkeitswert, und sie *spukt* andererseits als unbefriedigte Leidenschaft, Forderung, Prätention. So spukt z. B. der Machtgelüste-Komplex des absoluten Herrschertums der Großreiche der Vergangenheit und bemächtigt sich heute der Gemüter sowohl der Führer als auch der geführten Massen. Dieser Komplex spukt auch in der Form der "absoluten Systeme", wie z. B. der Marxismus-Leninismus heute eines ist. Solche Systeme sind, neben der Staatszwangsmaschine, Mittel, um Macht über das Gedankenleben auszuüben. Es spukt in ihnen derselbe Machtgelüste-Komplex, der auch in den totalitären politischen Regimen spukt.

Nun war auch das Mittelalter, besonders das Spätmittelalter und der Anfang der sog. Neuzeit, von dem Gespenst der absoluten Macht nicht frei. Dieses Gespenst war weitgehend wirksam in dem politischen Konflikt zwischen Kaiser und Papst, aber es war auch nicht minder wirksam auf dem Gebiet der Theologie und des Rechts. In der Theologie machte sich neben dem Bauen am Gedankentempel zu Ehren Gottes das Bestreben geltend, ein umfassendes und lückenloses System auszuarbeiten und mit dessen Hilfe das Gedankenleben, das Gemüt und die Lebensweise der Menschen unter ihre Herrschaft zu bringen. So fasste in der Theologie das Streben Fuß, sie von ihrem ursprünglichen und eigentlichen Anliegen, nämlich die Offenbarung dem verstehenden Bewusstsein näher zu bringen, abzulenken und sie in ein Alleinherrschaft beanspruchendes System der für alle verbindlichen gebietenden und verbietenden *Rechtsnormen* auf dem Gebiet des Denkens zu gestalten.

Dieses System hatte nunmehr die Aufgabe, gleichsam eine kodifizierte Legislatur des menschlichen Denkens schlechthin darzustellen und mit aller Deutlichkeit zu gebieten, wie jeder

Mensch über alles Wesentliche der Welt und des Schicksals der Menschheit zu denken hat und wie er darüber nicht denken darf. Das theologische System sollte die Menschen ursprünglich durch dessen Widerspruchslosigkeit und Lückenlosigkeit zwingen; später aber, wo der Zwang der Kohärenz und Systematik sich nicht als ausreichend erwies, wurde er durch äußere Zwangsmaßnahmen ergänzt: es entstand die Inquisition.

Jedes Alleinherrschaft beanspruchende System ist grundsätzlich erfüllt vom Geist der Inquisition und schafft, wenn die Umstände es erlauben, in der Praxis einen Inquisitionsapparat. Der Inquisitionsapparat des marxistisch-leninistischen Systems ist ein ebenso natürlicher Ausfluss dieses Systems, wie es die Gestapo des, wenn auch nebulosen, aber dennoch Alleinherrschaft beanspruchenden, nationalsozialistischen Systems war. Die Inquisition ist so alt, wie der Anspruch der Systeme auf Alleinherrschaft alt ist. Sie begleitete das juristisch-politische System des römischen Reichs und richtete sich gegen Christen und Juden in den ersten Jahrhunderten unserer Zeitrechnung; sie begleitete die Systeme der katholischen und protestantischen Theologien, namentlich in Spanien, den Niederlanden, in Genf und in England; sie leistete ihre Arbeit zugunsten des humanistischen Systems in der ersten französischen Republik im Namen der Freiheit, Gleichheit und Brüderlichkeit; sie leistete ihre Dienste dem monarchisch-legitimistischen System der Heiligen Allianz in Europa; sie übte dieselbe Funktion im Dienste des Nationalsozialismus und übt sie heute noch aus im Dienste des Marxismus-Leninismus.

Jedes System, das den Anspruch auf Alleinherrschaft erhebt, führt notwendigerweise zu irgendeiner Form der Inquisition. Davon ist das spätmittelalterliche theologische System keine Ausnahme. Ja, es ist sogar die am meisten überzeugende Bekräftigung des Satzes, dass *jedes* Alleinherrschaft beanspruchende System eine Form der Inquisition mit sich bringt. Denn wenn auch ein auf der Grundlage der Religion der Liebe aufgebautes System die Inquisition ins Leben rufen konnte, was anderes kann wohl von anderen Systemen, die auf solchen Grundlagen wie etwa "soziale Gerechtigkeit", "wissenschaftliche Wahrheit", "Freiheit, Gleichheit und Brüderlichkeit" usw. beruhen, erwartet werden? Wenn der Grundsatz der Liebe zur Inquisitionspraxis führen konnte, so kann und muss jeder andere Grundsatz erst recht dazu führen.

Aber wie steht es mit dem Grundsatz der *Toleranz*? Ist er nicht seinem Inhalt und Wesen nach eine Garantie, dass ein auf ihm begründetes System die Inquisitionspraxis *nicht* zur Folge haben wird? Nun, es war der Grundsatz der Toleranz, auf dem das rechtlich-religionspolitische System des Römischen Reichs begründet war, und es war die Sorge um das Aufrechterhalten dieses Grundsatzes, die die römischen Staatsmänner dazu bewog, Christen- und Judenverfolgungen ins Werk zu setzen. Denn der Grundsatz der Toleranz, wenn er die Grundlage eines Alleinherrschaft beanspruchenden Systems darstellt, ist eigentlich nichts anderes als *Gleichgewicht*, d.h. das Ausbalancieren der Gegensätze.

Wenn aber die Dosis eines einzelnen Bestandteils des Gleichgewichtssystems zu stark wird, dann entsteht die Notwendigkeit der Zwangsmaßnahmen gegen die das Gleichgewicht störende Strömung: es entsteht eine Inquisitionspraxis im Namen der Toleranz. So wurden z.B. die Philosophen in Rom verfolgt und zwangsweise aus der Stadt ausgewiesen, als ihr Einfluss das "tolerierbare" Maß überstiegen hatte. Auch der Grundsatz der Toleranz ist, wenn er zur Grundlage eines Alleinherrschaft beanspruchenden Systems geworden ist, keine Ausnahme. Auch er bringt die Inquisition mit sich.

Wenn für ein Gedankensystem Alleinherrschaft beansprucht wird, so fällt dieses Gedankensystem eben infolge dieses Anspruchs aus der organischen Einheit des Menschlichen heraus. Es hört auf, ein Glied dieses Geisteslebens zu sein, und wird zu einer Art autonomen Komplexes, der sich in Opposition zu dem Gesamtorganismus des Geisteslebens der Menschheit stellt, wie es etwa der Krebsgewebe-Komplex im Falle der Krebskrankheit im leiblichen Organismus oder wie es ein psychologischer Komplex im Falle der Zwangsneurose im psychischen Organismus tut.

Ein Alleinherrschaft beanspruchendes System wird tatsächlich zu einem zwangsneurotischen Komplex im Geistesleben der Menschheit. Dieses geschah auch mit dem theologischen System, das den Anspruch auf Alleinherrschaft beanspruchte, wie es heute mit dem marxistisch-leninistischen System geschieht. Sowohl das theologische System im Spätmittelalter als auch das marxistisch-leninistische System heute sind im Gesamtleben der Menschheit einer Krebsgewebebildung im Organismus oder einem Zwangsneurosekomplex im Seelenleben eines einzelnen Menschen ähnlich. Denn sie wollen nicht dem Gesamtorganismus des menschlichen Lebens dienen, sondern ihn beherrschen.

Die zwangsneurotische Wirkung des theologischen Systems äußerte sich allzu deutlich im Spätmittelalter und am Anfang der Neuzeit. Man lebte damals in der allgemeinen Furcht vor diesem System. Jede Gedankenäußerung war von der Furcht begleitet, gegen das theologische System verstoßen zu haben. "Häresie" war das Schreckgespenst, das in Hochschulen, Klöstern, Burgen, Gassen und zuletzt auch auf dem inneren Schauplatz der Gedanken der Einzelmenschen spukte.

Inquisitionsgerichte hielten ihre Sitzungen Tag und Nacht, erfüllt von der Überzeugung, dass das theologische System und Gottes Wille eins seien und dass der Mensch kein Recht hat, sich zu irren. Sie vergaßen dabei, den einfachsten Schluss aus ihrer eigenen Lehre zu ziehen, dass, wenn Gott den Teufel selbst duldet und nicht vernichtet, er wohl erst recht einen armen menschlichen Häretiker oder Andersgläubigen duldet. Aber die Inquisitoren lebten selbst unter dem Zwang des Komplexes der Alleinherrschaft des theologischen Systems, das sie auch allen anderen Menschen aufzwingen mussten. Und diese Krankheit, dieser wahrhaftige Wahnsinn, machte sie blind und taub für die allerelementarste Grundwahrheit der Moral und Religion: dass alles, was nicht aus Freiheit geschieht, moralisch wertlos und religiös wesenlos ist.

Die moralische Umnachtung und die Vernunftumnachtung solcher Menschen, die die Religion der Liebe durch Schrecken, Tortur und Feuertod erhalten und fördern wollten, ist nicht anders zu erklären als durch Psychopathologie, als Symptome einer wahren und wirklichen psychischen Erkrankung, als deren Folge man nicht mehr weiß, was man tut. Jeder Fanatismus ist eine Form und ein Grad der Zwangsneurose und führt letzten Endes immer zur moralischen Unverantwortlichkeit.

Es gibt auch heute viel mehr Wahnsinn in der Welt als die Zahl der ärztlich behandelten Fälle. Stalin z. B. "wusste" alles. Er wusste genau, wie die 200.000.000 Menschen, über die er gebot, leben und denken sollten; er wusste, aus dem *System* des Marxismus-Leninismus heraus, besser als sie selbst, was ihnen frommte und was ihnen schadete. Auch die Leitung der kommunistischen Partei als Kollektivum "weiß" alles besser als die gesamte übrige Welt. Sie weiß, was das Wesen der Weltgeschichte ist und wohin sie führt; sie weiß, dass die Materie das Bewusstsein "ausschwitzt" und dass die Materie der Welt den Kommunismus will; sie weiß alles und weiß alles besser als die übrige Welt. Wie kommt dieser Wahn zustande? Durch die Besessenheit des Bewusstseins von dem

System. Denn ist man einmal in der Gewalt eines Systems, so fällt es leicht, alles zu erklären, alles zu "wissen"!

Die Leute im Kreml wissen sicherlich nicht *mehr* als Tausende und Abertausende anderer Leute in ihrem eigenen Lande und in anderen Ländern, aber sie haben es *leichter*, zu eindeutigen und klaren Antworten auf sämtliche Fragen zu gelangen. Denn die Mühe der wahren Gedankenarbeit ist ihnen abgenommen: die Maschine, das System, leistet die wesentliche Gedankenarbeit für sie.

Was die Rolle der Theologie heutzutage anbelangt, so ist sie heute viel mehr ein Glied des allgemeinen Geisteslebens der Menschheit als ein Alleinherrschaft beanspruchendes System. Auch ist sie dementsprechend heute mehr eine organische Ordnung, ein geordneter Lehrkörper, als ein System, das durch ein Netz von eindeutigen Begriffen über das Bewusstsein der Menschen zu herrschen bestimmt ist. Die Theologie, oder richtiger, die Theologen, haben auch ihren Anspruch, die Welt, den Menschen und die Weltgeschichte besser zu kennen als die Vertreter aller übrigen Erkenntnismethoden einzeln und zusammen, aufgegeben. Das Alter der Welt ist nunmehr nicht innerhalb von 6.000 Jahren zu bestimmen, sondern innerhalb von Jahrmillionen.

Man ist heute frei in der Theologie, z.B. die Schöpfungsgeschichte der Genesis so aufzufassen, wie es einem sein Wissen und Gewissen gebietet, nur unter der Bedingung, dass man den Schöpfungsbericht als solchen, d.h. nicht literarisch, sondern als Offenbarung, anerkennt. Die Grenzlinie zwischen dem religiös-moralisch Wesentlichen, dem Dogma und dessen unmittelbaren Folgerungen, und dem für die Religion und Moral Gleichgültigen wird immer schärfer gezogen. Heute wäre es keinem ernsten Theologen eingefallen, z.B. gegen das physische Weltbild Albert Einsteins aufzutreten, um das physische Weltbild Newtons zu verteidigen, wie seinerzeit

Stellung genommen wurde für das ptolemäische System und gegen das kopernikanische.

Auch die Ergebnisse der modernen Forschung auf dem Gebiete der Psychologie, z. B. der Tiefenpsychologie, geben für die Theologie nur insofern Anlass zur Stellungnahme, als sie, oder richtiger ihre theoretischen Deutungen, die Freiheit des Menschen, also die Grundlage der Moral schlechthin, in Frage stellen oder die Religion nicht als Offenbarung, sondern als psychologisch-bedingten Umweg, auf dem die vom Leben versagten Wunschträume befriedigt werden, auffassen. Die Theologie hätte heute auch den Sozialismus, den Kommunismus inbegriffen, den Wirtschaftswissenschaftlern und Politikern überlassen, wenn der Marxismus nicht in das theologische Gebiet eingebrochen wäre und Atheismus und Materialismus zu den Grundlagen seines Systems gemacht und der Kommunismus nicht den Weg der Schreckensherrschaft und Gewalt eingeschlagen hätte.

Kurzum, die Theologie hat den Anspruch auf Alleinherrschaft über das Bewusstsein der Menschen aufgegeben. Damit hat sie aber auch ihre inneren Entwicklungsmöglichkeiten wiedergewonnen, d.h. es steht ihr frei, sowohl von dem allgemeinen Geistesleben der Menschheit zu lernen als auch ihr eigenes Geistesgut zu vertiefen. Die Wege der Erweiterung und der Vertiefung stehen ihr offen; es kommt nur darauf an, dass sie auch wirklich eingeschlagen werden. Was die Erweiterung anbelangt, so geschieht sie schon seit geraumer Zeit im ausgiebigen Maß. Die Theologie hat vieles von den anderen Wissenschaften, namentlich der Geschichtsforschung, der Archäologie und den Sprachwissenschaften, gelernt und aufgenommen. So hat z.B. die vergleichende Religionswissenschaft eine wesentliche Erweiterung des Gedankenkreises und Vertiefung der Begriffe der Theologie bedeutet. Nachdem z. B. die *Bhagavadgītā*, die *Upaniṣad*-

Texte, die Schriften des Daoismus, des Buddhismus und der Zohar bekannt geworden und in Übersetzungen zugänglich geworden sind, ist es unmöglich, in der Theologie einfach vom "unwissenden Heidentum" zu sprechen, ja, es ist unmöglich geworden, auch in einer abstrakt-oberflächlichen Weise von der "ursprünglichen natürlichen Religion" ("religio naturalis") zu sprechen.

Die "natürliche Religion" kann nunmehr nicht bloß als eine Art Aristotelismus aufgefasst werden, als das bloße Anerkennen einer Weltvernunft und die Pflege der daraus folgenden vier Kardinaltugenden Weisheit, Mut, Besonnenheit und Gerechtigkeit.

Das vorchristliche und außerchristliche religiöse Leben der Menschheit weist einen Reichtum auf, der weit über die Grenzen des Anerkennens der Weltvernunft und des ethischen Ideals der vier Kardinaltugenden hinausgeht. So geht z.B. die Grundtugend des Konfuzius, die "menschliche Herzlichkeit"[55] über die Kardinaltugend der Gerechtigkeit hinaus. Sie ist eine Stufe der Verinnerlichung der Gerechtigkeit in der Richtung zur Liebe hin und steht deswegen dem moralischen Ideal der Religion Israels näher als dem der platonisch-aristotelischen Weltanschauung.

Auch geht der intime innerliche Verkehr mit dem stillen und bescheidenen und doch alles schaffenden und erhaltenden höchsten Wesen der Welt der Daoisten über die Grenzen der Anerkennung der die Welt regierenden Vernunft hinaus. Er ist den christlichen Mystikern, z. B. Meister Eckhart, Tauler, Suso und Böhme, geistverwandter als dem Geist des Aristotelismus und Platonismus, wie hehr und lichtvoll der letztere auch sei. Denn in den Lehrern des Daoismus spricht die Nacht, die stille, große Nacht der himmlischen Sternenordnung und der Abgrundtiefe. Sie spricht auch in Eckhart und Böhme. In den Meistern der griechischen Weisheit, mit der Ausnahme

Heraklits des "Dunklen", spricht dagegen der Tag, der sonnendurchhellte, scharf konturierte Tag des Bewusstseins. Die "religio naturalis" der Alten ist deswegen nicht nur die Tagesbotschaft der Weltvernunft und der vier Kardinaltugenden, sondern es gehört zu ihr auch die Botschaft der Nacht:

"In den alten Tagen übte Baoxi[56] das wahre Königtum über die Große Gesellschaft auf folgende Art: schauend hinauf zum Himmel beobachtete er die Zeichen des Himmels und schauend hinab beobachtete er die Gestalten auf der Erde, die unterschiedlichen Formen der Vögel und Tiere und die allgemeine Übereinstimmung auf der Erde als Ganzes. Er erkannte in sich selbst die einzelnen Zusammenhänge der Dinge im Allgemeinen. Auf diese Weise erfand er die Acht Trigramme, um den göttlichen Sinn seiner geistigen Macht auf alles zu verbreiten und um die Ordnung der natürlichen Eigenschaften der gesamten Welt zu erkennen." So steht es im *Xicizhuan oder den ferner erweiterten Urteilen* über das *Buch der Wandlungen*.[57] Die "Zeichen der Himmel", die Baoxi beobachtete, waren am nächtlichen Himmel sichtbar, und die "unterschiedlichen Formen der Vögel und Tiere" auf der Erde waren es im Tageslicht. Die Weisheit des Baoxi enthielt die Botschaft der Nacht und die Botschaft des Tages; sie war das Ergebnis des Zusammenklangs der "wachen" und "schlafenden" Schichten des Bewusstseins.

Die "Weisen aus dem Morgenland", von denen das Matthäus-Evangelium berichtet, stellen die Antwort auf die Frage über das Wesen der vorchristlichen Geistigkeit und über ihr Verhältnis zur christlichen Offenbarung dar. Die Weisen waren keine Propheten Israels, sondern eben "Weisen aus dem Morgenland", d.h. Fremde in Israel und Vertreter des sogenannten "Heidentums". Nun hatten diese heidnischen Weisen eine solche Vorbereitung auf ihren eigenen Wegen erhalten, dass sie, ohne je Zeugen der Wundertätigkeit Jesu gewesen zu sein und ohne seinen Predigten zugehört zu haben, ihn gesucht und gefunden haben, um ihn zu verehren, eine Handlung, die ihm von vielen schriftkundigen und prophetenkundigen Leuten, die auch seine Lehre gehört haben oder gehört haben konnten, später versagt wurde.

Der heute möglich gewordene Zugang zu dem religiösen Schrifttum des Morgenlandes hat eigentlich den Bericht des Matthäus-Evangeliums über die Weisen aus dem Morgenland nur bekräftigt und für den Nicht-Theologen mehr glaubhaft gemacht. Für den Theologen aber, für den es in der Schrift keine "bloße Legenden" gibt und geben darf und der die Schrift in allen ihren Teilen gleich ernst zu nehmen hat, enthält der Bericht des Matthäusevangeliums eine genügende und deutliche Antwort auf die Frage: War die gesamte Menschheit, mit der einen und einzigen Ausnahme der israelitischen Gemeinschaft, im Irrtum und Dunkel der Unwissenheit befangen?

Wenn die Theologen des 12. und 13. Jahrhunderts, namentlich Albert der Große und Thomas von Aquino, diese Frage mit Nein beantwortet und, nicht ohne schweren Kampf, Aristoteles und Plato als geistige Größen hingestellt hatten, von denen ein christlicher Theologe lernen kann, so liegt es heute auf der Hand, dass der damals eingeschlagene Weg des Lernens von der Vergangenheit und von anderen Kulturkreisen notwendigerweise weiterführen muss und dass dieses Lernen bei Aristoteles und Plato nicht stehenbleiben kann.

Wenn das Alte Testament stets in Ehren gehalten wird, weil es den Weg zum Neuen Testament bedeutet, so sind doch wohl auch die Weisen aus dem Morgenland einen Weg gegangen, der sie zur Krippe in Bethlehem, also zum Neuen Testament, geführt hat. Welcher Weg ist es? Welche Weisheit und welche Schriften, die diese Weisheit enthalten, gehören zu diesem Weg? Hat man sie schon gefunden und hält man sie ebenso in Ehren wie die Bücher und die Weisheit des Alten Testaments? Wenn nicht, sollte man nicht Umschau halten und im Geistesleben des Morgenlandes nach ihnen suchen? Ist es nicht eine der Pflichten des ernsten Theologen, alle Konsequenzen aus dem Evangeliumsbericht über die Weisen aus dem Morgenland zu ziehen?

Eine neue Erweiterung der Theologie, ähnlich der, die im 13. Jahrhundert geschah, ist unvermeidlich. Die Weisheit der drei Weisen aus dem Morgenland kann ebenso wenig ignoriert werden, wie Aristoteles und Plato damals ignoriert werden konnten. Dies ist umso notwendiger, als immer mehr Menschen das Vorhandensein dieser Weisheit nicht nur ahnen und spüren, sondern auch ihre Wesenszüge nach und nach entdecken und erkennen. Viel Weisheitsgold, viel Weihrauch der Gottesverehrung und viel Myrrhen der erinnernden Pflege der Vergangenheit, die drei Gaben der Weisen aus dem Morgenland, hat man schon aus den Fundgruben des mittleren Ostens, Indiens und Chinas gewonnen.

Die großen Ideen der moralischen Weltordnung Indiens, Karma und Dharma, das moralische Gesetz in der Welt und das moralische Gesetz im Menscheninnern, können nicht bloß deswegen von der Hand gewiesen werden, weil sie in der Bibel nicht ausgesprochen formuliert worden sind. Es besteht nämlich die gesamte Komposition der Bibel darin, dass es einen Sündenfall gab, dass das gesamte Schicksal der Menschheit durch dieses *moralische* Ereignis bestimmt wurde und dass ein anderes *moralisches* Ereignis oder eine andere *moralische* Tat, der Opfertod auf Golgatha, eine tiefgreifende Veränderung in der allgemeinen Schicksalslage der Menschheit mit sich brachte. Die Bibel, das Alte Testament und das Neue Testament, gibt zwar keine Formulierung des in der Weltgeschichte waltenden moralischen Gesetzes, aber sie *zeigt* stattdessen in anschaulicher Weise die Wirklichkeit des Waltens dieses Gesetzes.

Wenn man die Mittel und Ergebnisse solcher der Religion fernstehenden Wissenschaften, wie z.B. der Archäologie, Philologie, Botanik und Zoologie, in der Bibelforschung nicht verschmäht, warum sollte man nicht auch z. B. von dem Gesetz der moralischen Weltordnung, dem Gesetz des Karma, das vollkommen zu dem ureigenen Gebiet des religiösen Anliegens gehört, für ein weiteres Verständnis der Bibel, sei es auch nur versuchsweise, Gebrauch machen? Weil das eine Wiedergeburt der Gnosis bedeutet hätte?

Man darf doch nicht grundsätzlich die Erkenntnis – denn Gnosis bedeutet Erkenntnis – leugnen, wenn man Schüler des Meisters sein will, der das Gebot verkündet hat: "*Erkennt* die Wahrheit, und sie wird euch frei machen." Der Einwand kann nur einer bestimmten *Art* der Erkenntnis gegenüber gelten, nämlich der geschichtlichen Gnosis gegenüber, z. B. den Lehren der Ophiten, Marcioniten, Manichäer, Valentinianer, Basilianer usw. gegenüber. Nun, das Abweisen dieser Lehren hat wohl seine guten Gründe. Aber ist damit der Freibrief gegeben, *sämtliche* religiösen Anschauungen und Einsichten der Menschheit, die außerhalb des Kreises der judäo-christlichen Überlieferungsströmung gewachsen sind, als wertlos oder irrtümlich abzuweisen?

Kann es nicht neben einer falschen Gnosis auch eine wahre geben? Wie es etwa wissenschaftliche Irrtümer neben wirklichen wissenschaftlichen Errungenschaften gibt? Man darf doch nicht die Wissenschaft schlechthin von der Hand weisen, weil es auch wissenschaftliche Irrtümer gab und noch gibt. Soll man die Gnosis, als das Streben nach tieferer Einsicht in die religiösen Wahrheiten, anders beurteilen und dieses gesamte Anliegen deswegen verurteilen, weil es einst gnostische Irrlehren gab?

Die Häresie entsteht nicht aus Erkenntnis, sondern aus der Unkenntnis oder nicht genügender Erkenntnis der religiösen

Wahrheiten. So war die Erkenntnis des Arius an die Zeit gebunden und unvermögend, sich über das Nacheinander der Kategorie der Zeit zum zeitlosen Werden in aller Ewigkeit zu erheben. Er konnte sich das Werden des Sohnes aus dem Vater nur als zeitliches Geschehen, als ein Nacheinander, denken. Die Folge dieses Unvermögens war die Lehre, dass Christus ein geschaffenes Wesen, wenn auch das höchste geschaffene Wesen, sei. Die Geburt des Sohnes vor aller Zeit ("ante omnia saecula"), in der Ewigkeit, "als wahrer Gott aus dem wahren Gott, Licht von Licht, geboren, nicht geschaffen, eines Wesens mit dem Vater" ("Deus verus de Deo vero, lumen de lumine, natus non factus") konnte Arius und konnten die Arianer nicht fassen. Es fehlte ihnen die höhere Gnosis der christlichen Offenbarung.

Der Konflikt zwischen Arius und Athanasius (oder Arianismus und Athanasianismus) ist seinem Wesen nach der Konflikt zwischen einer tieferen Einsicht und einer oberflächlichen Einsicht in das Mysterium des Christentums, der Konflikt zwischen der höheren Gnosis und der rationalistisch beschränkten Gnosis. Und das sog. Athanasianische Glaubensbekenntnis, das die Heilswahrheiten des Christentums im Lichte der ewigen Dreieinigkeit mit ebenso wunderbarer Klarheit wie Schönheit verkündigt, ist das Ergebnis des Sieges der höheren Gnosis über einen Anschlag auf sie seitens des Rationalismus. Sowohl Arius wie Athanasius waren gläubig; es war nicht die Glaubensstärke, die in dem großen Konflikt des 4. Jahrhunderts in Frage stand, sondern die *Einsicht* in den Inhalt des Glaubens, zu dem sich beide Seiten bekannten. Arius leugnete nicht das Evangelium und die Bibel, er interpretierte sie, er *erkannte* sie nur auf eine andere Art, als Athanasius es tat.

Was für Arius gilt, gilt auch grundsätzlich für alle Häresiarchen. Auch Calvin und Luther waren keine Vertreter der höheren Gnosis, sondern Menschen, denen gerade fast jeder Sinn für Gnosis fehlte, obgleich sie ausgesprochen gläubige Menschen waren. Ja, ihr Anliegen ging letzten Endes darauf hinaus, die Gnosis in jeder Form in der christlichen Religion mit Stumpf und Stiel auszumerzen und das Christentum zu einer vollkommen gnosisfreien, reinen Glaubensangelegenheit zu gestalten, es zu "reformieren."

Luthers Lehre, dass der Glaube allein selig macht und dass alles Übrige Werk der Gnade ist, bedeutet gleichzeitig nicht nur die Abkehr von dem Prinzip der *Übung* ("Das Himmelreich wird mit Gewalt gewonnen") in der Religion, also von der Praxis der Rosenkranzgebetsübung, der geistlichen Übungen im Sinne der Meditation und Kontemplation, der Gewissensprüfung, der Beichte, der Gelübde der Armut, des Gehorsams und der Keuschheit, sondern auch von dem ihm zugrundeliegenden Prinzip der Gnosis: dem Streben nach übersinnlicher und übervernünftiger Erleuchtung und Einsicht durch vorbereitende Schulung würdig zu werden.

Es gibt im Luthertum keine geistige Schulung, außer der theologischen Bildung, des Fastens, der Gewissensprüfung, der Buße, der Gebetsübung, der Meditation und Kontemplation. Und wenn es im Luthertum auch einzelne Mystiker und Gnostiker gab und, vielleicht, noch gibt, wie z.B. den Görlitzer Schuster Jakob Böhme, so sind ihre Erfahrungen und Einsichten mehr dem Heraufkommen des persönlichen Strebens nach Gnosis als der lutherischen Lehre und religiösen Praxis zu verdanken. Jakob Böhme hat mehr mit Meister Eckhart einerseits und der alchimistisch-hermetischen Strömung andererseits als mit Luther Gemeinsames. Seine Lehre vom Ungrund, der Schelling im 19. Jahrhundert und Berdjajeff im 20. Jahrhundert so viel verdankten, ist vielmehr der Lehre Meister Eckharts von der "Gottheit" geistverwandt, ja, mehr dem jesuitischen Mystiker Angelus Silesius als dem auf dem Glauben an das Wort der Schrift allein bestehenden Martin Luther. Die protestantischen Mystiker, die Herrenhuter und Quäker inbegriffen, sind Erscheinungen, die auf das allgemein-menschliche Bedürfnis nach Mystik und Gnosis zurückzuführen sind. In ihnen brach dieses Bedürfnis aus den Tiefen des Bewusstseins, wohin es unterdrückt wurde, durch und gelangte zur Herrschaft.

Auch Calvins Lehre ist das Ergebnis einer chirurgischen Operation am Leibe des Christentums. Sie ist der Restbestand des Leugnens der Hierarchie (Laien, Priester, Bischöfe, Erzbischöfe), des freien Willens des Menschen und damit auch des Weges der geistigen Schulung und der Stufen auf diesem Wege, d.h. des Prinzips der Gnosis. Sie ist ebenso "demokratisch", allgemeinverständlich und fatalistisch wie der Islam. Der Calvinismus ist eigentlich eine islamisierte Form des Christentums. Er enthält keine Widersprüche und ist konsequent. Es ist konsequent zu sagen: Wenn Gott allwissend und allmächtig ist, so weiß Er und kann Er alles. Wenn Er alles weiß, so weiß Er auch die Zukunft. Wenn Er alles kann, so bestimmt Er auch die Zukunft bis in die letzten Einzelheiten. Folglich weiß Er auch, wer erlöst und wer verdammt sein wird. Von aller Ewigkeit hat Er bestimmte Menschenseelen für die Erlösung auserwählt und andere Menschenseelen für die Verdammnis bestimmt. Und daran ist nichts zu ändern, weil Gott es so bestimmt hat.

Diese Schlussfolgerungen aus der Allwissenheit und Allmacht Gottes sind konsequent und einleuchtend. Sie sind aber insofern vollkommen falsch, als sie die Allwissenheit und Allmacht Gottes aus ihren Zusammenhang mit Seiner allumfassenden Liebe herausgerissen haben. Die Allwissenheit und Allmacht im Dienste der Liebe bedeuten etwas ganz anderes als Allwissenheit und Allmacht allein. Es fehlte Calvin die höhere Gnosis des Mysteriums der Liebe, die im

Kruzifix sowohl Tatsache als auch Sinnbild geworden ist. Das Kruzifix, der gekreuzigte Sohn, der mit dem Vater eins ist, ist nicht das Sinnbild der Allmacht und Allwissenheit, sondern der Liebe, die auf die Allmacht und Allwissenheit verzichtet hat. Gleichzeitig ist es auch das Sinnbild der Freiheit der Menschen, die vor ihm stehen.

Denn indem Gott nicht zwingt, indem Er auf seine allwissende Allmacht verzichtet, gibt Er seinen geschaffenen Wesen die Freiheit. Und umgekehrt: Indem Gott den geschaffenen Wesen Freiheit gibt, beschränkt Er seine allwissende Allmacht, d.h. Er wird gekreuzigt. Wenn dem nicht so wäre, wenn Gott nicht gekreuzigte Liebe, sondern herrschende Allmacht wäre, so wären z.B. die Greuel des Nationalsozialismus und des Kommunismus Gottes Werk. Gott wäre dann für alle Übel, für alles Böse, unmittelbar verantwortlich. Dieses wäre aber die größte Gotteslästerung und Gottesverleumdung, die nur denkbar ist.

Die Gnosis des gekreuzigten Gottes, des Mysteriums der Liebe und der Freiheit, fehlte Calvin, wie sie auch vielen anderen Menschen, die zu verschiedenen Konfessionen gehören, öfter fehlt, wenn sie vom Walten des Allmächtigen in der Geschichte sprechen. Indem sie so sprechen, wiederholen sie eigentlich den Schmähruf der Henker am Kreuz: "Hilf Dir selbst!"

Die höhere Gnosis, die allen Häresiarchen fehlte, war die Gnosis des Mysteriums der Liebe. Sie waren gleichsam "unmusikalisch" für den Sinn und die Bedeutung der Liebe. Arius konnte die Verteiltheit *und* Einheit des Vaters und des Sohnes nicht einsehen, weil ihm die Einsicht in die Einheit des Verschiedenen in der Liebe fehlte. Die Monophysiten konnten die Einheit der *zwei* Wesen, des göttlichen und des menschlichen, in Jesus Christus deswegen nicht erkennen, weil ihnen der Sinn für die Einheit des Verschiedenen in der

Liebe fehlte. Die Doketen leugneten deswegen die Wirklichkeit des Leidens Christi am Kreuz, indem sie Ihn bloß als menschlich *erscheinende* Gottheit erklärten, weil sie der Erkenntnis der Einheit des Verschiedenen in der Liebe ermangelten. Pelagius behauptete den Primat der Werke und Bemühungen des Menschen im Werk der Erlösung, weil er die Einheit des Verschiedenen, der Werke und der Gnade, in der Liebe nicht begreifen konnte. Luther behauptete den Primat der Gnade und erklärte alles Menschenwerk als eitel, weil ihm die Einsicht in die Einheit des Verschiedenen in der Liebe fehlte. Und Calvin leugnete den freien Willen des Menschen und behauptete die Vorsehung allein, weil ihm der Sinn des Mysteriums der Kreuzigung entging.

Die mangelhafte Erkenntnis der Liebe bringt meistens auch Lieblosigkeit in der Praxis mit sich. So kann man die Idee und Wirklichkeit der allgemeinen Kirche nur aus der höheren Gnosis der Liebe verstehen und richtig einschätzen. Die Lehre von der Kirche als dem mystischen Leib Christi ("corpus Christi mysticum") ist durch und durch gnostisch. Ohne einen Appell an die höhere Gnosis, mit den Mitteln der Vernunft und der sinnlichen Erfahrung allein, kann man mit ihr nichts anfangen. Nimmt man sie aber so, wie sie gemeint ist, d.h. als geistig-moralische Glaubenswahrheit, so wird sie zu einem nie versiegenden Quell des Lichts. "Ich im Vater und der Vater in Mir, und Ich in euch und ihr in Mir" ist die Formel der Kirche.

Wer dieses einsieht, wird niemals etwas tun, was der Einheit der Kirche Abbruch tun könnte. Lieber wird er eine Ungerechtigkeit sich gegenüber erdulden, als gegen die Einheit der Kirche verstoßen, aus Liebe zu ihr. Es fehlte diese Liebe aber bei den Häresiarchen. Sie begründeten eigene Gemeinschaften, "Kirchen", wenn sie anderer Meinung waren. Es war ihnen ihre Meinung lieber als die Einheit der Kirche.

Wenn z.B. Luther den viel gepriesenen und bewunderten Satz aussprach: "Hier stehe ich, ich kann nicht anders, Gott helfe mir", so fällt es wohl niemanden ein, an seiner Aufrichtigkeit und Ehrlichkeit zu zweifeln.

Aber man kann gleichzeitig nicht umhin, an seiner Liebe für die Menschheit und an seinem geschichtlichen Verantwortungssinn zu zweifeln. Hat er, als er diese Worte aussprach, daran gedacht, welche Folgen sie für die Einheit der Kirche, für die Einheit der christlichen Menschheit, für das Familienleben, für Kinder und sterbende Menschen, für Missionare in fremden Landen, für das Gebetsleben der einzelnen Menschen, für das Gedenken der Toten, für die Verehrung der Heiligen, für die Verehrung der Mutter Gottes, für die Ideale der kommenden Generationen haben werden? "*Ich* kann nicht anders ..." Ist das *Ich* die letzte Instanz und höchste Quelle der Weisheit, so wie er an *diesem* Tage und in dieser Stunde meint und glaubt? Ist das Ich nicht lernfähig? Hat Luther nicht selbst die Erfahrung der Wandelbarkeit der "Ich-Überzeugungen" gehabt, um die "Ich-Überzeugung" jener Stunde mit mehr Vorsicht und weniger absolut hinzunehmen? War denn Luther als asketischer Augustinermönch weniger "ich-überzeugt" als später, wo er dem Reichstag gegenüberstand? Diese Fragen können auf verschiedene Weise beantwortet werden, aber es ist wohl berechtigt, sie zu stellen, wenn man nicht nur die persönliche Ehrlichkeit, sondern auch darüber hinaus das geschichtliche Verantwortungsbewusstsein im Auge hat.

Die Menschen aber, denen die Kirche der mystische Leib Christi ist, denen sie es *wirklich* ist, werden die geschichtliche Verantwortung stets über die jeweilige "Ich-Überzeugung" setzen. Denn die Menschheit ist für sie Menschheit und nicht "Ich und die Anderen."

Nun schauen wir uns einige Folgen der Tat Luthers an, nicht auf dem Gebiet des Politischen, sondern auf dem Gebiet des religiösen Lebens selbst. Wie groß ist die Verarmung, die seine Tat auf diesem Gebiete bewirkt hat! Wie viele Quellen der Begeisterung und wie viele Ausdrucksformen der Liebe sind versiegt! Wie viele Vorbilder und Ideale sind verblasst und in Vergessenheit geraten!

So ist das reiche, innige und veredelnde Leben der Verehrung und verehrender Erkenntnis der Jungfrau-Mutter versiegt und damit auch die Hälfte des Reichtums des religiösen Seelenlebens verloren. Denn die kostbarsten Erfahrungen, die der Mensch auf Erden für sein Leben mitbekommt, sind die Erfahrungen der Mutterliebe und der Vaterliebe.

Das Abschaffen des himmlischen Vorbildes und Urbildes der Mutterliebe bedeutet für das religiöse Leben dieselbe Verarmung wie im menschlichen Schicksal der frühe Verlust der Mutter. Ein Kind, das nur den Vater kennt, ist ärmer als das Kind, das beide Eltern gekannt und geliebt hat. Eine ähnliche Verarmung geschah in dem protestantischen Teil der christlichen Menschheit.

Ausgelöscht wurden auch die vielen Gedenkkerzen der Heiligenverehrung. Man vergisst nicht, was man liebt. Liebe ist auch Gedenken, Erinnerung und Gedächtnis. Die Kirche gedenkt täglich derer, die durch ihr Leben oder Sterben etwas Großes, der Verehrung und des beständigen Gedenkens Würdiges offenbart haben. Die Heiligen sind der Schatz der moralischen geschichtlichen Erfahrung der Menschheit. Gleichzeitig sind sie auch die Schule der Vorbereitung der Seele für das Göttliche. Denn wer das Göttliche in seinen Teiloffenbarungen nicht würdigt, wie kann er die Fülle des Göttlichen würdigen? Wer das Heilige, das sich im Menschen offenbart, den er sieht, nicht schätzt, wie kann er es in Gott, den er nicht sieht, wirklich schätzen?

Der Schatz der geschichtlichen Erinnerung ist verarmt. Der Reichtum der Anregung, der Bewunderung und der tieferen

Erkenntnis, der z. B. aus den Lebensläufen solcher Heiligen wie der heiligen Teresa von Avila, des Ignatius Loyola, des Franziskus, des Xaverius, der Katharina von Siena, des Jean-Baptiste Vianney usw. gewonnen werden kann, ist im protestantischen religiösen Leben geschwunden. Man kennt die Bibel, die Patriarchen, Könige und Propheten des Alten Testamentes, man kennt die Gestalten des Neuen Testamentes, dann kommt aber auf einmal eine anderthalbtausendjährige Lücke der religiös-moralischen Erinnerung. Dann taucht aus jenem religiös-moralischen Vakuum Luther oder Calvin auf. Damit endet die religiös-moralische Erinnerung.

Die so entstandene Leere wird durch Politiker, Feldherren, Philosophen und Dichter ausgefüllt. Aber dies ist *Bildung,* nicht Religion. Es ist nicht die Geschichte des Verkehrs mit Gott, was die Bibel ist, und deren Fortsetzung, die die Leben der Heiligen sind, sondern die Geschichte der Menschen für sich. Es ist allerdings gut, dass man auch der Menschen ohne Gott noch gedenkt, denn es kann eine Zeit kommen, wo man nur der wirtschaftlichen Verhältnisse und des Fortschritts der Technik gedenken wird ...

Auch das Verhältnis zu den Verstorbenen ist durch den Protestantismus auf das Mindestmaß der Intensität zurückgegangen. Man nimmt Abschied von den Verstorbenen – und überlässt ihr weiteres Schicksal der Gnade Gottes. Kann man aber sicher sein, dass damit alles getan worden ist, womit dem Verstorbenen gedient und geholfen werden kann? *Darf* man sicher sein, dass der Verstorbene nach seinem letzten Atemzug *nicht* mehr braucht oder dass man ihm auf keinerlei Weise mehr behilflich sein kann? Dass das Werk der Barmherzigkeit und Liebe mit der Bestattung der sterblichen Reste beendet ist? Dass der Tod ein Ende ist?

Wie dem auch sei, es ist mehr Barmherzigkeit im Beten für die Verstorbenen als im Nicht-Beten für sie, und es ist mehr

Liebe im beständigen tätigen Üben des Gebets für die Verstorbenen, als wenn man sie ihrem eigenen Schicksal überlassen würde. Es ist eine Verarmung des religiös-moralischen Lebens, wenn das Gebetsleben auf den Kreis der Lebenden allein beschränkt wird.

Aber auch das Gebetsleben, das sich auf die Lebenden allein bezieht, verarmt, wenn man den Grundsatz der Fürbitte verwirft. Wenn wir mit Kain nicht sagen wollen: "Bin ich der Hüter meines Bruders?", sondern das Gegenteil erstreben, nämlich, dass wir Hüter unserer Brüder werden, dann folgt daraus, dass unser Gebet sich zur Fürbitte entwickelt. Die Bedeutung der Fürbitte für Lebende und Tote, für Freunde, Feinde, Abtrünnige, Unbelehrte und Unbelehrbare ist mit besonderer Deutlichkeit aus dem Zwiegespräch des Gottesfreundes Moses mit dem Herrn zu ersehen: Nachdem das Volk Israel abgefallen war und das goldene Kalb angebetet hatte, verkündigte der Herr seinen Beschluss, es zu vernichten und ein neues Volk aus Moses' Nachkommen erstehen zu lassen. Da stellt sich Moses gleichsam vor das Volk vor dem Antlitz des Herrn und schützt es mit seinem eigenen Leben, indem er sagt: "Dann vernichte auch mich zusammen mit dem Volk." Und das Volk wurde, um Moses willen, verschont.

Hierin liegen der Sinn und die praktische Bedeutung der Fürbitte, dass der Eine sich mit dem Anderen identifiziert und im Namen des Anderen betet und handelt. Dieses ist auch der Sinn der Bitte um Fürbitte, z. B. der Bitte: "Heilige Maria, bitte für uns!" Diese Bitte, die so viele Jahrhunderte im Westen und Osten ausgesprochen wurde, hat eine Erfahrung ergeben, die besonders im Osten, im früheren Russland, gepflegt und gefeiert wurde. Sie ist im Bilde des "Mantels der Mutter Gottes"[58] zusammengefasst. Dieser "schützende Mantel" ist die Antwort auf die Bitte um Fürbitte. Er ist das schützende Zelt, in dem sich alle diejenigen sammeln, mit deren Schicksal die himmlische Königin sich identifiziert, der Mantel des himmlischen Mutterherzens ...

Alle diese Dinge gehören zur Gnosis, d.h. der Erkenntnis, die man haben kann, wenn der Verstand kniet. Es ist nicht genug, leiblich zu knien. Es soll auch der Verstand, die Vernunft selbst, knien lernen. Die Vernunft soll nicht ausgeschlossen oder eingeschläfert werden, sondern in wacher Helligkeit vor dem Höheren knien. Sie soll nicht selbst sprechen, sondern schweigend lauschen; nicht ihre eigenen Gedankenformen schaffen, sondern spiegelglatt werden und spiegeln.

Der ursprüngliche und wahre Sinn der Spekulation – von "speculum", Spiegel – war eben der Zustand der spiegelnden Vernunft, der Vernunft, die nicht ein Spinngewebe aus sich selbst webt, sondern lauscht und spiegelt.

Der Zustand der Vernunft, in dem keine Gnosis zustande kommt und der gnosisfeindlich ist, schafft entweder Häresien oder formal-juristisch gehaltene theologische Systeme. Häresien sind Folgen des Mangels der Einsicht in die Mysterien der Liebe; dürre formalistische theologische Systeme sind intellektuelle Kommentare zum Original, das Ergebnis der Versuche der Übersetzung der fremden Gnosis in die Sprache des Intellekts. Das Letztere darf und kann geschehen; denn darin liegt ja die eigentliche Aufgabe der Theologie als Wissenschaft. Aber es darf nur dann geschehen, wenn das Original zuerst nicht intellektuell, sondern gnostisch erkannt worden ist. Hinter der Theologie soll die lebendige Gnosis stehen, und der Theologe soll nicht aus formalen Sätzen formale Schlussforderungen ziehen, sondern er soll seine Schlussfolgerungen aus den von ihm erkannten Wahrheiten auf materiale Weise ziehen.

Das bedeutet aber, dass er nicht die Methode der juristischen Gesetzesauslegung anwenden soll, sondern die

Methode der *Symbolik*. Wie Christus selbst kein Lehrsystem schuf, sondern meistens in Gleichnissen sprach, so soll auch die Theologie ihrem Meister folgen und ihre Gnosis in die Sprache des Intellekts so übersetzen, wie man Symbole deutet. Nur der symbolische Gebrauch des Intellekts wird der höheren Gnosis, die z.B. dem Athanasianischen Glaubensbekenntnis zugrunde liegt, keine Gewalt antun. Ein Beispiel der juristisch-formalen, nicht symbolisch-materialen, Methode in der Theologie findet man in dem "Filioque"-Streit, der dem Schisma der Ostkirche im 11. Jahrhundert einen theologischen Grund lieferte.

Da z. B. im Johannes-Evangelium 14, 26 gesagt ist, dass der Vater "den Tröster, den Heiligen Geist" senden wird, so bestanden die Theologen des griechischen Ostens darauf, dass der Satz des Glaubensbekenntnisses über den Heiligen Geist "et in Spiritum Sanctum, Dominum et vivificantem, qui ex Patre Filioque procedit ..." entsprechend lauten soll: "qui ex Patre procedit", ohne "Filioque." Man beschuldigte den Westen der Häresie, da er den Heiligen Geist nicht aus dem Vater allein, wie es im Johannes-Evangelium ausdrücklich gesagt worden ist, sondern aus dem Vater *und* dem Sohne hervorgehen lässt. Nun, *formal* haben ja die östlichen Theologen Recht, da es im Johannes-Evangelium tatsächlich so gesagt ist und da auch die älteren Fassungen des Glaubensbekenntnisses das Filioque nicht zu enthalten scheinen. Wie steht es aber mit dieser Frage *material*, d.h. inhaltlich?

Dieselbe Rede Christi[59], aus welcher der Satz über das Hervorgehen des Heiligen Geistes stammt, enthält auch die Sätze: "Ich bin im Vater und der Vater ist in Mir", "Wenn ich nicht gehe, so wird der Tröster nicht zu euch kommen; wenn Ich aber gehe, so werde Ich Ihn zu euch senden"; "Alles, was der Vater hat, ist mein" – d.h. Sätze, die die *Einheit* des Vaters und des Sohnes hervorheben. Ja, der Gedanke wird dort ausgesprochen, dass der Sohn zum Vater geht, um den Heiligen Geist zu senden. Wenn er aber zum Vater nicht geht, so wird der Heilige Geist nicht kommen, d.h. der Vater allein wird Ihn nicht senden. Wesentlich ist jedenfalls die Tatsache, dass Vater und Sohn eins sind ("Was Mein ist, ist Dein, und was Dein ist, ist Mein").

Es ist deswegen inhaltlich vollkommen berechtigt zu sagen, dass der Heilige Geist aus dem Vater und dem Sohn hervorgeht, wie es auch berechtigt ist zu sagen, dass Er aus dem Vater hervorgeht. Dieses ist auch der Standpunkt der katholischen Kirche heute: Beide Versionen des Glaubensbekenntnisses gelten gleichzeitig, und die Katholiken des östlichen Ritus gebrauchen das Glaubensbekenntnis ohne "Filioque."

Dieser Streit ist aber an sich insofern bezeichnend, als er einen Konflikt zwischen der Einsicht in das Wesen der Sache und dem Festhalten an der Form des Wortlautes bedeutet. Es handelt sich um einen Fall des Konflikts zwischen einer höheren Gnosis und einer bloßen Schriftgelehrsamkeit.

Was ist Gnosis? Sie ist die tiefere Einsicht, die sich aus der Vertiefung in die Gegenstände des Glaubens ergibt. Das Durchdenken, Durchfühlen und Praktizieren der Gegenstände des Glaubens führt zu der Vertiefung ihrer Auffassung und Einsicht. Es ist die Dimension der Tiefe, in welcher die Gnosis auf dem Boden des Glaubens wächst. So kann man z.B. glauben, dass Gott die Welt geschaffen hat, ohne Einsicht zu haben in die Reihenfolge und die Stufen der Schöpfungsakte, wie sie in der Genesis geschildert werden. Gehen aber die Komposition, der Zusammenhang und der Sinn des Sechstagewerkes im Bewusstsein auf, so entsteht Gnosis. Sie entsteht allerdings nur auf dem Boden des Glaubens, ja, sie *ist* wachsende Glaubensgewissheit, denn wer z.B. die Schöpfungsgeschichte der Genesis bloß literarisch oder bloß historisch oder auch bloß psychologisch nimmt, wird nie zur Einsicht in ihren tieferen Inhalt, zur Gnosis, gelangen.

Glaube ist die Voraussetzung der Gnosis. Er allein ist imstande, jenes Ernstnehmen, jene Konzentration und jene Vertiefung zustande zu bringen, die für die Gnosis notwendig sind. In der Tat, welchen Anlass hätte man, sich viele Jahre in die knappen Sätze des Schöpfungsberichtes der Bibel zu vertiefen, wenn man sie nicht von Anfang an als *wirkliche* Schöpfungsgeschichte aufgefasst hätte?

Aus dem Feuer wird Licht; aus dem Glauben wird Gnosis. Das Feuer aber braucht zum Brennen Luft und Brennstoff. Die Luft, die das Feuer des Glaubens braucht, ist die Freiheit, und der Brennstoff, den es braucht, ist alles in uns, von dem wir erkannt haben, dass es überwunden werden soll. Freiheit und Buße oder freie Buße ist das Element, in dem der Glaube sich entzündet. Niemand und nichts kann den Glauben erzwingen, denn er kann nur in Freiheit und aus Freiheit leben. Und Selbstüberwindung, die Überwindung alles Mechanischen, Automatischen, Gewohnheitsmäßigen am Menschen, ist der Vorgang der Verwandlung des Brennstoffs in Feuer. Und dieses Feuer strahlt Licht. So entsteht Gnosis.

Der Theologe hat mit den tiefsten Dingen zu tun. Wie ist ihm dies möglich, ohne Tiefe durch Vertiefung zu suchen? Wie lang ist der Weg der Vertiefung in den Begriff, die Idee, das Ideal und das Wesen Gottes, der durch die biblischen Namen Gottes als Wegweiser gekennzeichnet ist, der Weg, der durch die "Namen" *Adonai, El Saddai, Yahweh Zebaoth, Elyon, Elohim, El, Ehyeh* zu *Ab*, dem Vater des Neuen Testaments führt? Diese Namen enthalten eine Welt von Gotteserkenntnis, ihre Stufen und Aspekte und sollten für den Theologen mehr bedeuten als nur geschichtlich-sprachwissenschaftliche und ästhetisch-dichterische Probleme. Ist es wirklich Theologie, wenn z. B. in dem dreibändigen Werk in lateinischer Sprache *Synopsis theologiae dogmaticae* von A. Tanquerey S.S., das für den Gebrauch der Seminare bestimmt ist, über die "Namen" Gottes nur das Folgende gesagt ist?

"*El* gilt für den ältesten Namen, den die Semiten dem höchsten Wesen gegeben haben; er wird von den Schreibern der heiligen Schrift öfters in der Form des Plurals, *Elohim*, gebraucht; jedoch folgt daraus nicht, dass die Hebräer ursprünglich Polytheisten waren, denn dieser Name wurde von Eigenschaftswörtern und Tätigkeitswörtern im Singular begleitet. Es handelt sich bei ihm um das *plurale majestativum*, das auf die Mehrzahl der Eigenschaften des göttlichen Wesens hinweist (*indicans in divina essentia multiplicem esse virtutem*) ... Daraus kann mit Wahrscheinlichkeit geschlossen werden, dass *El* und *Elohim* 'den, der mächtig ist' (*eum qui potens est*) bezeichnen. *Eloah* bedeutet nach der Meinung von Einigen dasselbe und stammt von dem arabischen *aliha*, das 'ist erstaunt, von Schaudern ergriffen' (*stupit, pavore perculsus est*) bedeutet, so dass seine Bedeutung 'der Schaudern erregende Herr' (*terribilis Dominus*) wäre. *El-Elyon,* oder einfach *Elyon*, bedeutet dasselbe wie 'der Allerhöchste' (*Altissimus*) und ist der Name, mit dem Melchisedek das Höchste Wesen bezeichnete (Gen. XIV, 18). *El-Schaddai*, der nach Ansicht von Vielen von dem hebräischen Wort *shasah* (eifrig, gewaltig – *vehemens, potens*) stammt, bedeutet 'der Allmächtige' (*Omnipotens*), da Er seine Kraft auf eine außergewöhnliche Art äußert; nach anderen aber stammt dieser Name von *shad* (Brustwarzen – *ubera*) und bezeichnet Fülle oder Fruchtbarkeit.

Jehowah, der, nach der Ansicht der Gelehrten, *Jahweh* oder *Yahweh* auszusprechen ist, wird von dem Stamm *hawah* (er war – *fuit*) abgeleitet, und viele sind der Meinung, dass er das Wesen bezeichnet, dessen charakterliche Eigenschaft das *Sein* (*esse*) ist, das keinen Einschränkungen unterliegt, oder das die

Fülle des Seins besitzt. Jedoch sind mehrere moderne Sachverständige der Meinung, dass *Jahweh* eine hiphilische oder kausative Form sei und dementsprechend 'der das Sein verursacht', oder Schöpfer (*creator*), bedeutet. ... *Adonai* ist gleichbedeutend mit dem 'Herrn' (*Dominus*) und weist auf die Oberherrschaft Gottes (Gen. XV, 2).

Jehowah Sabaoth kommt das erste Mal im 1. Buch der Könige I, 3 vor und wird in der Vulgata als 'Herr der Heerscharen' (*dominus exercituum*) übersetzt. Mit diesem Namen wird Gott als Herr nicht nur der befestigten Stätten Israels, sondern auch der Himmelskörper und der Engel angesprochen ...

Es folgt somit aus dem, was wir von den besonderen Namen Gottes gesagt haben, dass Gott in der Schrift dargestellt wird als *mächtig* (*potens*) und *stark* (*fortis*), mit *vielen Fähigkeiten* begabt in der Einheit seines Wesens; als *höchstes Wesen*, dessen Anblick die Menschen zum *Schaudern* bringt; als den *Allerhöchsten*, dem alle dienen sollen; als dem *Allmächtigen*, dessen Werke die Gesetze der Natur überragen; als das *Wesen,* das die Fülle des Seins besitzt und die *Ursache* des Seins anderer Wesen ist; als der *Herr*, der über die Welt herrscht und sie verwaltet ... der über die *himmlischen Körper* herrscht und die *Engel zu Dienern* hat."[60]

Soweit Tanquerey über die Namen Gottes. Was hier über die Namen Gottes gesagt ist, entspricht genau dem Inhalt, dem Umfang und dem Niveau nach demjenigen, was Sprachwissenschaft und Geschichtsforschung über diesen Gegenstand zusammenfassend zu sagen hätten. Worin besteht hier der eigentliche Beitrag der Theologie? Sollte er nicht darin bestehen, dass auf die philologisch-geschichtliche Vorarbeit eine tiefere Einsicht in das Wesen der Namen Gottes gefolgt wäre?

Hier liegt ein Beispiel aus dem Gebiete der Theologie vor, wo die Notwendigkeit einer über die Wissenschaft hinausgehenden Erkenntnis, einer Gnosis, auf der Hand liegt. Es genügt nicht, die Übersetzung dieser Namen zu kennen und zu wissen, wo und wievielmal sie in der Schrift vorkommen. Denn wenn im Johannes-Evangelium (17,6) gesagt ist: "Ich habe Deinen Namen den Menschen geoffenbart, die Du mir aus der Welt gegeben hast", und ferner (17,26) "Und ich habe ihnen Deinen Namen offenbart und werde ihn offenbaren, auf dass die Liebe, mit der Du Mich liebst, in ihnen sei und Ich in ihnen", so handelt es sich offenbar nicht um einen "Namen", der philologisch-geschichtlich erklärt werden kann, sondern um eine neue Stufe der Gottesoffenbarung und der Erkenntnis dieser Offenbarung, d.h. um eine höhere Gnosis. Und wie der Name, von dem im Johannes-Evangelium die Rede ist, die Bedeutung von Offenbarung und Erkenntnis des göttlichen Wesens hat, so haben auch die anderen Namen, die in der Bibel vorkommen, eine ähnliche Bedeutung. So ernst wurde z.B. das Tetragrammaton, der heilige Name YHWH (Jahwe), im Alten Testament genommen, dass er nicht ausgesprochen werden durfte, worin auch der Grund dafür liegt, dass die Art seines Aussprechens bis heute nur vermutet, aber nicht gewusst wird. Denn die vokalischen Zeichen, die für den göttlichen Namen YHWH in der masoretischen Bibel gesetzt wurden, die zu der Lesart "Jehowa" führte, sind die vokalischen Zeichen für den Namen *Adonai*, der "Herr", welcher Name überall da ausgesprochen wurde, wo YHWH geschrieben stand.

Ein anderes Beispiel der Heiligkeit und des Offenbarungswertes des göttlichen Namens im Alten Testament sind die besonderen Umstände, unter welchen der göttliche Name "Ich bin der Ich-bin" (Exodus III, 14) im brennenden Dornbusch Moses offenbart wurde. Der französische Philosoph Étienne Gilson hat die Bedeutung dieses Ereignisses in der Geistesgeschichte der Menschheit so hoch eingeschätzt, dass er es in seinem Werk[61] zum Grundsatz der gesamten künftigen christlichen Philosophie erklärte: "[...] et c'est l'Exode qui pose le principe auquel la philosophie chrétienne tout entière sera désormais suspendue. A partir de ce moment, il est entendu une fois pour toutes que l'être est le nom propre de Dieu et que ... ce nom designe son essence même."[62] In der Tat wurde der Name "Ego sum qui sum" vom hl. Ephraim von Nisibis (363 n. Chr.), dem hl. Gregorius von Nazianz, dem hl. Gregorius von Nyssa, dem hl. Cyrillus von Alexandrien und später dem hl. Hilarius von Poitiers, dem hl. Thomas von Aquino[63] und dem hl. Bonaventura,[64] also während einer tausendjährigen Zeitspanne, als der höchste Name Gottes betrachtet. Auch in der jüdischen Kabbala wurde diesem Namen die höchste Stelle, die Stelle der "Krone" (*Kether*), unter den zehn Namen Gottes eingeräumt.

Alle diese Kirchenväter, Kirchenlehrer und Kabbalisten (z.B. Isaak Luria und Chaim Vital im 14. Jahrhundert[65]), wie auch Étienne Gilson heute, betrachteten den Namen Gottes "Ich bin der Ich-bin" nicht als ein philologisches Problem, sondern als Meditationsstoff für eine tiefere Einsicht, Gnosis, in das Wesen Gottes. Auch die anderen biblischen Namen Gottes verdienen dasselbe Maß der Aufmerksamkeit, wie sie dem Namen "Ich bin der Ich-bin" zuteil wurde, und sollten als Meditationsstoff für jeden ernsten Theologen dienen. Denn Theologie hat Gott im Mittelpunkt ihres Gesamtanliegens, und der höchste Gegenstand stellt auch die höchsten Forderungen an die Menschen, die sich mit ihm befassen. Diesen Forderungen kann man aber nicht gerecht werden, wenn man über die philologisch-historischen, juristischen und psychologischen Bemühungen nicht hinausgeht. Wenn man aber über sie hinausgeht, so macht man den Schritt von der Wissenschaft zur Gnosis.

Wo liegt aber die genaue Grenze zwischen Theologie, Philosophie bzw. Religionsphilosophie, Mystik und Gnosis?

Wo ist z.B. St. Thomas von Aquino Theologe und wo Philosoph? Ist Meister Eckhart nur Mystiker und überhaupt kein Theologe und kein Philosoph? Oder ist er Gnostiker? Ist der "Existentialphilosoph" Nikolai Berdjajeff,[66] der den hl. Augustin und Blaise Pascal wohl für echte Existentialphilosophen und Heidegger und Jaspers nicht für Vertreter der Existentialphilosophie hielt, ein Gnostiker, da er vom Ungrund des Nichts, aus dem die Freiheit und das Böse stammen, spricht, oder ein Religionsphilosoph, da er über Gott, Schöpfung, Freiheit, Unsterblichkeit, Himmel und Hölle viel gesagt hat? Oder auch ein Theologe, da ja alle diese Fragen zum Gebiet der Theologie gehören?

Ich schlage vor, sich um die Fragen der Klassifizierung der Menschen, die sich mit metaphysischen Dingen beschäftigen, nicht zu kümmern. Denn jeder Mensch, der "nicht von Brot allein leben kann", ist grundsätzlich sowohl Philosoph als auch Theologe, Mystiker und Gnostiker zugleich. Jedes Gebet ist praktische "Mystik" des Verkehrs mit Gott, jede Einsicht in das Wesen dieses Verkehrs ist "Gnosis", und alle Gedanken, die man sich darüber macht, indem man sich an die überlieferte Lehre der Kirche hält, sind "Theologie", und wenn man sich dabei nicht an die Lehre der Kirche hält, so sind sie "Philosophie."

Viele Menschen, die nach außen als ausgesprochene Philosophen" oder "Theologen" usw. auftreten, treiben im Geheimen gleichzeitig Mystik und Gnosis. Man darf nie vergessen, dass selbst Sir Isaac Newton Kommentare zur Apokalypse geschrieben hat.[67]

Da es sich hier um die Wege zur persönlichen Gewissheit, ob geheime oder öffentlich vertretene, in den metaphysischen Fragen, die der Religion, Theologie, Philosophie, Mystik und Gnosis gemeinsam sind, also *Fragen des Menschen* sind, handelt, so mag es erlaubt sein, die Vertreter aller dieser

Richtungen als überzeugte *Menschen* zu betrachten und sie als solche zu Rate zu ziehen. Wenn deswegen oben gesagt wurde, dass ein Theologe, der die "göttlichen Namen" als Meditationsstoff nimmt, damit einen Schritt "von der Wissenschaft zur Gnosis" macht, so ist damit keineswegs gemeint, dass er dadurch der Aufgabe und Methode der Theologie untreu wird. Es kommt in ihm, als *Mensch*, nur die Tätigkeit einer Schicht des Bewusstseins hinzu, die *ihm persönlich* vielleicht eine große Bereicherung und erhöhte Gewissheit bringen kann, aber in der Theologie zunächst vielleicht in wenigen knappen Sätzen ihren Ausdruck finden wird.

So kann es z. B. sein, dass ein Theologe, der die "göttlichen Namen" zum Meditationsstoff gemacht hat und in ihnen eine Welt von Inhalt *für sich* gefunden hat, daraus nur zwei methodologisch und disziplinär berechtigte Konsequenzen für seine nach außen gerichtete theologische Arbeit ziehen wird: er wird die "göttlichen Namen" in einer bestimmten Reihenfolge geben, die zwar wesentlich, begründet, aber formal gleichgültig ist, und wird ihr die Empfehlung, die ja theologisch leicht zu begründen ist, folgen lassen, diese Namen als Meditationsstoff zu nehmen. Dies wird wohl als ein nur geringer Beitrag zur Theologie erscheinen, aber seine Bedeutung kann kaum eingeschätzt werden, wenn man bedenkt, dass eine wesentlich begründete Reihenfolge der "göttlichen Namen" eine anregend-weckende Wirkung ausüben kann und dass der Gebrauch der "göttlichen Namen" als Meditationsstoff dazu führen kann, dass der Meditierende über den ersten Wortsinn dieser Namen hinausgeht und in der Richtung seines Vertiefens fortschreitet. Dies bedeutet aber, dass er die "göttlichen Namen" als Symbole, als "gedankliche Ikonographie" Gottes, nimmt. Damit öffnet sich aber für ihn der Anfang eines Weges der stets steigenden persönlichen Gewissheit, dessen Ende wohl kaum absehbar ist.

Eine vertiefende Arbeit an den "Namen Gottes" als Symbolen oder "gedanklichen Ikonen" Gottes wurde in der Vergangenheit wahrscheinlich vielmals unternommen und geleistet. Mir ist ein Beispiel einer solchen Arbeit aus der Vergangenheit bekannt, das, abgesehen von seinem Anregungswert und gnostischen Gehalt, hier gute Dienste für die Zwecke einer weiteren Veranschaulichung der Arbeit mit und an Symbolen für die Zwecke der *persönlichen* Vertiefung – denn der Anspruch auf Wissenschaftlichkeit, d.h. Allgemeingültigkeit und zwingende Notwendigkeit, der Methode ist der Symbolik fremd – schlechthin und der Arbeit mit und an den "göttlichen Namen" im besonderen leisten kann. Es ist der "Baum der Sephiroth" der Kabbala.

Da die zehn "göttlichen Namen" im organischen Zusammenhang mit dem Gesamtkreis der Symbolik der Kabbala stehen, wird es wohl nicht anders möglich sein, als diesem Gegenstand ein eigenes Kapitel zu widmen.

VI. Der Baum der Sephiroth und die Namen Gottes

Während die Tempel Ägyptens, Mesopotamiens, Phöniziens und Griechenlands Stätten waren, wo Bilder und Standbilder der Götter gesehen und verehrt wurden, war der Tempel in Jerusalem die Stätte, wo der unsichtbare Gott, ohne Bild und Gestalt, verehrt wurde. Stattdessen wurde im Allerheiligsten des Tempels eine Rolle, die das *geschriebene Wort* des Gottes enthielt, aufbewahrt und bei feierlichen Gelegenheiten hervorgeholt und vorgelesen.

Das geschriebene Wort ersetzte für das alte israelitische Volk die heiligen Bilder und Gestalten der Nachbarvölker. Das Erhabene, das Göttliche, lernte es im *Wort*, nicht in Bild und Gestalt, verehren. *Namen* wurden ihm zu heiligen

Symbolen, so wie Standbilder die heiligen Symbole der sogenannten "Heiden" waren.

Die vorbereitenden vierzig Jahre der Wanderung in der Wüste bedeuteten mehr als den bloßen Verzicht auf die Vorzüge des sesshaften Lebens: sie waren gleichzeitig die Zeit der "Wüstenwanderung" im Sinne der Abwesenheit von Kultstätten, Tempeln, Festlichkeiten und Götterbildern, oder, mit anderen Worten, der Vorgang des Brechens mit dem gesamten Lebensstil Ägyptens. Dass es nicht leicht war, ist aus der Tatsache des Rückfalls in die Verehrung des "goldenen Kalbs" zu ersehen.

Das Ergebnis der von Moses begonnenen und von den Richtern und Propheten fortgesetzten Zucht des israelitischen Volkes in der Richtung der Undarstellbarkeit und der Unvorstellbarkeit Gottes war eine umso stärkere Konzentration der Aufmerksamkeit auf das Wort, und zwar das geschriebene Wort der heiligen Schrift. Diese Konzentration auf das geschriebene Wort war die Vorbedingung und der Boden, auf dem sich einerseits eine bis in die kleinsten Einzelheiten gehende "Schriftgelehrsamkeit" entwickelte, andererseits aber auch der Boden, auf dem die gnostisch-mystische Vertiefung in das geschriebene Wort der Schrift, die Kabbala, entstand und wuchs.

Das *wörtliche* Interpretieren der Schrift führte zu der Entwicklung der Schriftgelehrsamkeit, die später zu dem sog. "Talmudismus" wurde; die *symbolische* Auslegung der Schrift führte zu der Entwickung der Kabbala, die z.B. noch vor kurzer Zeit eine führende Rolle im Geistesleben der in Osteuropa weit verbreiteten religiösen Gemeinschaften der Chassidim[68] spielte.

Die Kabbala, oder richtiger transkribiert: Qabbalah, ist allgemein bekannt als "die jüdische Geheimlehre." Diese Vorstellung von der Qabbalah ist gleichzeitig richtig und falsch. Sie ist insofern richtig, als sie durch viele Jahrhunderte – die

Sepher Yetzirah, das *Buch der Gestaltung*, der Kabbalisten wird schon im Talmud, also spätestens im 5. Jahrhundert nach Chr., zitiert – innerhalb des religiösen Judentums auf eine unauffällige Weise gepflegt und überliefert wurde. Falsch ist aber diese Vorstellung, insofern unter "Geheimlehre" "geheim gehaltene" oder "verheimlichte" Lehre verstanden wird. Das "Geheime" an dieser "Geheimlehre" bestand und besteht darin, dass sie nicht allgemeingültiges System, das die orthodoxe Religion des Judentums ersetzen sollte, werden wollte, sondern sich an Persönlichkeiten wandte. Sie hatte nichts, was sie den Persönlichkeiten vorenthielt. Aber sie wollte nicht "Gesetz" werden, das nicht die Persönlichkeit, sondern die Gemeinschaft, das Kollektivum, zum Adressaten hat. Ihr Adressat ist die Persönlichkeit, die solche Bedürfnisse hat, die sie befriedigen kann oder zu können glaubt. Angelegenheiten der Persönlichkeit sind aber an sich nicht "geheim", sondern *intim*. In diesem Sinne wäre es richtiger, die Qabbalah nicht als eine Geheimlehre, sondern als eine *intime* Lehre zu bezeichnen.

Teil 3

Tomberg und der Buddhismus

Volker Zotz

Tomberg und der Buddhismus

Volker Zotz

"Der Grundgedanke des Buddhismus ist der Erbfeind jedes höheren Geisteslebens. Es keimt und wuchert in ihm Zerstörung alles dessen, wodurch das alte Indien sich einen ruhmwürdigen Platz in der kulturellen Entwicklung des östlichen Asien erworben hat. In seinem chaotischen und widerspruchsvollen Wesen ist der Buddhismus nur das Siegeszeichen einer zerstörenden Macht, die Trophäe eines farb- und kraftlosen Indifferentismus, der nicht entwickelnd und weiterbildend, sondern verneinend und austilgend in ein reiches Geistesleben eingegriffen hat."[1]

Dieses vernichtende Urteil, das der Jesuit Joseph Dahlmann 1898 über die erste universelle Religion der Menschheit fällte, stand in langer Tradition. Seit sein Ordensbruder Matteo Ricci im 16. Jahrhundert in China wirkte, galt der vermeintlich nihilistische Buddhismus, der von der Leerheit (*śūnyatā*) und dem Erlöschen (*nirvāṇa*) des Wesens sprach, als gefährlicher Irrweg. Sogar in Gestalt des *Mahāyāna*, das die Hingabe an höhere Wesen lehrt, blieb er suspekt. Bei seiner Reise nach Japan erschien Franz Xavier 1552 der dort verehrte Buddha Amida als übler Dämon, den Gebete abendländischer Christen überwinden helfen sollten.[2]

Der gebildeten Öffentlichkeit im Westen trat der Buddhismus um 1850 ins Bewusstsein. Dass man ein die Kulturen und Nationen übergreifendes Phänomen mit entwickelter Philosophie, Kultus und Klosterwesen vor sich sah, dessen historische Bedeutung sich mit dem Christentum messen konnte, provozierte unterschiedliche Reaktionen.[3] Schopenhauer und Eduard von Hartmann erwarteten heilsame Impulse. Nietzsche dachte an einen europäischen Buddhismus als Mittel zur Überwindung des Christentums. Seit 1875 verbreitete die Theosophische Gesellschaft buddhistische Gedanken im Bürgertum, und Organisationen wie der 1903 gegründete "Buddhistische Missionsverein für Deutschland" sammelten Konvertiten. Doch blieb ein solches Ernstnehmen bis in die siebziger Jahre des 20. Jahrhunderts die Sache von Außenseitern.

Zuvor überwog die Ablehnung. Nach Hegels einflussreicher Auffassung durften die Religionen des Ostens zwar als frühes Dämmern des Geistes gelten, doch gewann man erst im Westen, wo "die innere Sonne des Selbstbewußtseins aufging", subjektive Freiheit.[4] Der Historiker Karl Friedrich Koeppen, ein Schüler Hegels und Freund von Karl Marx, ließ 1857 in einer wirkungsvollen Darstellung den Buddhismus als Religion erscheinen, die "das Nichts für das Wesen aller Dinge und für das höchste Gut erklärt."[5] Der Buddha Gautama galt als Lehrer der Verneinung, der für ein Abendland, das sich in seinen idealistischen wie materialistischen Tendenzen mehrheitlich positiv zu Welt und Dasein stellte, keine Relevanz hätte.

In einem solchen Klima hielten auch viele Theologen lange an Wertungen wie jener Dahlmanns fest. Ein weiter Weg war zurückzulegen, bis das Zweite Vatikanische Konzil feststellte: "In den verschiedenen Formen des Buddhismus wird das radikale Ungenügen der veränderlichen Welt anerkannt und ein Weg gelehrt, auf dem die Menschen mit frommem und vertrauendem Sinn entweder den Zustand vollkommener Befreiung zu erreichen oder – sei es durch eigene Bemühung, sei es vermittels höherer Hilfe – zur höchsten Erleuchtung zu gelangen vermögen." Die Erklärung *Nostra aetate* (1965), die diese Aussage enthält, sagt im Hinblick auf Buddhismus und Hinduismus: "Die katholische Kirche lehnt nichts von alledem ab, was in diesen Religionen wahr und heilig ist."

War das Aufgeben der pauschalen Vorbehalte ein bedeutender Schritt, blieben die Sphären des Christentums und des

Buddhismus auch für *Nostra aetate* deutlich getrennt. Sogar wenn Lehren des Buddhismus "nicht selten einen Strahl jener Wahrheit erkennen lassen, die alle Menschen erleuchtet", blieb doch klar, dass es allein Christus wäre, "in dem die Menschen die Fülle des religiösen Lebens finden, in dem Gott alles mit sich versöhnt hat."

Schon Jahre vor dem Konzil dachte ein wegweisender Theologe erheblich weiter. Romano Guardini (1885-1968) wollte den Stifter des Buddhismus in die Sphäre des Christlichen eintreten lassen: "Vielleicht hat Christus nicht nur einen Vorläufer aus dem alten Testament gehabt, sondern auch einen aus dem Herzen der antiken Kultur, Sokrates, und einen dritten, der das letzte Wort östlich-religiöser Erkenntnis und Überwindung gesprochen hat, Buddha."[6]

Die von Sokrates ausgehende Tradition hatte mit der theologischen Rezeption antiker Philosophie spätestens seit den Kirchenvätern eine Vorläuferstellung für das Wirken Christi erhalten, zu dessen Verständnis sie herangezogen wurde. Johannes Paul II. deutete 1998 in der Enzyklika *Fides et ratio* an, wie dies in Zukunft gleichfalls für das gelten sollte, was man durch Jahrtausende in Asien leistete. Die Kirche dürfe sich zwar in der Begegnung mit den großen Kulturen der Erde "nicht von dem trennen, was sie sich durch die Inkulturation ins griechisch-lateinische Denken angeeignet hat. Der Verzicht auf ein solches Erbe würde dem Vorsehungsplan Gottes zuwiderlaufen, der seine Kirche die Straßen der Zeit und der Geschichte entlangführt." Doch dieses Kriterium der Vorsehung gilt, so der Papst mit einem Blick auf Indien, China und Japan, "auch für die Kirche von morgen, die sich durch die in der heutigen Annäherung an die orientalischen Kulturen gewonnenen Errungenschaften bereichert fühlen wird."[7] Dieser Prozess zielt demnach darauf, dass die Kirche im Hinblick auf die Vielfalt der Kulturen der Erde zunehmend *katholisch* wird, also im Sinn des Wortes "das Ganze betrifft."

Ein Denker, der gleich Guardini bereits vor *Nostra aetate* über den Buddha als Vorläufer Jesu Christi reflektierte, war Valentin Tomberg. Schon vier Jahrzehnte vor den Gedanken Johannes Pauls II. in *Fides et ratio* hielt Tomberg 1956 eine "neue Erweiterung der Theologie, ähnlich der, die im 13. Jahrhundert geschah", für "unvermeidlich. Die Weisheit der drei Weisen aus dem Morgenland kann ebenso wenig ignoriert werden, wie Aristoteles und Plato damals ignoriert werden konnten." Zunehmend würden Menschen "das Vorhandensein dieser Weisheit nicht nur ahnen und spüren, sondern auch ihre Wesenszüge nach und nach entdecken und erkennen." Darum wollte Tomberg die "Fundgruben des mittleren Ostens, Indiens und Chinas" auch von der Theologie geschätzt und rezipiert wissen: "Die großen Ideen der moralischen Weltordnung Indiens, Karma und Dharma, das moralische Gesetz in der Welt und das moralische Gesetz im Menscheninnern, können nicht bloß deswegen von der Hand gewiesen werden, weil sie in der Bibel nicht ausgesprochen formuliert worden sind."[8]

Tomberg, der Hans Urs von Balthasar als "christlicher Denker und Beter von bezwingender Lauterkeit"[9] galt, hatte vor dieser Forderung nach einer erweiterten Theologie einen reichen geistigen Weg durchlaufen. Von einer evangelischen Kindheit über tiefe Begegnungen mit der russisch-orthodoxen Kirche und das Studium der Hermetik, über die Theosophie und die Anthroposophie Rudolf Steiners fand Tomberg in den vierziger Jahren zum Katholizismus.

Durch verschiedene Stadien dieses Weges setzte Tomberg sich mit Motiven der buddhistischen Tradition auseinander. Da er seine vielschichtige Beziehung zu dieser nirgends systematisch darstellte, zieht folgende Untersuchung charakteristische Aussagen unterschiedlicher Zeiten heran. Dass man sich derart auf das Gesamtschaffen beziehen und Tombergs Entwicklungen im Überblick ausblenden darf, erlaubt eine durch alle Werkphasen beachtliche Konsistenz im Behandeln buddhistischer Motive.[10]

Der Katholik Tomberg knüpft im Nachdenken über den Buddha an Inhalten wie Methoden Rudolf Steiners an[11] und integriert problemlos Aussagen anthroposophischer Vorträge der dreißiger Jahre in seine Arbeit.[12] Einerseits ermöglichte der vormalige, Theosoph, Hermetiker, Anthroposoph und orthodoxe Christ dem späteren Katholiken eine breitere Perspektive beim Blick auf die Religionsgeschichte, als diese in der Kirche seiner Zeit vorherrschte.

Andererseits ergänzen, was den Buddhismus betrifft, Äußerungen der katholischen und der früheren Werkphase einander zu einem organischen Ganzen. Als zentrale Motive finden sich die Beziehung des Buddhismus zum Christentum, die Rollen des Buddha Gautama wie des künftigen Buddha Maitreya, Fragen der Praxis, das Erwachen (*bodhi*) und das *Nirvāṇa*.

In entsprechenden Texten argumentiert Tomberg nicht wie ein akademischer Philosoph oder Theologe. Lagen ihm, wie seine Studien zur Rechtsphilosophie[13] erweisen, abstraktes Formulieren und folgerichtiges Beweisführen keinesfalls fremd, sprach und schrieb er zu spirituellen Themen aus einem unmittelbaren inneren Erleben. Weil Hörer seiner Vorträge und Leser seiner Werke nachvollziehend an seinen Reflexionen teilhaben sollten, bauen Texte oft auf Schauungen auf und widmen sich der Interpretation von Symbolen, wodurch sie mehr zur Kontemplation anregen als den Verstand überzeugen wollen.

Tombergs Quellen zum Buddhismus

Die literarischen Quellen, die Tombergs Visionen und Intuitionen im Hinblick auf den Buddhismus als Anregungen und Ausgangspunkte dienten, liegen nicht offen. Obwohl er gerade im späteren Werk vereinzelt Literaturverweise zu indischen Traditionen gibt, etwa auf Texte Śaṅkaras und Sri Aurobindos, fehlen solche regelmäßig, wenn es um Buddhistisches geht. Der Autor spricht hier – sei es demonstrativ oder unbeabsichtigt – aus eigener Autorität. Dennoch kann weitgehend auf seine Lektüre geschlossen werden.

In seiner frühen Zeit in Russland kam Tomberg durch Kontakte zu hermetischen Kreisen und entsprechende Literatur mit einzelnen buddhistischen Ideen in Berührung. Er wies später mit Bezug auf die französischen Hermetiker Gérard Encausse (Papus) und Paul Sédir darauf hin, wie diese unter anderem über die Beschäftigung mit dem Buddhismus zum tieferen Verständnis des Christentums fortschritten.[14] Jene Autoren waren in ihren Vorstellungen von asiatischer Spiritualität ihrerseits oft von Helena Petrowna Blavatsky beeinflusst. Im umfangreichen Werk dieser Gründerin der Theosophischen Gesellschaft las auch Tomberg ausgiebig, was zahlreiche Bezugnahmen belegen.

Blavatsky, die vorgab, ihr Wissen buddhistischen Meistern Tibets zu verdanken, führte alle großen Religionen auf einen "prähistorischen Buddhismus" zurück. Auch das Christentum hätte in einer "ursprünglichen Reinheit" vor Jesus bereits der Buddha Gautama gelehrt.[15] Blavatskys Werk konnte zwar schon vor der historischen und philologischen Wissenschaft ihrer Epoche nicht bestehen. Doch regte es viele an, sich mit den Religionen Asiens zu beschäftigen und über subtilere Zusammenhänge im Geistesleben der Kulturen nachzudenken. Unter den von Blavatsky Inspirierten finden sich bedeutende

Literaten wie Maler des Fin-de-Siècle und der Moderne. Unter anderen verdankten William Butler Yeats, Piet Mondrian, Wassily Kandinsky und Nicholas Roerich ihrem Werk wesentliche Impulse.

Mit Roerichs in einschlägigen Kreisen Russlands viel diskutierten Ideen, in denen buddhistische Inhalte eine Rolle spielen, muss Tomberg gut vertraut gewesen sein. Schon in den zwanziger Jahren bereiste der Maler und Autor Roerich Indien und Zentralasien. In seinen Werken fließen slawische und asiatische Spiritualität zusammen. Allein die Titel zweier 1932 entstandener Gemälde Roerichs, *Maitreya* und *Die heilige Sophia – die Weisheit des Allmächtigen*,[16] erweisen beispielhaft, wie Tomberg und Roerich sich gleicher Bilder bedienten und sich in verwandten geistigen Sphären bewegten. Die wesentliche Differenz wird durch Tombergs Kritik deutlich, Roerich würde das christliche Selbstverständnis Osteuropas aufgeben, indem er es asiatischen Impulsen zu weit öffnen will.[17]

Von zentralem Einfluss auf Tombergs Auffassung vom Buddhismus war der gleichfalls von Blavatsky beeinflusste Rudolf Steiner. Wie immer man im Einzelnen zu den Erkenntnissen aus "höheren Welten" und der vom Verständnis der großen Kirchen abweichenden Christologie des Gründers der Anthroposophie stehen mag, ist zu erkennen, dass er zu den ersten gehörte, die den Buddhismus ernst nahmen, ohne ein explizit christliches Selbstverständnis aufzugeben. Steiner sah Christentum und Buddhismus "zusammenfließen im Geistigen"[18] und wie "der Buddha und der Christus selber sich in unseren Herzen vereinigen.[19]

Der Buddha Gautama galt Steiner als ein wesentlicher Vorbereiter Christi, allerdings kritisierte er buddhistische Lehren insofern, als diese das Ich relativieren.[20] War Steiners Bild wesentlich von Informationen über den älteren

Buddhismus geprägt, nahm Tomberg im Lauf seiner Auseinandersetzung stärker die spätere Entwicklung des *Mahāyāna* wahr.

Der Indologe und Anthroposoph Hermann Beckh übertrug Ideen Steiners auf seine Sicht des Buddhismus. Tomberg schätzte in seiner frühen Phase christologische Arbeiten Beckhs und scheint dessen buddhismuskundliche Schriften konsultiert zu haben.[21] Für Beckh weist Gautama als Verkünder der Idee des vom Menschen zu gehenden geistigen Weges auf Christus hin, der von sich sagt: "Ich bin der Weg." Der vermeintliche Nihilismus im Ruf nach "Auslöschung" erscheint dabei nicht als Defizit, ging es doch um ein Überwinden der Realität nach dem Sündenfall. Nach diesem konnte der Buddha nicht mehr und noch nicht vom wahren Wesen des Menschen reden, weil das "verlorene Ich erst in Christus wieder da war."[22]

In Tombergs Nachlass fanden sich Bücher Asienreisender, die buddhistischer Spiritualität unmittelbar begegneten. Hans Hasso von Veltheim-Ostrau dürfte sein Verständnis des *Nirvāṇa*, Alexandra David-Néel sein positives Bild vom religiösen Tibet beeinflusst haben.[23]

Neben Sekundärliteratur las Tomberg klassische Quellen zum Buddhismus in europäischen Sprachen. An Übersetzungen von Pāli-Texten kannte er zumindest die Dichtung *Dhammapada*[24] und das Buch *Dīghanikāya*. Schon in den dreißiger Jahren zitierte er aus dieser Sammlung langer Reden Gautamas – ohne den Text zu bezeichnen – einen Satz des *Cakkavatisihanādasutta* zur Prophezeiung des Buddha Maitreya. Die Stelle war ihm so wichtig, dass er offenbar mehrere Übersetzungen[25] konsultierte, um eine eigene Formulierung zu finden. In den fünfziger Jahren zog er *Dīghanikāya* zum Verständnis des Wesens eines Buddha heran.[26] Aus der Philosophie des *Mahāyāna* erwähnt Tomberg das

Māhaprajñāparamitopadeśa,[27] ein dem Philosophen Nāgārjuna zugeschriebenes Werk.

Trotz seines beständigen Interesses am Buddhismus gehört die Behauptung, dass Tomberg Sanskrit lesen konnte, ins Reich der Legende.[28] Dies erweisen Inkonsistenzen in der von ihm verwendeten indischen Terminologie und der Umstand, dass er offenbar nicht zwischen Sanskrit- und Pāli-Wörtern zu unterscheiden wusste. Dass er das Buch *Dzyan*, ein erfindungsreicher Kunstgriff der Frau Blavatsky, für eine authentische Quelle halten konnte, zeigt gleichfalls, dass er keine Kenntnisse asiatischer Philologie besaß.[29]

Buddhismus und Christentum
– eine "nachtseitige Beziehung"

Der Buddhismus ist für Tomberg "die Religion des Humanismus schlechthin"[30], das Erhabenste, was die Geistesgeschichte ohne unmittelbares Wirken der Offenbarung hervorbrachte. Die sich im Buddhismus manifestierende menschliche Vorleistung war notwendig, damit sich mit dem Christentum "der kosmische Akt der Wiederherstellung der gefallenen Welt" vollziehen konnte. Was gewöhnlicher Perspektive als historisch getrennte religiöse Traditionen erscheint, hängt für Tomberg im Rahmen einer umfassenden Heilsgeschichte zusammen, die in Christi Erdenwirken ihren erlösenden Höhepunkt findet.

Die Welt nach dem Sündenfall erschien als Kreislauf sinnlosen Werdens und Vergehens, wie das *Alte Testament* dies ausdrückt: "Was geschehen ist, wird wieder geschehen, was man getan hat, wird man wieder tun: Es gibt nichts Neues unter der Sonne."[31] Tomberg findet eine Variante dieser Erfahrung in der buddhistischen Lehre vom Rad der Wiedergeburten, dem steten Wandern (*saṃsāra*). Gautamas

Versuch, diesen aussichtslosen und leidvollen Zirkel zu beenden, also der individuelle Wunsch nach Befreiung, musste als menschlicher Anteil zum göttlichen Angebot der Erlösung treten, damit die "gefallene Welt von innen aus umgewandelt wird durch die Ausstrahlung des inkarnierten Wortes (Jesus Christus)."[32]

Tomberg sieht dieses Wirken Gautamas in einen Prozess des Durchbrechens der geschlossenen Welt zum Transzendenten eingebettet. Religiöse Sehnsüchte sowie Propheten, die Weisungen aus geistigen Sphären empfingen, ließen zuerst die Möglichkeit einer Öffnung ahnen. Der Aus- und Eingang der höheren Welt wurde Realität, indem Wesen geistiger Hierarchien, die Tomberg mit indischem Terminus als *Avatāra* bezeichnet, von oben abstiegen und Buddhas von unten am Überwinden des Kreislaufs arbeiteten.

Wie in der umfassenderen Heilsgeschichte schon Gautama das Kommen Christi vorbereitete, interagieren in der Folge Buddhismus und Christentum als historische Strömungen. Es geht Tomberg dabei nicht um seit dem 19. Jahrhundert erwogene gegenseitige Einflüsse, auch wenn entsprechende Diskussionen ihn inspiriert haben mögen.[33] In seiner Geschichtsbetrachtung, umfassen die Entwicklungen auf der Erde zwei Aspekte, "wobei die Tagseite der Geschichte die Tatsächlichkeit des Gewordenen und ihre Nachtseite die Tätigkeit des Werdens umfaßt."[34] Diese Nachtseite entspricht Tomberg zufolge im Werdegang der Menschheit dem, was beim Einzelnen als Unbewusstes gilt. Es ist der direkten Wahrnehmung unzugänglich und wirkt doch stark auf die erfahrene Wirklichkeit.

In der nachtseitigen "Tätigkeit des Werdens", dem Gestaltungsprozess des Geistes, findet dauernd ein Dialog der Religionen statt. Eine christliche Einwirkung auf den Buddhismus sieht Tomberg dabei im Entstehen des

Mahāyāna. In den ersten eineinhalb Jahrhunderten nach Christus vollzog sich im indischen Buddhismus ein Umpolen des Ziels. Bislang war es darum gegangen, sich als Einzelner von der Welt zu lösen, um so bald wie möglich zum Erlöschen (*nirvāṇa*) zu kommen. Nun wollte man möglichst lange in der Welt bleiben, um anderen zu helfen. Bindung trat als Leitmotiv an die Stelle der Loslösung. Obgleich es für das Entstehen des *Mahāyāna* viele aus der Entfaltung des Buddhismus und seinem Umfeld erklärbare Gründe gibt,[35] bleibt es ein eigentümliches Phänomen, wie sich eine Lehre quasi organisch ins Gegenteil wendete. Für Tomberg zeigt sich hier eine nachtseitige Wirkung der Botschaft Christi:

"So geschah es, daß, als das Evangelium am hellichten Tage in den Ländern rings um das Mittelmeer gepredigt wurde, die nächtlichen Strahlen des Evangeliums eine tiefe Wandlung des Buddhismus bewirkten. Da trat an die Stelle des Ideals der individuellen Befreiung durch den Eintritt in den Zustand des Nirwana das Ideal des Verzichtes auf das Nirwana aus Erbarmen mit der leidenden Menschheit. Das Ideal des Mahayana, des Großen Fahrzeuges, erlebte damals seinen strahlenden Aufgang am Himmel der moralischen Werte Asiens."[36]

Damit gilt das *Mahāyāna* als in die Sphäre christlicher Wahrheit erhobener Buddhismus. Bedeutet Christi Erscheinen eine Wirklichkeit für die ganze Erde, konnte auch die älteste universale Religion nicht dieselbe bleiben. Umgekehrt wirkte der Buddhismus auf die Gestalt des Christentums. Die Bewegung der Wüstenväter, die sich später in jener der Klöster und Orden fortpflanzte, erkennt Tomberg als "Auferstehung des indisch-buddhistischen Eremitentums innerhalb der christlichen Lebenssphäre." Diese Auferstehung vollzieht sich in "verklärter Gestalt", indem "das Ideal der Selbsterlösung von der Welt zum Ideal der Erlösung der

Welt wurde, das Streben nach dem Zustand der ewigen Ruhe des Nirwana zum Streben nach der Einheit mit dem lebendigen Gott."[37]

Man mag an Tombergs Auffassung der nachtseitigen Interaktion zweier Religionen bemängeln, dass sie für angesprochene buddhistische Motive im Christentum und christliche im Buddhismus weder Erklärung im Bereich des Kausalen und Faktischen liefert, noch Argumente im Sinn einer inklusivistischen oder pluralistischen Theologie entwickelt. Doch geht es ihm um den Verweis auf das Geheimnis. Dass der Buddhismus in Gottes Plänen mit der Menschheit eine heilswirksame Rolle spielt, will Tomberg nicht nur vage anerkennen, sondern am konkreten Beispiel von *Mahāyāna* und christlichem Mönchtum bejahen. Doch gilt Gottes Wirken keinesfalls als durchschaut. Tomberg bewegt sich in jene Richtung, die Benedikt XVI. im Hinblick auf eine Theologie der Religionen fragend andeutete: "Müssen wir unbedingt eine Theorie erfinden, wie Gott retten kann, ohne der Einzigkeit Christi Abbruch zu tun? Ist es nicht vielleicht wichtiger, diese Einzigkeit von innen her zu verstehen und damit zugleich auch die Weite ihrer Ausstrahlung zu erahnen, ohne daß wir sie im einzelnen definieren können?"[38]

Gautama, der Buddha

Als eine wesentliche Voraussetzung für ihre Erlösung durch Christus bahnte Gautama, wie Tomberg 1933 ausführt, der Menschheit den Weg zur Entfaltung des Gewissens.[39] In Anlehnung an Rudolf Steiner[40] legt er dar, wie Wesen geistiger Hierarchien mit der Frage des menschlichen Gewissens konfrontiert waren. Kennen jene nur die Entscheidung "zwischen Gut und Besser", kann der Mensch infolge des Sündenfalls zwischen Gut und Böse wählen. Nehmen Geistwesen

Böses nur objektiv ohne inneres Erleben wahr, ist Menschen dessen Intuition möglich. Um das Risiko zu mindern, das der Welt entsteht, wenn der Mensch das Böse lieb gewinnt, "stiegen Wesenheiten höherer Hierarchien hinab, auf ihre höheren Rechte verzichtend, um unmittelbar sich mit der geistigen Menschheit zu verbinden." Zu jenen, die so zur heilsamen Entwicklung beitrugen, gehörte Gautama, ursprünglich ein "Wesen der dritten Hierarchie."

Daher wertet Tomberg seine Deszendenz als "Inkarnationsgeburt", die als solche wie bei Johannes dem Täufer oder Isaak (Gen 17, 16-19) ein Erzengel ankündigte.[41] Tombergs Auffassung nähert sich hier jener des *Mahāyāna*, nach welcher Gautama den Menschen zwar als einer der ihren erschien, der aus eigener Kraft den Weg zur Freiheit fand, in Wahrheit jedoch ein "großes Wesen" (*Mahāsattva*) war, das aus einer Sphäre weit über der irdischen abstieg. Während das *Mahāyāna* in der Regel auch den irdischen Gautama im Besitz höheren Wissens sah, musste er nach Tomberg seine strahlende Herkunft vergessen. Keine mitgebrachte Kenntnis zeichnete ihn aus, sondern die Kraft seines Wesens, die ihn nach der existentiellen Situation des Menschen fragen ließ. "Der Anblick der Krankheit, des Alters und des Todes war es, der in ihm mit einer Gewalt, die einem übermenschlichen Wesen eigen ist, die Frage nach dem Leiden der Menschheit und nach seiner Ursache wachrief." Solches Fragen verbindet Tomberg mit dem Gewissen, der inneren Stimme, die Menschen ihre Stellung in einem vergänglichen Dasein zeigt, das Entscheidungen fordert: "Es offenbarte sich das Übermenschliche in ihm in der Kraft des Gewissens. Die Kraft des Gewissens führte ihn zum Erwachen des Buddhabewußtseins, das ihm dann auch eine hohe Weisheit offenbarte."

Deutet man Sokrates' innere Stimme, die ihm stets ab- und niemals zuriet, Konfuzius' Mahnung zu Menschlichsein und

Selbstkritik sowie das Warnen der Propheten des Alten Testaments als Ausdrucksweisen des Gewissens im Sinn Tombergs, laden seine Gedanken zu einem erweiterten Blick auf die so genannte Achsenzeit ein. Wird diese nach Karl Jaspers unter dem Aspekt einer von *Vernunft* geleiteten Aufklärung betrachtet, erscheint sie im Sinn Tombergs unter jenem des erwachenden *Gewissens* als elementarer Voraussetzung voller Subjektivität. Das moralische Gewahrsein, das für Tomberg mit Gautama in die Welt kommt, bindet menschliches Selbstverständnis weniger an äußere Instanzen. An die Stelle zwingender Bräuche tritt die individuelle Entscheidung für das Gute aus einem umfassenden Bewusstsein der Realität des Existierens.

In dieser Hinsicht besteht die Bedeutung des Buddha im radikalen Erfahren der existentiellen Situation: "Wenn der Buddha angesehen und verehrt wird als 'völlig erwacht' für die Tatsachen des menschlichen Lebens, wie Krankheit, Alter und Tod, so geschieht dies, weil diejenigen, die keine Buddhas sind, wissen, daß sie hinsichtlich dieser Tatsachen schlafen – nicht verstandesmäßig, aber seelisch in ihrem Willen."[42] Diese Befindlichkeit Gautamas, nicht seine zeitbedingte kodifizierte Lehre, betrachtet Tomberg als dessen eigentliche und universelle Botschaft. "Die *Tatsache* des Buddhawerdens ist für die ganze Menschheit da; die *Lehre* des Buddha konnte nie eine allgemein-menschliche Bedeutung erhalten. Denn inwiefern die gesamte Menschheit einmal die Bewußtseinsseele entwickelt haben muß, insofern kommt die vorbildliche Bewußtseinsseele des Buddha für die gesamte Menschheit in Betracht; inwieweit der Buddha einen Weg lehrt, der zu *vorchristlichen* Zielen führen soll, insoweit kommt er nur für eine Anzahl von Individualitäten der vorchristlichen Entwicklung in Betracht."[43] Tombergs Betonen der Gestalt des Buddha vor dessen zeitbedingter kodifizierter Lehre entspricht wiederum dem *Mahāyāna*. Dieses forderte im Fortschreiten von der Selbsterlösung zum Dienst am anderen ein Gewahrwerden gegenseitiger Abhängigkeiten, also auch der eigenen Hilfsbedürftigkeit. Darum erhob es die Verehrung von Buddhas, die das Erwachen schenken können, zur wichtigen Praxis.

Tombergs Einschätzung der Rolle Gautamas als "Erwachter", was "Buddha" wörtlich bedeutet, ist auch im Hinblick darauf zu sehen, dass ihm Vergessen, Schlaf und Tod als drei "Stufen grundsätzlich desselben Vorgangs"[44] gelten, bei dem Inhalte aus der bewussten Gegenwart verschwinden. Der Mensch entgleitet sich selbst, ist doch die Kontinuität des Bewusstseins das einzige, das ihm seine Existenz versichert. Als Mittel gegen die drei Stufen der Bewusstlosigkeit gelten Tomberg in aufsteigender Folge die Erinnerung, das Erwachen und die Auferstehung. Weise Menschen zeichnet ihr besonderes Gedächtnis für das Wissen der Vorzeit aus. Buddhas erwachen zu einer umfassenden Gegenwart, die ein Gewahrsein der vergangenen Bedingungen des Augenblicklichen einschließt. Sie bedürfen deshalb keines gedächtnishaften Abrufs von Vergangenem mehr.

Das von Christus exemplarisch vollzogene Überwinden des Todes in der Auferstehung stellt schließlich die Krönung menschlicher Bewusstseinsentfaltung dar, die nichts mehr verloren gehen lässt.

Gautama konnte nach Tombergs Verständnis die Tragweite seines Erwachens in vorchristlicher Zeit nicht erkennen. Er bereitete die volle Entfaltung des Ich vor, strebte aber angesichts des geschlossenen, sinnlosen Systems, in dem sich das werdende Ich gefangen sah, das Erlöschen an. "Die Größe des Bhāgavan, des Buddha, war der hohe Grad der Entpersönlichung, den er erreicht hatte."[45] So führten alle bedeutenden Meister, die vor der Erscheinung Christi lehrten, zur Erfahrung des Höchsten, indem sie die Persönlichkeit herabdämpften.

Dies beobachtet Tomberg im Yoga wie bei antiken Philosophen, besonders den Stoikern. Erst seit Christus kann das Ich des Menschen vor Gott stehen. So bleibt ein Widerspruch in der Lehre des Buddha zwischen dem Erlöschen des Ich, seinem "Herabdämpfen", und der Befreiung von allem, was das Wesen fesselt. "Der große Buddha wollte den Willen erwecken zum *Nein* gegenüber dem großen Schlendrian der Begierden, die das Rad der Geburten rollen lassen. Er wollte Asketen in bezug auf den seelischen automatischen Mechanismus, die *ja* sagen lernten zu der freien schöpferischen Tätigkeit des Geistes."[46]

Indem Gautama zum Erwachen des Ich als dem freien und schöpferischen Geist beitrug, diesen aber noch nicht voll entfalten konnte, ist bei aller Bedeutung der Person das von ihr verkörperte Ziel in christlicher Zeit obsolet. Doch ihre Erhabenheit gebietet Ehrfurcht: "Die übermenschliche Ruhe, die von einem Buddha ausgeht, sei es im Stile seiner Reden, sei es in Bildwerken, die ihn darstellen in vollkommener Ruhe versunken, sind Ausdrücke der tatsächlichen Erkenntnis, wie man Harmonie herstellt."[47] Schweigen hier Leib und Seele, um nur den Geist sprechen zu lassen, gilt seit dem Erscheinen Christi: "Seele und Geist sprechen frei miteinander, und der Leib folgt aus freiem Willen dem Strom, der aus dem Geist kommt."

Entsprechend stellt Tomberg Goethe als Persönlichkeit mit Schwächen und Mängeln, aber von hohem Streben in Bezug auf die Welt, den indischen Vollkommenheitsidealen gegenüber. Er sieht die Wahl zwischen dem vom Buddha versinnbildlichten Ziel der Vollendung, das einem Erlöschen für die Welt gleichkommt, und jenem Goethes als umfassenden und bejahenden Teilnehmens an deren Schicksal. "Und so steht jede Menschenseele einmal vor der Wahl, bewundernswert heilig zu werden oder durch viele, viele Unvollkommenheiten hindurch einmal in der Zukunft ein fernes Ideal zu erreichen, wo alle Anlagen zur Blüte kommen werden, die von den Göttern in die menschliche Natur hineingepflanzt sind."[48]

Tomberg zitiert Rudolf Steiner,[49] der den strebenden Mensch vor derselben Entscheidung sah, wenn "er sich sagt: ich lebe jetzt im Geistigen, das geistige Licht umgibt mich. Es wäre möglich, alles, was ich in mir trage, diesem geistigen Lichte einzuverleiben, mit ihm zu vereinigen, so daß alles Unvollkommene in mir in Vollkommenheit verwandelt werden könnte. Das ist die luziferische Versuchung. Sie bedeutet innerlich eine Absage an die gesamte weitere Entwicklung der Menschheit."[50] Buddhistische Quellen beschreiben diese Alternative mit sehr ähnlichen Worten. So findet sich im *Tibetisches Totenbuch* genannten Einweihungstext die Vision eines klaren Lichts als Ausdruck der Vollkommenheit. In der Regel scheut der Schauende diese Helligkeit und wendet sich trüberen Lichtern zu, die für die Vielheit der Welt und damit die neue unerlöste Wiedergeburt stehen.[51]

Empfehlen buddhistische Meister die Lösung von der Welt in der Vereinigung mit dem Licht, betont Tomberg das Ja zum Leben in einer nach Christus heilbaren Welt. "Darin unterscheiden sich Glaube, Hoffnung und Liebe des Meisters des Nirwana und des Meisters der Auferstehung und des Lebens. Der erstere sagt zur Welt: Du bist unheilbar; hier ist das Mittel, deinem Leiden – deinem Leben – ein Ende zu setzen. Der letztere sagt zur Welt: Du bist heilbar, hier ist das Mittel, um dein Leben zu retten. Zwei Ärzte, die gleiche Diagnose, aber eine Welt des Unterschiedes in der Behandlung!"[52]

Das Nirvāṇa

Schon für den Anthroposophen Tomberg bestand im Spirituellen die Spannung zwischen Ost und West im Unterschied des Bejahens oder Verneinens von Person und

Welt. Dem höchsten Gut des Abendlandes, dem "Mysterium der Persönlichkeit", steht jenes des Gautama folgenden Ostens gegenüber, "das Mysterium des kosmischen Geistes." "Wie das Fleischwerden, das *Sichtbarwerden* des kosmischen Geistes durch Jahrtausende die Gemüter des Abendlandes bewegte, so bewegte die Gemüter des Morgenlandes die Nimmerwiederkehr, das Unsichtbarwerden einer menschlichen Seele durch Jahrtausende."[53]

Der Unterschied wird in der Vorstellung vom *Nirvāṇa* deutlich. Man nahm dieses Wort, das im Sanskrit ursprünglich das Ausgehen oder Erlöschen einer Flamme bezeichnet, als Metapher dessen, was Tomberg hier "Unsichtbarwerden" nannte. Worin die Essenz dieser Erlösung besteht, war der buddhistischen Tradition stets kontroversiell. In klassischen Texten herrscht Einigkeit, dass *Nirvāṇa* die "Vernichtung von Gier, Hass und Verblendung" meint.[54] Doch ob es sich um bloße Destruktion oder beim erlangten *Nirvāṇa* um eine Dimension des Seins handelt, blieb umstritten. Viele Zitate des alten buddhistischen Kanons sprechen für die Vernichtung: "Wie sogar nur etwas Exkrement, Urin, Erbrochenes, Eiter oder Blut schlecht riecht, rühme ich nicht einmal ein kurzes Dasein und sei es bloß für einen Moment."[55] Oder: "Lasst den Körper, das Gefühl, das Wahrnehmen, die Strebung und das Bewusstsein zerfallen, verwehen, erobert werden, beendet das Spiel, lasst den Durst danach aufhören. Das Ende des Durstes ist *Nirvāṇa*."[56]

Mit derartigen Zeugnissen kontrastieren solche vom *Nirvāṇa* als positivem Gut: "Es gibt ein Ungeborenes, Ungewordenes, Unerschaffenes, Ungestaltetes. Gäbe es dieses Ungeborene, Ungewordene, Unerschaffene, Ungestaltete nicht, wäre hier kein Entrinnen aus dem Geborenen, Gewordenen, Geschaffenen, Gestalteten erkennbar. Weil es jedoch ein Ungeborenes, Ungewordenes, Unerschaffenes,

Ungestaltetes gibt, ist hier ein Entrinnen aus dem Geborenen, Gewordenen, Geschaffenen, Gestalteten erkennbar."[57]

Für Tomberg steht der positive ontologische Status des *Nirvāṇa* außer Zweifel. Denn wenn "das Nirwana das reine Nichts und nicht die Seligkeit des reinen Seins bedeutete, würde niemand – auch nicht der Buddha selbst – in sich jene beträchtliche Energie finden können, die die moralische und intellektuelle Anstrengung des Weges erfordert, der zum Nirwana führt: um sich anzustrengen, muss man wollen, und man kann nicht das Nichts wollen, d. h. das, bei dem es nichts zu wollen gibt. Vollkommener Selbstmord? Nein, weil vollkommener Selbstmord ein Akt der Verzweiflung ist, während das Nirwana die Hoffnung auf die Wonne des Friedens ist, zu der man gelangen kann – oder zu können glaubt –, nachdem man einen langen Weg der Disziplin, des Verzichtes und der Meditation durchlaufen hat."[58]

Die Sehnsucht nach dem *Nirvāṇa* sieht Tomberg auch in einem christlichen Kontext, wenn man darum bittet, Verstorbene mögen "ruhen in Frieden." Er begreift die "kosmische wie psychologische Realität des Nirwana" als jene Wasser, über denen dem Buch *Genesis* zufolge im Anbeginn der Schöpfung der göttliche Hauch schwebte.[59] Für diese Interpretation des *Nirvāṇa* als Zustand des Friedens vor der Schöpfung, hätte Tomberg Stützung in buddhistischen Quellen finden können: "Drei Merkmale des Unerschaffenen gibt es. Welche drei? Ein Entstehen zeigt sich nicht. Ein Vergehen zeigt sich nicht. Eine Veränderung des Bestehenden zeigt sich nicht."[60]

Wie der göttliche Geist über den Wassern schwebt, diese schöpferisch bewegt, um noch Ungestaltetes zu gestalten, behauptet sich im Wandeln Jesu auf dem Wasser das Gestaltete gegen ein Zurücksinken ins Ungestaltete. Der biblische Bericht symbolisiert Tomberg zufolge das "Ich bin" gegen jedes Herabdämpfen des Subjektiven. Jesus schreitet bis ans Ende der Welt auf dem Wasser, bleibt bei den Menschen und geht nicht im "ruhigen Meer des Nirwana" unter.[61]

Wird der Rückfall ins Ungewordene derart ausgeschlossen, erscheint *Nirvāṇa* nicht als Ziel eines erlösenden Wegs zum Frieden. Tomberg unterscheidet vier Möglichkeiten des Friedens, also der "Beseitigung von Konflikten und Gegensätzen", das *Nirvāṇa*, den Nihilismus, die Hegemonie und den "katholischen Frieden". Sucht Nihilismus den Ausweg in der Stille des Todes und schafft Hegemonie Ruhe, indem eines alles andere unterdrückt, bietet *Nirvāṇa* Frieden im gegensatzfreien Undifferenzierten. Im "katholischen" Frieden, der im Sinne des Wortes ganzheitlich ist, wird die Welt in ihren vielfältigen Gestaltungen bejaht. Gegensätzliches findet in einer größeren Harmonie seinen Platz.[62] Ein umfassendes Annehmen der bewegten Welt wird im befreienden Wirken Christi erstrebenswerter als die ewige Ruhe.

Auch in Bezug auf das *Nirvāṇa* streicht Tomberg heraus, wie der Buddhismus sich durch den nächtlichen Impuls des Christentums wandelte. Das *Mahāyāna* erhebt sich "zum göttlichen Hauch – dem Erbarmen, welches *über* den Wassern des vorkosmischen Friedens des Nirwana schwebt, während das 'Kleine Fahrzeug', das *Hinayana*, nach dem Ende der Atmung strebt; sein Ziel ist es, unterzutauchen in das Nirwana, wo es weder Bewegung noch Wechsel noch Atmung gibt."[63]

Spirituelle Praxis

Obwohl Buddhismus und Christentum in einem interaktiven Verhältnis stehen, war es doch die frühere Bewegung, welche die spätere vorbereitete. Weil Tomberg hier im Muster eines Evolutionismus denkt, für den das spätere Christentum über dem früheren Buddhismus steht, gilt es ihm als Fehler, wenn Christen zum Buddhismus konvertieren. "Geistigen Ehebruch" nennt er es, wenn man "den Buddhismus annimmt, obwohl man getauft und genügend unterrichtet ist, um bei gutem Willen Zugang zu haben zu der Erfahrung der erhabenen christlichen Mysterien."

Er will jedoch die vollständigen Konversionen, die Gottesbild, Menschenbild und das Ziel betreffen, deutlich von der geistigen Auseinandersetzung und Befruchtung in der Praxis unterschieden wissen: "Ich spreche weder vom Studium noch von der Übernahme technischer Methoden des Yoga, des Vedanta oder des Buddhismus, sondern einzig und allein von den Fällen, in denen man das Ideal der Liebe durch das der Befreiung ersetzt, den persönlichen Gott durch einen unpersönlichen Gott, das *Reich* Gottes durch Rückkehr in den Zustand der Potentialität des Nirwana, den Heiland durch den weisen Lehrer usw."[64]

Jenseits der grundsätzlichen Entscheidung für Gott und die Welt, gegen die Freiheit im Ungestalteten, für den spannungsgeladenen und doch harmonischen katholischen Frieden, gegen die Ruhe des *Nirvāṇa*, sieht Tomberg also zahlreiche Möglichkeiten der Bereicherung der eigenen Tradition durch andere. Ihm gilt "nichts natürlicher und gerechtfertigter, als von den Segnungen der im Osten oder im Westen gesammelten Erfahrungen zu lernen und Gebrauch zu machen." Er sieht diesbezüglich sogar ein Defizit im christlichen Abendland, das "Technologie auf materieller Ebene" besitzt, während der buddhistische Osten die materielle Technik vernachlässigte und stattdessen "ein Gebäude von weit fortgeschrittener seelisch-geistiger 'Technik' und 'Technologie' entwickelt hat. Es hat den Anschein, als ob das 'technologische Genie' des Intellekts sich dort dem Bereich des inneren Lebens zugewandt – und sich vielleicht gar darinnen erschöpft hat," während der "Westen seine Kreativität im Bereich des äußeren Lebens verbraucht hat."[65]

Die Übertragung meditativer und spiritueller "Techniken" aus ihrem ursprünglichen inhaltlichen und kulturellen Kontext in einen anderen, begegnet allerdings bei maßgebenden Vertretern der großen Kirchen oft starken Vorbehalten. So warnte Johannes Paul II. davor, Methoden der Meditation und Askese aus der buddhistischen Tradition "auf recht unkritische Weise" zu übernehmen.[66]

Er sah einen wesentlichen Unterschied zwischen buddhistischer und christlicher Mystik: "Die klassischen Texte des hl. Johannes vom Kreuz werden in Ostasien als Bestätigung der asketischen Lebensformen angesehen, die dem Orient zu eigen sind. Doch begnügt sich der Kirchenlehrer nicht mit dem Vorschlag, Abstand zur Welt zu halten. Er schlägt vor, eine Abkehr von der Welt zu vollziehen, um die Einheit mit dem zu ermöglichen, was außerhalb der Welt ist: Und dabei handelt es sich nicht um das Nirwana, sondern um einen personalen Gott. Die Einheit mit ihm verwirklicht sich nicht auf dem Weg der Reinigung, sondern durch die Liebe." Darum setze christliche Mystik dort an, wo die Reflektion und Praxis des Buddha aufhöre.[67]

Im konkreten Fall kann es schwierig sein, beim Übernehmen einer nach Tombergs Diktion "technischen" Methode, diese von jenem konkreten Ziel abzukoppeln, für dessen Erreichen sie entwickelt wurde. Viele buddhistische Meditationsübungen zielen, indem sie analytischer Art sind oder eine Lösung von der Welt bewirken wollen, direkt auf das *Nirvāṇa*. Die methodische Inspiration lässt sich darum kaum von jener Ebene trennen, auf der nach Tomberg "geistiger Ehebruch" erfolgen könnte.

Tomberg selber scheint sich dieser Problematik bewusst gewesen zu sein, und so lässt sich in seinem Werk eine

Unterscheidung zwischen problematischen und förderlichen Formen buddhistischer Praxis erkennen.

Mit besonderer Skepsis betrachtet Tomberg ausgerechnet den Zen-Buddhismus, dessen Meditationspraxis in jüngerer Zeit inspiriert vom Wirken des Jesuiten Hugo Enomiya-Lasalle (1898-1990)[68] von vielen als kompatibel mit christlicher Mystik erachtet wird. Gerade das, was Verfechter eines christlichen Zen als positiven Faktor betrachten, die Abwesenheit konkreter Inhalte in der Meditation, begründet Tombergs Abstand. Zen geht es um den leeren Geist, um ein Freiwerden von allem Denken. Tomberg jedoch bekennt sich zu einem Gebrauchen und aktiven Überschreiten des Intellekts. Verstand und Vorstellungskraft sollen ausgeschöpft werden, an ihre Grenzen gelangen und diese überschreiten. Ein Zen-Mönch, der "nichts meditiert, sondern nur wach bleibt mit einem leeren Bewußtsein, ohne einzuschlafen, in Erwartung einer plötzlichen Erleuchtung" hat "sich nicht entschieden, das verstandesmäßige Bewußtsein zu überschreiten, sondern vielmehr darauf zu verzichten."[69]

Tomberg sah hier eher das Ziel des *Nirvāṇa* im Sinn des alten Buddhismus lebendig, den Rückweg in die Wasser des Ungeschaffenen statt einer Aktion in der Welt. Mag diese Einschätzung auf manchen Anhänger der Schule zutreffen, wird sie dem Anspruch des Zen letztlich nicht gerecht. In dessen japanischen Klöstern herrscht eine praktische Orientierung. So gilt das Prinzip, dass ein Tag ohne Arbeit ein Tag ohne Essen ist. Das welt- und lebensbejahende Wirken vieler bedeutender Meister der Tradition wie Ikkyū Sōjun (1394-1481) demonstriert alles andere als einen Rückweg in die Wasser des Ungeschaffenen.

Weil Zen zum *Mahāyāna* zählt, soll die Verwirklichung des leeren Geistes letztlich nicht zur Passivität führen, sondern zum Handeln für das Wohl anderer. Ein von Konzepten freier Geist, lässt dieses Handeln spontan und selbstlos sein. Die im Zen erstrebte Spontaneität mag nicht allzu weit entfernt von Tombergs Empfehlung einer "Konzentration ohne Anstrengung" liegen, die eine "Tätigkeit ohne Anstrengung" erlauben soll.[70]

Weil in Tombergs spirituellem Üben die Kontemplation über Symbole zentral stand, blieb ihm Zen mit der Idee des leeren Geistes fremd. Aus dem gleichen Grund konnte er dem tibetischen Buddhismus, dessen Praxis weitgehend auf dem Meditieren über Bilder und philosophischer Reflexion beruht, mit besonderer Wertschätzung begegnen. Hier erkannte er das *Mahāyāna*, das sich über die Wasser zum göttlichen Hauch erhob und in Hingabe an das Höhere die Zuwendung zum Dasein findet.

Schon in den dreißiger Jahren würdigt Tomberg Tibet als eine Region, die im Schnittpunkt zweier bedeutender Kulturen deren besondere Charakteristika integrierte. Die Ich-Weisheit Indiens und die Wir-Weisheit Chinas würden in Tibet miteinander zu einer Es-Weisheit verschmelzen, was zu einer besonderen Abstraktionsfähigkeit des Gefühls- und Willenslebens führte.[71]

Nach seiner Wende zum Katholizismus reflektiert Tomberg über "die geistige Wesenheit, die hinter dem lamaistischen Buddhismus steht." Diese wäre, wie er ausdrücklich anmerkt, nicht eine von Menschen künstlich geschaffene Entität, sondern ein wahrhaft existierendes Geistwesen.[72] Indem ihm der Buddhismus Tibets derart als von einem Angehörigen der Engelshierarchie Gottes inspiriert gilt, weist Tomberg wiederum auf das bei ihm wesentliche Motiv des katholischen Friedens, der auch im Spirituellen das Unterschiedliche als berechtigte Teile eines umfassenden Ganzen bejaht. Wenn er an anderer Stelle darauf hinweist, dass der tibetische Buddhismus eine Gebetspraxis kennt,[73] mag ihm dies wiederum als Beleg dafür gelten, dass es sich nach Tombergs Einschätzung auch aus einer christlichen Perspektive um einen authentischen spirituellen Weg handelt.

Tomberg wendet seine Überlegungen zum Buddhismus in Tibet auch der Institution des Dalai-Lama zu. Er hält es für "tief bedeutsam", dass die Dalai-Lamas sich "unter den Kindern der ersten auf ihren Tod folgenden Generation befinden, wie die unbestreitbare Tatsache der konkreten Erinnerung an ihre vorhergehende Inkarnation" beweisen würde. Dass die "vierzehn Dalai-Lamas" daher "aufeinanderfolgende Wiederverkörperungen ein und derselben Seele oder Wesenheit" sind, betrachtet er als erwiesen, weil "diejenigen, die mit der Aufgabe betraut sind, den Dalai-Lama zu finden – oder vielmehr wiederzufinden –, durchaus Beweise vorzulegen" hätten.[74]

Sieht der von Rudolf Steiner geprägte Tomberg hier wie an vielen anderen Stellen kein Problem, das Bekenntnis zur Reinkarnation mit seinem christlichen und katholischen Selbstverständnis zu verbinden, setzt er sich damit in Gegensatz zur überwiegenden Auffassung der kirchlichen Theologie.

Für diese kennt die Bibel "keine Reinkarnationsvorstellungen, nicht einmal Anspielungen",[75] und schon die Kirchenväter wiesen die Idee einer Präexistenz des menschlichen Wesens zurück. Entsprechend meint Hans Urs von Balthasar bei seiner hohen Wertschätzung Tombergs, dieser mag "einen Schritt zu weit nach links" vom "Mittelweg christlicher Weisheit" abgekommen sein, wenn er "die Lehre von der Reinkarnation als wenigstens christlich erwägenswert hinstellt."[76]

Tomberg versteht die Reinkarnation jedoch nicht als "Theorie, die man zu glauben oder nicht zu glauben hat", also als etwas für den Christen bloß Erwägenswertes. Sie gilt ihm vielmehr als "Erfahrungstatsache, ganz wie der Schlaf und die Vererbung." Eine so verstandene Wiedergeburt kann für

Tomberg nicht zu einem als Wahrheit begriffenen Christentum in Widerspruch stehen, sondern allenfalls unchristlich interpretiert werden. Es kommt ihm darauf an, dass man diese Tatsache als "Hymnus zu Ruhme Gottes" auffasst, der verzeiht, "um uns immer von neuem Chancen zu gewähren", nicht als "einen Mechanismus", in dem nur "das Gesetz von Ursache und Wirkung" herrscht.[77]

Im Zusammenhang mit der Reinkarnation des Dalai-Lama lautet Tombergs zentraler Satz: "Das *Mitleid* läßt die Seele des Dalai-Lama zurückkommen, sagen die Buddhisten." Doch will er die derart motivierte Wiedergeburt des Dalai-Lama nicht als eine einmalige Angelegenheit verstanden wissen. Tomberg sieht den Dalai Lama als herausragendes Beispiel dessen, was auch die Geburt anderer Seelen auszeichnet: Die "Geburt, die uns die Möglichkeit gewährt, an der irdischen Geschichte des Menschengeschlechtes tätigen Anteil zu nehmen", verdankt sich "im Grunde dem Impuls des Mitleides mit dieser Erde und mit der Menschheit, die sie bewohnt."[78]

Mit der Vorstellung vom Einzelnen als präexistentem Wesen, das aus Mitleid mit deren Bewohnern zur Welt kommt oder in sie zurückkehrt, verlässt Tomberg den Rahmen traditionell christlicher Auffassungen und bewegt sich auf dem Terrain des *Mahāyāna*-Buddhismus mit seinem so genannten Bodhisattva-Ideal.

Das Wort Bodhisattva lässt sich als "erwachendes Wesen" wiedergeben. Es bezeichnet jemanden, der durch viele Wiedergeburten und Leben, die dem Dienst für andere gewidmet sind, allmählich zum Buddha reift.

Bodhisattva Maitreya, der kommende Buddha

In allen buddhistischen Schulen genießt der Bodhisattva Maitreya Verehrung, weil er als am meisten fortgeschritten und darum als nächster Buddha gilt.[79] "Der Liebende", so lässt sich die Bedeutung des Namens Maitreya wiedergeben, findet sich als stets durchgehendes Motiv in Tombergs Werk.

Die buddhistische Tradition betrachtete die Gestalt des Maitreya unter verschiedenen Perspektiven. Der Pāli-Text *Cakkavattisihanādasutta*[80] lässt Gautama den künftigen Buddha im Zusammenhang der weiteren Entwicklung der Menschheit erwähnen. Die Lebensumstände auf der Erde verschlechtern sich im Lauf kommender Jahrtausende drastisch, worauf weitere Jahrtausende zur Besserung notwendig werden. Erst nach Ablauf dieser langen Zeiträume erscheint Maitreya. Diese Aussage mahnt, nicht auf den kommenden Buddha zu warten, sondern hier und jetzt Gautamas Lehre zu verwirklichen, um angesichts einer unrettbaren Welt rasch das *Nirvāṇa* zu erlangen.

In den Jahrhunderten nach Gautamas Tod nahm die Prophezeiung des kommenden Buddha klarere Konturen an. Man begann auf Maitreya zu warten, betete um Wiedergeburt in der Epoche seiner Buddhaschaft oder darum, nach dem Tod in die Himmelssphäre *Tuṣita* zu gelangen, in der Maitreya auf seine irdische Geburt wartet und fortgeschrittene Bodhisattvas belehrt.

Tomberg geht in seinen Betrachtungen Maitreyas hauptsächlich von Rudolf Steiner aus, der lehrte, "daß dieser Maitreya-Buddha die Kraft des Wortes in einer solchen Weise haben wird, daß sich die heutigen Menschen davon noch gar keine Vorstellung machen können. Wir können heute hellsichtig in dem höheren Weltenwerden sehen, wie der Maitreya-Buddha lehren wird nach dreitausend Jahren. Wir können vieles von seinen Lehren auch in symbolischen Zeichnungen ausführen. Wir finden aber noch nicht die Möglichkeit dazu, weil die Menschheit heute noch nicht reif dafür ist, solche Worte auszusprechen, wie der Maitreya-Buddha sie aussprechen wird."[81] Steiner zufolge tritt Maitreya in Zukunft auf, "um die Menschen zur vollen Anerkennung des Christus zu bringen. Er wird der größte der Verkündiger des Christus-Impulses sein und vielen das Erlebnis von Damaskus möglich machen."[82]

Hier knüpft Tomberg an, der in den dreißiger Jahren schreibt, es würde bei Maitreya "die Kraft des Moralischen im Wort so stark leben und wirken, daß Menschen ergriffen sein werden und eine innere Wandlung erfahren werden nicht bloß durch eigene Anstrengung und Meditation, sondern durch die moralisch-magische Wirkung des Wortes. Der Gedanke wird dann nicht mehr bloß *über* das Gute Aufschluss geben, sondern es wirklich übertragen. Der Maitreya wird das Gute nicht bloß zeigen, sondern es in den Seelen erwecken. Darum wird die Wirkung seines Wortes eine große Bewegung in der Menschenwelt verursachen, welche zu der Grundlage einer neuen Kultur werden wird.

Diese Art der Wirkung auf die Menschen meinte Gautama Buddha, als er über Maitreya, seinen Nachfolger in der Buddhaschaft, die folgende Prophezeiung aussprach: 'Er wird der Führer einer Jüngerschar von Hunderttausenden sein, wie ich jetzt der Führer einer Jüngerschar von Hunderten bin.'"[83]

Was der Buddha Maitreya der künftigen Menschheit "zu offenbaren hat, ist eben das neue Verhältnis von 'Wahr' und 'Heilig', d. h. von Logik und Moralität, welche in der Wesenheit des Christus identisch sind."[84]

In seinem *Vater-unser-Kurs*, den Tomberg während der Kriegsjahre in den Niederlanden hielt, spielt Maitreya im 18. Kapitel eine besondere Rolle.[85] Im Einklang mit einem Motiv

Rudolf Steiners sieht er einen Aspekt des Buddha Gautama bei der Geburt Jesu das Gloria sprechen. Nach Tomberg war Maitreya gleichfalls bei der Geburt Christi anwesend und wirkte später als der Bodhisattva der umfassenden Kraft des Wortes überall dort mit Jesus, wo eine Heilung durch Sprache geschah, etwa bei einem Besessenen, der Schwiegermutter des Petrus und einem Blinden.[86]

In gleicher Weise wirkte Maitreya nach Tomberg dann mit Jesus, wenn dieser mit Worten gegen das Böse kämpfte, so in den Wehrufen wider die Pharisäer und Schriftgelehrten und im Kampf gegen Dämonen. Gautama wollte lediglich das Gute bringen. "Der Maitreya-Buddha kämpft aber auch gegen das Böse: Er hat ein zweischneidiges Schwert, für das Gute und gegen das Böse."[87]

Im späteren Werk Tombergs findet sich das Maitreya-Motiv am ausführlichsten im 21. Arcanum der Meditationen über das Tarot.[88] Im Hinblick auf seinen Namen inhaltlich konsequent erscheint Maitreya im Arcanum "Der Narr", dessen "esoterischer Name *Die Liebe* ist." Tomberg weist auf diesen Zusammenhang allerdings nicht hin. Wahrscheinlich war ihm die wörtliche Bedeutung des Namens Maitreya gar nicht bewusst, denn er paraphrasiert sie nach Steiner als "der das Gute bringt."

Beherrschend zeigt sich an dieser Stelle die Idee, Maitreya vereine Gegensätzliches, die im *Vater-unser-Kurs* mit dem Bild vom zweischneidigen Schwert – wohl auch als Anspielung auf Offb 1, 16 – symbolisiert wurde. Maitreyas kraftvolles Wort wird gleichzeitig Tat sein, indem er das Gute nicht nur spricht, sondern bewirkt. Er vereinigt Gebet und Meditation zu einer neuen Form spiritueller Praxis. Deshalb sind für Tomberg betende Buddhisten und meditierende Christen Vorläufer des kommenden Buddha. Auch wird er Intellekt und Spiritualität verschmelzen.

Dieses Vereinen von Gegensätzlichem in einer höheren Dimension kommt zum Ausdruck in Tombergs Lehre von der Einheit des Bodhisattva Maitreya mit Kalki, einem in Indien prophezeiten Avatāra des Gottes Viṣṇu: "Da es sich um das Werk der Verschmelzung von Offenbarung und Erkenntnis handelt, von Spiritualität und Intellektualität, geht es folglich um die Verschmelzung des Avatar-Prinzips mit dem Buddha-Prinzip. Mit anderen Worten: Der von den Hindus erwartete Kalki-Avatar und der von den Buddhisten erwartete Maitreya-Buddha werden sich *in einer einzigen Persönlichkeit* manifestieren. Maitreya-Buddha und Kalki-Avatar werden auf dem geschichtlichen Plan eins sein."

Wahrscheinlich begegnete Tomberg dem Motiv dieser Verschmelzung von Kalki und Maitreya, das sich bei Rudolf Steiner[89] nicht findet, ursprünglich im Werk Blavatskys. In ihrer *Geheimlehre* findet es sich im Kontext von Spekulationen über den Buchstabens M: "Maitreya ist der geheime Name des fünften Buddha, und der Kalkî Aavatāra der Brahmanen, der letzte Messias, welcher im Höhepunkte des grossen Cyclus erscheinen wird."[90] Blavatsky, die an anderer Stelle Maitreya mit dem Bodhisattva Avalokiteśvara[91] identifiziert, war mit Bezügen rasch bei der Hand. Ihre Gleichsetzung von Kalki und Maitreya reflektiert sie inhaltlich nicht weiter. Der Umstand, dass beide Gestalten in fernerer Zukunft auftreten, mag ihr genügt haben. So bringt sie an anderer Stelle Kalki, der in indischen Vorstellungen auf einem weißen Pferd reiten oder als solches erscheinen wird, mit dem weißen Pferd der Apokalypse in Verbindung.[92]

In den indischen Quellen sind die Mythenkreise des Maitreya und des Kalki bis auf die Tatsache, dass beide von der Zukunft sprechen, inhaltlich und traditionell getrennt. Buddhistischen Vorstellungen zufolge führt nach dem Niedergang der Erde ein menschlicher Herrscher, der

Cakravartin, die Wandlung zum Besseren herbei. Erst nachdem dieser seine Aufgabe erfüllte, kann der Buddha Maitreya wirksam werden. Kalki dagegen stellt als Inkarnation des Gottes Viṣṇu gewaltsam heile Verhältnisse auf der Erde her. Er ist ein Rächer, Maitreya ein Liebender. Zudem finden sich im Mythos des Kalki explizit *gegen* den Buddhismus gerichtete Aspekte. Der Text *Kalki Purāṇa* berichtet, wie Kalki die Buddhisten bekämpft und besiegt.

Wahrscheinlich ist sich Tomberg bewusst, dass sich von der indischen Quellenlage die Gestalten Kalkis und Maitreyas schwer miteinander in Einklang bringen lassen und greift gerade deshalb den bei Blavatsky angerissenen Gedanken auf. Der Buddha mit dem zweischneidigen Schwert, dessen Worte den Charakter von Taten aufweisen, der Gebet und Meditation, Intellekt und Spiritualität vereint, in dessen Wirken buddhistische und christliche Linien zusammenfließen, vollzieht eine weitere Synthese: Der Liebende und der Rächer hören in Zukunft auf, Widersprüche zu sein. So ist die Gestalt des Maitreya, die sogar den antibuddhistischen Kalki in sich aufnimmt, eine geeignete Personifizierung für Tombergs Idee vom umfassenden "katholischen Frieden", der die Pluralität mit ihren Widersprüchen umfasst und harmonisiert.

In diesem Sinn klingt schon in den dreißiger Jahren in Tombergs Betrachtungen zur Apokalypse der Gedanke an, das künftige Wirken des Buddha Maitreya würde "zur Grundlage einer neuen Kultur", in der "es keine 'Meinungen' und 'Weltanschauungen' mehr" gibt, sondern "Stufen und Grade der Empfänglichkeit für die *eine* Weisheitsoffenbarung." Durch die Inspiration Maitreyas bedeutet "nicht Opposition von Anschauungen, sondern deren Komposition die Triebfeder des Kulturlebens."[93]

Tombergs Auffassung des die Meinungen und Widersprüche aufhebenden Buddha der Zukunft dürfte von einer längeren Tradition des Nachdenkens über Maitreya in theosophischen und anthroposophischen Kreisen geprägt sein. So schreibt der führende deutsche Theosoph Wilhelm Hübbe-Schleiden 1911, es habe die künftige Religion "des Maitreya-Buddha keine Konfession, keine Dogmen; ihre intellektuelle Grundlage ist vielmehr die nie abgeschlossene freie Forschung echter Wissenschaft und Philosophie."[94]

Insgesamt steht Maitreya bei Tomberg für das Einende, Konstruktive und Heilende. Die Buddhas der Vergangenheit waren vollkommen erwacht "für die Wirklichkeit des Sündenfalls, des Unglücks der Menschheit und der Welt, die in Irrtum, Leiden und Tod versunken sind." Der Buddha der Zukunft wird "für das Gute, das Heilbringende und das Heilende in der Menschheit und in der Welt vollerwacht sein."[95]

Die "Bodhisattva-Frage"

Rudolf Steiner zufolge verkörpert sich der Bodhisattva Maitreya, bevor er nach Jahrtausenden die Buddhaschaft erlangt, einmal in jedem Jahrhundert, um die Bewusstseinsentwicklung der Menschheit voranzubringen: "Dieser Bodhisattva, der als Maitreya-Buddha kommen wird, der in seiner Wiederverkörperung im Fleisch auch in unserem Jahrhundert im physischen Körper kommen wird, soll der Menschheit alle wirklichen Begriffe über das Christus-Ereignis geben."[95]

Weitere Hinweise Steiners zeigen, wie er für das 20. Jahrhundert von einer Geburt des Bodhisattva um 1900 ausging. Sein erkennbares Wirken sollte dieser in den dreißiger Jahren beginnen. Die Überlegung, um welche Persönlichkeit es sich dabei konkret gehandelt haben könnte, bezeichnet anthroposophische Literatur als die "Bodhisattvafrage."

Auch Tomberg widmete sich diesem Thema noch im Spätwerk. Ihm zufolge erwartete Steiner nicht zuletzt deshalb den Bodhisattva, um die Anthroposophie zu vollenden, die in der ihr unangemessenen Form einer "Wissenschaft" gelehrt wurde. Zwar liege mit der Anthroposophie "eine großartige Leistung des Gedankens und des Willens vor, die aber unmystisch und unmagisch ist und der insofern das 'Leben' fehlt. Dieses wesentlichen Mangels war sich Rudolf Steiner selbst bewusst. Darum wies er hoffnungsvoll auf das Erscheinen eines Nachfolgers (des "Bodhisattwa") hin, der diesem Mangel abhelfen und die Dreieinheit von Weg, Wahrheit *und* Leben voll zur Geltung bringen würde."[97]

In den *Arcana des Tarot* legt Tomberg dar, dass sich die erwartete Nachfolge als "Fehlschlag" erwies, der "nicht auf einem Irrtum hinsichtlich der zu erwartenden Individualität und ebensowenig auf einer fälschlichen Annahme des Zeitpunktes für den Beginn ihrer Tätigkeit" beruht habe, "sondern auf der Überschätzung der Anthroposophischen Gesellschaft durch ihren Begründer; so wurde nichts daraus."

Tomberg betont, dass "Rudolf Steiner zum Beispiel" zu jenen gehörte, die in der Frage des Maitreya klar sahen, wie es in der französischen Originalausgabe der *Arcana des Tarot* heisst.[98] In der nach Tombergs Tod erschienenen deutschen Übersetzung findet sich die entsprechende Passage stark verändert. Es fehlt nicht nur das "zum Beispiel" in Bezug auf Steiner, sondern heißt nun, dass "von allem, was man öffentlich darüber gesagt und geschrieben hat, ist das Zutreffendste das, was Rudolf Steiner darüber gesagt hat. *Er* war wenigstens auf der richtigen Fährte."[99]

Tomberg urteilt hier bereits in der schwächeren Aussage der französischen Ausgabe derart souverän über richtig und falsch in Bezug auf Maitreyas Inkarnation, dass kaum Zweifel daran bestehen kann, wie er sich hinsichtlich der Bodhisattva-Frage als wahrhaft Wissender zu zeigen beabsichtigt. Er signalisiert, die Identität und Mission des Bodhisattva zu kennen, gibt jedoch keine weiteren Hinweise. Zu diesem offensichtlichen Mystifizieren kommt der Umstand, dass nach den zitierten Worten der Bodhisattva in der Anthroposophischen Gesellschaft "die Dreieinheit von Weg, Wahrheit *und* Leben voll zur Geltung" bringen sollte, was Tombergs eigenem Anliegen entspricht. Da weitere Motive, die er als jene Maitreyas bezeichnet, in seinem Werk zentral stehen, und dass von Rudolf Steiner genannte Daten sich auf Tomberg beziehen lassen, kam es zu Spekulationen, dieser sei die Inkarnation des Bodhisattva im 20. Jahrhundert.[100] Anthroposophische Autoren widersprechen dem zum Teil sehr vehement.[101]

Schon seit 1930 vertrat der Anthroposoph Adolf Arenson die Auffassung, kein anderer als Rudolf Steiner sei der im 20. Jahrhundert inkarnierte Maitreya. Die Debatte wirkt für außerhalb der Anthroposophie Stehende auf den ersten Blick kaum verständlich. Doch ist für viele Anhänger der Anthroposophie der Gedanke befremdlich, der Bodhisattva, der das von Rudolf Steiner angestoßene Werk fortführen sollte, habe sich ausgerechnet zum Katholizismus gewendet. "In der Lehre der katholischen Kirche fließt nicht mehr das unmittelbare geistige Leben", war Rudolf Steiners Position.[102]

Die Frage, ob Steiner, Tomberg oder keiner von beiden eine Inkarnation des Bodhisattva gewesen ist, wäre vor dem Hintergrund des *Mahāyāna*, das dem Maitreya-Mythos seine wesentliche Ausgestaltung gab, weniger ausschließlich zu führen. An Verkörperungen dieses Bodhisattva mangelte es im Buddhismus Asiens nicht. Der Maidari Qutugtu in der Mongolei, eine Inkarnationsreihe, die sich vom 16. bis in 20. Jahrhundert zieht, gilt nach offizieller Lehre der *Gelugpa*-Schule als eine irdische Erscheinung Maitreyas, wie die Vertreter der Inkarnationsreihe des Tai Situpa, die auf das 12.

Jahrhundert zurückgeführt in der *Karma-Kagyü*-Schule als Emanation des Maitreya verehrt wird.

Für einen Maitreya ist es buddhistischen Lehren zufolge kein Problem, in mehreren irdischen Gestalten gleichzeitig zu wirken, ohne die Sphäre *Tuṣita* zu verlassen, in der er gegenwärtig lehrt. Der japanische Heilige Shinran (1172-1263) sprach davon, dass jeder, der die höchste Wirklichkeit erfahre, wesensgleich (jap. – *bendō*) mit Maitreya werde.[103] Mit anderen Worten: Man wird zu jenem, dem man sich öffnet. Allzu exklusive Identifizierungen waren der Geistesströmung, in welcher der Mythos von Maitreya entstand und in der er sich zuerst entfaltete, jedenfalls fremd. So mag es auch Tomberg sehen, wenn er meint, viele Seelen würden – wie der Dalai Lama – aus "dem Impuls des Mitleides mit dieser Erde und mit der Menschheit" zur Geburt kommen.

Anmerkungen

EDITORISCHE ANMERKUNG

Das originale Typoskript, das dem hier vorgelegten Text zugrunde liegt, wird im Tomberg-Archiv des Klosters Himmerod verwahrt. Die Herausgeber haben für die Veröffentlichung lediglich offensichtliche Fehler beseitigt und wenige Eingriffe im Hinblick auf eine bessere Lesbarkeit vorgenommen. So wurden Literaturangaben und Einschübe Tombergs aus dem Fließtext in den Anmerkungsapparat am Ende des Textes verlagert. Hier finden sich auch die als solche kenntlich gemachten Kommentare der Herausgeber.

Es ist den Herausgebern ein Anliegen, die tiefe Dankbarkeit auszudrücken, die sie gegenüber ihrem Freund Wilhelm Maas empfinden. Der Theologe und große Kenner des Werks Valentin Tombergs ist am 21. Mai 2012 überraschend verstorben. Er hat die Herausgeber in vielfacher Weise unterstützt und wertvolle Anregungen zur Verwirklichung dieses Buchs gegeben. Martin Kriele sei herzlich gedankt, dass er einer Herausgabe dieser bisher unveröffentlichten Arbeit von Valentin Tomberg in der Kairos Edition zustimmte.

Anmerkungen Teil 1

1 Vgl. Elisabeth Heckmann, Michael Frensch: *Valentin Tomberg, Leben, Werk, Wirkung, Band 1.2*. Schaffhausen 2005, S. 286.

2 Vgl. Heckmann, Frensch: *Valentin Tomberg*. S. 286.

3 Oben, S. 68. ("Oben" bezieht sich hier und im folgenden auf die Seiten dieses Buchs.)

4 Oben, S. 33.

5 Ernst Haeckel: *Die Welträthsel*. Bonn 1899, S. 333.

6 Rudolf Steiner: *Wie erlangt man Erkenntnisse der höheren Welten?* Dornach 1961, S. 41.

7 Zur Kritik an Tomberg vgl. Johannes Kiersch: *A History of the School of Spiritual Science. The First Class*. Forest Row 2006, S. 130.

8 Oben, S. 174.

9 Oben, S. 151.

10 Oben, S. 172 – vgl. Joh 8, 31-33.

11 Oben, S. 173.

12 Benedikt XVI. (2007): "*Glaube, Vernunft und Universität. Erinnerungen und Reflexionen.*" [Ansprache in der Aula Magna der Universität Regensburg am 12. September 2006]. In: Christoph Dohmen (Hg): *Die "Regensburger Vorlesung" Papst Benedikts XVI. Im Dialog der Wissenschaften*. Regensburg: 2007, S. 15-26. – Zur Berufung auf Paulus im Zitat vgl. Röm 12, 1.

13 Oben, S. 173.

14 Oben, S. 174.

15 Vgl. oben, S. 33.

16 Vgl. einen Brief Tombergs an Ernst von Hippel vom 4. Januar 1958, in Heckmann, Frensch: *Valentin Tomberg*. S. 309-314.

17 Der Anonymus d'Outre-Tombe (= Valentin Tomberg): *Die großen Arcana des Tarot. Meditationen*. Basel 1993.

18 Vgl. Heckmann, Frensch: *Valentin Tomberg*. S. 314.

19 Rudolf Steiner: *Wie erlangt man Erkenntnisse der höheren Welten?* S. 41.

20 Der nicht abgeschickte Brief von Tomberg an Willi Seiß zitiert nach Heckmann, Frensch, S. 523 und nach Sergei O. Prokofieff: *Valentin Tomberg and Anthroposophy: A Problematic Relationship*. Forest Row 2005, S. 46.

21 Vgl. etwa die Meinung von Prokofieff, *Valentin Tomberg and Anthroposophy*. S. 4.

22 Z. B. Anonyme: *Méditations sur les 22 Arcanes Majeurs du Tarot*. Paris 1980, S. 724.

23 Oben, S. 133.

24 In diesem Sinn heißt es bei Maxence Caron: "Erst wenn das Prinzip sich offenbart, wird es denkbar.", "C'est [...] lorsque Il [le Principe] se révèle, qu'il devient pensable." *La Vérité captive*. Paris 2009, S. 1103.

25 Oben, S. 85.

26 Lama Anagarika Govinda: *Mandala*. Zürich 1961, S. 124-125.

27 Oben, S. 182.

28 Vgl. Volker Zotz: *Geschichte der buddhistischen Philosophie*. Reinbek bei Hamburg 1996, S. 123-136 und derselbe: *Der Buddha im Reinen Land*. München 1991.

29 Annemarie Schimmel: *Die Zeichen Gottes. Die religiöse Welt des Islam*. München 1995, S. 196.

30 Vgl. Klaus Hedwig: "Efficiunt quod figurant." Die Sakramente im Kontext von Natur, Zeichen und Heil." In: Andreas Speer: *Thomas von Aquin. Die Summa Theologiae*. Werkinterpretationen. Berlin 2005, S. 401-425, hier S. 424.

31 Joseph Meurers: *Können wir von Gott wissen?* Aschaffenburg 1965, S. 64.

32 "C'est là, dans ce continuel effort de la pensée pénétrant en son Fond, que le philosophique continue d'être précisément philo-*sophique*, continue d'aimer ce que la raison a déterminé comme absolument premier donc comme omni-précédent par rapport à la raison elle-même." Caron, *La vérité*. S. 1107.

33 Caron, *La Vérité*. S. 1106.

34 Oben, S. 48.

35 Oben, S. 135.

36 Oben, S. 36.

37 Oben, S. 71.

38 Vgl. dazu im Anhang dieses Buchs die Studie von Volker Zotz: *Tomberg und der Buddhismus*. S. 199-233.

39 Lama Anagarika Govinda: *Grundlagen tibetischer Mystik*. Zürich und Stuttgart 1956, S. 4-5.

40 Zum Einfluss Jungs auf Valentin Tomberg vgl. Friederike Migneco:

Die Bedeutung C. G. Jungs in Werk und Erkenntnismethode von Valentin Tomberg. In: Heckmann, Frensch: *Valentin Tomberg*. S. 624-642.

41 C. G. Jung: *Psychologische Typen*. Gesammelte Werke VI. Olten ¹⁶1989, S. 516.

42 Johann Wolfgang von Goethe: *Maximen und Reflexionen*. 749.

43 Oben, S. 136.

44 Oben, S. 128.

45 Oben, S. 125.

46 Oben, S. 162.

47 Oben, S. 192.

48 Valentin Tomberg, *Lazarus, komm heraus. Vier Schriften*. Hg. von Martin Kriele, Basel 1985.

49 Oben, S. 91 und S. 93.

50 Oben, S. 99-100.

51 Vgl. Jan Dochhorn: *Die Apokalypse des Mose: Text, Übersetzung, Kommentar* (Texts and Studies in Ancient Judaism 106). Tübingen 2005, S. 50.

52 Oben, S. 175.

53 Oben, S. 52.

54 Den Satz überlieferte Edgar Salin: *Um Stefan George*. Bad Godesberg 1948, S. 73.

Anmerkungen Teil 2

Die Anmerkungen Valentin Tombergs sind am Ende mit (VT) kenntlich gemacht, jene der Herausgeber mit (Hg). Ergänzungen der Anmerkungen Tombergs durch die Herausgeber erfolgten in eckigen Klammern. Kommentare der Herausgeber zu Anmerkungen Tombergs wurden gleichfalls in eckiger Klammer an deren Ende gesetzt.

1 Tomberg setzte im Typoskript hinter den Buchtitel *Buch über Adams Buße* in Klammern *Poenitentiae Adae Liber*. Das *Decretum Gelasianum de libris recipiendis et non recipiendis* spricht von einem "Liber qui appellatur Paenitentia Adae." Der damit wahrscheinlich gemeinte jüdische Text kann nicht die Quelle der in Tombergs Vorwort wiedergegebenen christlichen Legende sein. Vgl. hierzu die Einleitung, S. 26 (Hg).

2 Die Wendung "der Alte der Tage" mag ein Hinweis Tombergs auf den anthropomorph erscheinenden Gott im Buch Daniel (7. Kapitel) sein (Hg).

3 Vladimir Sergeevič Solov'ëv (1853-1900). Der russische Religionsphilosoph kommt außer an dieser Stelle im Text nicht mehr vor (Hg).

4 Nikolaj Aleksandrovič Berdjaev (1874-1948) (Hg).

5 *Chāndogya-Upaniṣad* 6, 8, 7 (Hg).

6 *Bṛhadāraṇyaka-Upaniṣad* 1, 4, 10 (Hg).

7 Bei indischen Begriffen und Eigennamen wurden Tombergs Schreibweisen durchgehend durch die heute übliche Transkription ersetzt. Chinesisches wird statt dem im Typoskript verwendeten Wade–Giles-System in Hanyu Pinyin wiedergegeben (Hg).

8 Bei *Pastoralis officii cura* handelt es sich nicht um eine Enzyklika, sondern um ein *Breve* vom 31. Juli 1548 (Hg).

9 In der Enzyklika *Mens nostra* schreibt Pius XI.: "Es sind in der Tat viele Vorzüge, die die Wirksamkeit und die durchschlagende Kraft der Ignatianischen Methode klar zeigen und an sich schon eine beredte Empfehlung der Ignatianischen Exerzitien sind; sie enthalten eine hervorragende Theorie des geistlichen Lebens, frei von den Gefahren und Irrtümern eines falschen Mystizismus; sie können mit wunderbarer Leichtigkeit für jeden Rang und Stand angepasst werden, sei es, dass einer in einem beschaulichen Kloster lebt, sei es, dass er ein tätiges Leben mitten in weltlichen Geschäften führt; sie verbinden auf außerordentlich geeignete Weise die einzelnen Teile untereinander; es findet sich in ihnen eine wunderbar klare Ordnung, nach der eine Betrachtung auf die andere folgt; endlich sind zu erwähnen all die geistlichen Belehrungen, die dazu dienen, das Joch der Sünde abzuschütteln, die Krankheiten der Seele zu heilen, und den Menschen auf dem sicheren Wege der Abtötung und der Überwindung der schlechten Neigungen bis zu den höchsten Stufen des Gebetes und der göttlichen Liebe zu führen" (Hg).

10 Immanuel Kant: *Prolegomena zu einer jeden künftigen Metaphysik, die als Wissenschaft wird auftreten können* (1783). Stuttgart 1989, S. 11 (Hg).

11 Michail Ivanovič Kalinin (1875-1946) war von 1923 bis zu seinem Tod in seiner Funktion als Vorsitzender des Präsidiums des Obersten Sowjets das Staatsoberhaupt der UdSSR (Hg).

12 Die Chlysten sind eine ekstatisch und asketisch geprägte Religionsgemeinschaft, die im Russland des 17. Jahrhundert entstand (Hg).

13 Pavel Ivanovič Mel'nikov (1818-1883), der unter dem Namen

Andrei Pechersky veröffentlichte. Bei dem von Tomberg angeführten Titel *In den Wäldern und Gebirgen* handelt es sich eigentlich um zwei unterschiedliche Romanwerke *In den Wäldern* (1875) und *Auf den Bergen* (1881). Vgl. Marc Slonim: *Modern Russian Literature*. New York 1953, S. 41 (Hg).

14 Tomberg schrieb wörtlich "des islamistischen Ostens." Er bezieht dieses Adjektiv jedoch nicht – wie erst seit den späten siebziger Jahren des zwanzigsten Jahrhunderts beginnend – auf eine politische Ideologie, sondern verwendet es im Sinn von "auf den Islam bezogen." Um im Kontext des heutigen Sprachgebrauchs keine Missverständnisse zu verursachen, wurde der Text in "des islamischen Ostens" geändert (Hg).

15 *Daodejing* 32 (Hg).

16 *Daodejing* 57 (Hg).

17 Tomberg schrieb "Sozianismus." Mit höchster Wahrscheinlichkeit meinte er die nach Lelio Sozzini (1525-1562) benannte antitrinitarische Lehre des *Sozinianismus*. Der Text wurde entsprechend geändert (Hg).

18 Der Presbyter Lucidus vertrat im 5. Jahrhundert die Lehre, das Heil oder die Verdammnis des Einzelnen sei vollkommen vorherbestimmt (Hg).

19 Tomás de Torquemada (1420-1498), der erste Großinquisitor Spaniens, berüchtigt für seine grausame Verfolgung von Häretikern und Juden (Hg).

20 "Exspecto resurrectionem mortuorum" – "Ich erwarte die Auferstehung der Toten" (Hg).

21 Das Zitat wird von der Tradition Thomas von Aquin zugeschrieben (Hg).

22 Johan Baptista van Helmont, desse Geburtsjahr in der Literatur auch mit 1579 und 1580 angegeben wird (Hg).

23 Justus von Liebig (1803-1873). Die von Tomberg angeführte Jahreszahl 1840 bezieht sich auf das Erscheinungsjahr von Liebigs Werk *Die organische Chemie in ihrer Anwendung auf Agricultur und Physiologie*. Braunschweig 1840 (Hg).

24 Jean Baptiste Boussingault (1802-1887). Die von Tomberg angeführte Jahreszahl 1855 könnte sich auf Boussingaults in diesem Jahr veröffentlichte Arbeit "De l'Action du Salpêtre sur la Végétation" (*Comptes rendus hebdomadaires des séances de l'Académie des sciences*, Band 41, S. 845-875) beziehen (Hg).

25 Boussingault arbeitete um 1840 mit dem Chemiker Jean Baptiste André Dumas (1800 –1884) zusammen, was die Schrift *Essai de statique chimique des êtres organisés* (Paris 1842) bezeugt. Wofür die von Tomberg angegebenen Jahreszahlen "1860 – 1890" stehen sollen, bleibt unklar, zumal 1890 beide Gelehrte nicht mehr am Leben waren (Hg).

26 Julius Sachs (1832-1897) veröffentlichte die von Tomberg angeführten Ergebnisse 1884 in den *Arbeiten* des Botanischen Instituts in Würzburg (Hg).

27 Die eigentliche Fromulierung bei Wilhelm von Ockham (1288-1347) lautet "[...] pluralitas non est ponenda sine necessitate." (*Guillelmi de Ockham opera philosophica et theologica*. Band 1. St. Bonaventure N.Y. 1967, S. 74). "Eine Vielheit darf nicht ohne Notwendigkeit zugrundegelegt werden" (Hg).

28 Vgl. L.S. Stebbing: *A Modern Introduction to Logic*. London, S. 296-298 (VT) [Das Werk der britischen Philosophin Lizzie Susan Stebbing (1885-1943) erschien erstmals 1930 (Hg).]

29 [Max Planck:] *A Survey of Physics*. [*A collection of lectures and essays*] London [1925], S. 5 (VT).

30 Im Typoskript heißt es: "folglich wird auch Raben+1, Raben+2, Raben+3 ... oder alle Raben schwarz sein" (Hg).

31 Vgl. Stebbing, *Introduction to Logic*. S. 104-106, 408f (VT).

32 Der Paläontologe Edgar Dacqué (1878-1845) war als zeitweiliges Mitglied der Theosophischen Gesellschaft in seinen Auffassungen zu naturwissenschaftlichen Fragen von entsprechenden Ideen beeinflusst. Vgl. Kocku von Stuckrad: "Naturwissenschaft und Religion: Interferenzen und diskursive Transfers." In: Hans G. Kippenberg et al. (Hg): *Europäische Religionsgeschichte – ein mehrfacher Pluralismus: Entwicklungspfade, kulturelle Transfers, Vermittlungsformen*. Band 2. Göttingen 2009, S. 461-466.

33 [Edgar Dacqué:] *Leben als Symbol*. München 1928, S. 55f. (VT).

34 Dacqué, op.cit. S. 201 (VT) [Das Zitat Dacqués wurde leicht gekürzt (Hg).]

35 Tatsächlich findet sich bei dem Physiker Gustav Theodor Fechner (1801-1887) die Idee eines Urbildes, das, wie Tomberg im folgenden Satz sagt, "allmählich in Erscheinung tritt." Fechner stellte fest, dass die Natur "im Aufsteigen von niederen Stufen zum Menschen hinauf, dem höchsten Geschöpfe unseres Planeten, immer mehr zur Kugelgestalt hinstrebt", wofür ihm die Schädelform als Beweis gilt. Betrachtet man, "wie sich der Kopf des Thiers in den des Menschen umformt", ist festzustellen, wie er danach strebt, "sich so umzuformen, daß er eine Kugel, und ein gewisser Punkt in ihm der Mittelpunkt dieser Kugel werde." Dr. Mises [= Gustav Theodor Fechner]: *Vergleichende Anatomie der Engel*. Leipzig 1825, S. 16-17 (Hg).

36 Vgl. die Formulierung aus einem Vortrag Rudolf Steiners vom 9. Juli 1924: "Es stammt der Mensch gar nicht in dem Sinne vom Affen ab, sondern der Mensch war da, und alle Säugetiere entstanden eigentlich aus dem Menschen heraus von denjenigen Menschenformen, in denen der Mensch unvollkommen geblieben ist. So daß man vielmehr sagen kann, der Affe stammt vom Menschen ab, als der Mensch stammt vom Affen ab." Rudolf Steiner: *Die Schöpfung der Welt und des Menschen*. Dornach 2000, S. 66-67 (Hg).

37 Vgl. [Rudolf Carnap:] *Einführung in die symbolische Logik*. Wien 1954, S. 10-13 (VT).

38 Carnap, *Einführung in die symbolische Logik*. Wien 1954, S. 3 (VT).

39 Das Beobachten schließt selbst schon eine logische Tätigkeit ein (VT).

40 [Gottlob Frege:] *Die Grundlagen der Arithmetik*. Breslau 1884, § 87 (VT).

41 Raimundus Lullus (1232-1316) schlug in seinem Werk *Ars generalis ultima* vor, durch die mechanische Kombination von Begriffen mittels eines Apparats zu neuen Erkenntnissen zu gelangen (Hg).

42 Wolfgang Albrecht: *Die Logik der Logistik*. Berlin 1954, S. 10 (VT).

43 Frege, op. cit. S. IV (VT).

44 Karl Stern: *The Pillar of Fire*. London 1951 (VT) [Die deutsche Ausgabe lautet nicht, wie Tomberg zutreffend aus dem Englischen übersetzt *Die Feuersäule*, sondern *Die Feuerwolke* (Salzburg 1954). Josef Pieper (*Autobiographische Schriften*. Hamburg 2003, S. 338) nannte diesen deutschen Titel "unsinnig, weil der Autor seine merkwürdige 'Rückkehr' zur katholischen Kirche als die strikte Konsequenz des religiösen Judentums versteht, als einen Akt des Gehorsams gegen den alttestamentlichen, sich nächtlich in der 'Feuersäule' zeigenden Gott Israels." (Hg).]

45 Der in Deutschland aufgewachsene Psychiater Karl Stern (1906-

1975) war nach Kanada emigriert, wo er 1943 vom Judentum zum katholischen Glauben konvertierte: "If it were true, I used to think, that God had become man, and that His life and death had a personal meaning to every single person among all those millions of existences spent in the stench of slums, in a horizonless world, in the suffocating anguish of enmities, sickness and dying – if that were true, it would be something tremendously worth living for." Karl Stern: *The Pillar of Fire*. New York 1951, S. 229 (Hg).

46 [Immanuel Kant:] *Kritik der Urteilskraft*. Zweiter Teil: Kritik der teleologischen Urteilskraft. 6. Aufl., Leipzig 1924, B 466-467 (VT).

47 *Kritik der ästhetischen Urteilskraft*. B 243/244 (VT).

48 Hugo Grotius (1583-1645): *Mare liberum*. Leiden 1605 (Hg).

49 Patañjali (2. Jahrhundert v. Chr.) gilt als Autor des *Yogasūtra* (Hg).

50 In Tombergs Typoskript ist dieses Diagramm *Persönliche Initiative* identisch mit jenem zur *Klassenwirtschaft*. Aus dem Kontext wird klar, dass die Worte "Freiheit" und "Gleichheit" zu vertauschen waren (Hg).

51 Dieser Satz wurde um ein inhaltlich funktionsloses Glied ("um das Trachten der ausbeutenden Klasse") gekürzt (Hg).

52 Bei den Worten handelt es sich um kein Zitat Goethes, sondern sie stammen aus Schillers Gedicht *Breite und Tiefe*:

[...] Wer etwas Treffliches leisten will,
Hätt' gern was Großes geboren,
Der sammle still und unerschlafft
Im kleinsten Punkt die höchste Kraft. [...]
Der Kern allein im schmalen Raum
Verbirgt den Stolz des Wald's – den Baum.

Friedrich von Schiller: *Sämmtliche Werke*. Band VI. Schillers Gedichte II. Carlsruhe 1826, S. 110-111.

53 Rudolf Otto: *Das Heilige*. [*Über das Irrationale in der Idee des Göttlichen und sein Verhältnis zum Rationalen*. Breslau] 1917 (VT).

54 Carl Gustav Jung: *Psychology and Religion*. New Haven 1937 (VT).

55 "Human-heartedness" in englischer Übersetzung (VT). [Die konfuzianische Idee wahren Menschlichseins (*ren*) wurde in den Tomberg zugänglichen englischen Übersetzungen konfuzianischer Texte mit Begriffen wie *Goodness*, *Perfect Virtue* und *Benevolence* wiedergegeben. Wenn er sich für das ebenfalls diskutierte *human-*

heartedness entschied, zeigt dies, wie er sich intensiver mit der Bedeutung des Begriffs auseinandersetzte. Das entsprechende Schriftzeichen wird aus dem Piktogramm für "Mensch" und jenem für die Zahl Zwei zusammengesetzt, was den Beziehungscharakter der gemeinten Idee unterstreicht. Konfuzius erklärt in *Lunyu* XII, 22 dieses Menschlichsein als "die Menschen zu lieben", was Tombergs Einschätzung einer "Verinnerlichung der Gerechtigkeit in der Richtung zur Liebe" berechtigt erscheinen lässt. Vgl. dazu Volker Zotz: *Konfuzius für den Westen. Neue Sehnsucht nach alten Werten.* Frankfurt am Main 2007, S. 149-150 (Hg).]

56 Baoxi ist ein anderer Name des Fuxi, des mythischen ersten chinesischen Kaisers, der knapp drei Jahrtausende vor Christus regiert haben soll. Er als Urheber vieler Errungenschaften wie der Medizin, des Fischfangs und des Schreibens bezeichnet (Hg).

57 Das *Xicizhuan* ist ein konfuzianischer Kommentar zum Buch der Wandlungen (*Yijing*) (Hg).

58 "Pokrov Bogomateri" im Russischen (VT). [Wenn Tomberg hier eigens den russischen Begriff anführt, mag das einen Hinweis auf das gleichnamige dem Schutzmantel Marias gewidmete Fest sein, das die russisch-orthodoxe Kirche am 1. Oktober feiert (Hg).]

59 Kap. 13-17 des Johannes-Evangeliums (VT).

60 Tomberg übersetzte aus Adolphe Tanquerey: *Synopsis theologiae dogmaticae specialis*. Band 1. Baltimore 1894, S. 100-102 (Hg).

61 Étienne Gilson: *L'esprit de la philosophie médiévale*. Paris 1948, S. 50 (VT).

62 Das Zitat lautet in der deutschen Übersetzung von Rainulf Schmücker ungekürzt: "Der Exodus legt das Fundament, auf dem die gesamte christliche Philosophie aufbaut. Von hier an ist ein für allemal ausgemacht, daß 'Sein' der Eigenname Gottes ist und daß wie Ephräm sagt und Bonaventura wiederholt, dieser Name sein Wesen bezeichnet." Étienne Gilson: *Der Geist der mittelalterlichen Philosophie*. Wien 1950, S. 59 (Hg).

63 *Sum. theol.*, I 13,11 (VT) [Tomberg übernahm dieses Zitat von Gilson: *L'esprit*. S. 51 (Hg).]

64 In *Sent.* I, 2, dub. 4 (VT). [Tomberg übernahm dieses Zitat offensichtlich aus der Fußnote des von ihm angeführten Textes von Gilson. Dieser gibt die entsprechende Passage Bonaventruas dort wieder: "Illud nomen quid est et Ego sum qui sum, est nomen essentiae proprie: hoc enim est quaedam circumlocutio, significans entitatem in omnimoda perfectione et absolutione, et hoc est nomen proprium divinae substantiae". Gilson: *L'esprit*. S. 50 (Hg).]

65 Die Kabbalisten Isaak Luria (1534-1572) und Chaim Vital (1543-1620) wurden von Tomberg im Typoskript irrtümlich auf das 14. Jahrhundert datiert (Hg).

66 † 23. März 1948 (VT).

67 Ganz in diesem Sinn Tombergs schrieb Abraham Gottlob Rosenberg (1709-1764) in seiner Vorrede zur deutschen Ausgabe von Isaac Newtons Kommentar zur Apokalypse: "Der große Neuton hat durch sein Exempel ein Vorurtheil widerleget, mit welchem sich sehr oft Leute zu brüsten pflegen, welche die Offenbarung aus weit größerem Eifer als aus Vernunft anfallen. Ein Buch, wie die Bibel, saget man, ist kein Buch für Leute, die da denken können; und ein großer Geist findet nichts in ihren Lehren, welches ein Gemüth mit Anständigkeit beschäfftigen könnte, das zu gründlichen und wichtigen Untersuchungen gewöhnet ist." Isaak Newton: *Auslegung der Offenbarung St. Johannis in Vergleichung mit dem Propheten Daniel*. Leipzig und Liegnitz 1765, S. 2 (Hg).

68 [Die Chassidim wurden] gegründet von Israel Baal Schem Mow, geb. [ca.] 1695 in Tluste, Galizien, gest. in Miedziboz, Podolien, 1760 (VT).

Anmerkungen Teil 3

1 Joseph Dahlmann: *Buddha*. Berlin 1898, S. 216.

2 *Monumenta Xaveriana*. I. Madrid 1900, S. 628-689.

3 Dieser Prozess wurde ausführlich behandelt in Volker Zotz: *Zur Rezeption, Interpretation und Kritik des Buddhismus im deutschen Sprachraum vom Fin-de-Siècle bis 1930. Historische Skizze und Hauptmotive*. Wien 1986; sowie derselbe: *Auf den glückseligen Inseln. Buddhismus in der deutschen Kultur*. Berlin 2000.

4 Georg Wilhelm Friedrich Hegel: *Philosophie der Weltgeschichte*. Hg. Georg Lasson. Leipzig 1917/18, S. 232.

5 Carl Friedrich Koeppen: *Die Religion des Buddha und ihre Entstehung*. Berlin 1857, S. 216.

6 Romano Guardini: *Der Herr. Betrachtungen über die Person und das Leben Jesu Christi*. Basel ⁴1944, S. 381.

7 Enzyklika *Fides et ratio* (1998) § 72.

8 Valentin Tomberg: *Innere Gewissheit*. S. 171.

9 Hans Urs von Balthasar: "Einführung." In: Der Anonymus d'Outre-Tombe (= Valentin Tomberg): *Die großen Arcana des Tarot. Meditationen*. Basel ³1993, S. IX-XVI, hier S. IX.

10 Zweifel, die an der Verlässlichkeit veröffentlichter Texte Tombergs angemeldet wurden (vgl. Carro von Benwick: *Tombergs hermetisches Wirken in Anthroposophie und Kirche*. Taisersdorf /Bodensee 2002), dürften seine grundlegende Haltung zu Buddhistischem nicht tangieren.

11 In einer im Tomberg-Archiv im Kloster Himmerod befindlichen Aufzeichnung, die Tomberg auf den 2. Mai 1952 datierte, hält er eine Vision zum Thema Buddha und die Marssphäre fest, die inhaltlich an Ideen Rudolf Steiners anknüpft.

12 Die Gedanken zum Buddha Maitreya in Valentin Tomberg: *Anthroposophische Betrachtungen über das Neue Testament und die Apokalypse*. Schönach/Bodensee ²1991 (Tallinn ¹1935-38) kehren bis in die Formulierung erkennbar in *Die großen Arcana des Tarot* (Kapitel 21) wieder.

13 Valentin Tomberg: *Degeneration und Regeneration der Rechtswissenschaft*. Bonn 1946; derselbe: *Die Grundlagen des Völkerrechts als Menschheitsrecht*. Bonn 1947.

14 Anonymus: *Die großen Arcana*. S. 435 und S. 657.

15 H.P. Blavatsky: *Isis entschleiert. Ein Meisterschlüssel zu den Geheimnissen alter und neuer Wissenschaft und Theologie*. – Zitiert nach dem Nachdruck der deutschen Erstausgabe, Den Haag o. J., Band II, S. 123-124.

16 *Die heilige Sophia – die Weisheit des Allmächtigen* (Nicholas Roerich Museum, New York), *Maitreya* (Staatliches Museum für Orientalistik, Moskau).

17 Vgl. den Aufsatz "Gegenströmungen der Geisteswissenschaft im Osten" (1930), wieder abgedruckt in Valentin Tomberg: *Gesammelte Aufsätze aus der Zeit von 1930 bis 1938*. Schönach/Bodensee 1999, S. 119-125.

18 Rudolf Steiner: *Das Ereignis der Christus-Erscheinung in der ätherischen Welt*. Dornach 1984, S. 185.

19 Rudolf Steiner: *Das esoterische Christentum und die geistige Führung der Menschheit*. Dornach 1977, S. 56.

20 Vgl. Zotz: *Auf den glückseligen Inseln*. S. 326-334.

21 Tomberg (*Anthroposophische Betrachtungen über das Neue Testament.* S. 11) erwähnt die christologischen Arbeiten Hermann Beckhs. Der Indologe, der ab 1810 an der Universität Berlin Sanskrit und Tibetisch lehrte, wurde nach der Begegnung mit Rudolf Steiner 1922 zu einem Mitbegründer der anthroposophisch inspirierten "Christengemeinschaft." Unter Steiners Einfluss legte Beckh eine kommentierte Übersetzung des *Mahāparinibbānasutta* (*Der Hingang des Vollendeten. Die Erzählung von Buddhas Erdenabschied und Nirvāna*, Stuttgart 1925) und die die Schrift *Von Buddha zu Christus* (Stuttgart 1925) vor. Vor seiner Wende zur Anthroposophie erschien das zweibändige Werk *Buddhismus* (Berlin und Leipzig 1916).

22 Vgl. Beckh: *Von Buddha zu Christus* und den Auszug in *Hingang.* 2. Aufl. S. 16-25, hier S. 22.

23 In Tombergs Nachlass fanden sich unter anderem Hans-Hasso von Veltheim-Ostrau: *Der Atem Indiens. Tagebücher aus Asien.* Hamburg ²1955. Alexandra David-Néel: *Magie d'amour et Magie noire.* Paris 1929. *Initiations lamaïque.* Paris 1951. *Textes tibétains.* Paris 1952, und *Les enseignements secrets de Bouddistes tibétains.* Paris 1961.

24 Anonymus: *Die großen Arcana.* S. 246.

25 Valentin Tomberg: *Betrachtungen über das NT.* S. 290. Damals waren in deutscher Sprache Übersetzungen des Textes von Karl Eugen Neumann, Paul Dalhke und Otto E. Francke zugänglich.

26 Anonymus: *Die großen Arcana.* S. 671.

27 Anonymus: *Die großen Arcana.* S. 476.

28 Unter anderem behauptet von Charles Lawrie: "Valentin Tomberg – einige Tatsachen, einige Fragen." In: *Valentin Tomberg. Leben, Werk, Wirkung.* Band II. Quellen und Beiträge zum Werk hg. vom Ramsteiner Kreis Trier. Schaffhausen 2000, S. 381-396, hier S. 381.

29 Vgl. Anonymus: *Die großen Arcana.* S. 264 und S. 271.

30 Anonymus: *Die großen Arcana.* S. 43.

31 Kohelet 1, 9.

32 Anonymus: *Die großen Arcana.* S. 263-264.

33 Die Literatur zu diesem Thema erreichte ein beträchtliches Ausmaß. Vgl. Hans Haas: *Bibliographie zur Frage nach den Wechselbeziehungen zwischen Buddhismus und Christentum.* (Veröffentlichungen des Forschungsinstituts für vergleichende Religionsgeschichte an der Universität Leipzig 6). Leipzig 1922.

34 Valentin Tomberg: *Lazarus, komm heraus*. Basel 1985, S. 90.

35 Für eine Skizze innerbuddhistischer Faktoren, die zum Entstehen des Mahāyāna beitrugen vgl. Volker Zotz: *Geschichte der buddhistischen Philosophie*. Reinbek 1996, S. 81-85.

36 Der Anonymus d'Outre-Tombe (= Valentin Tomberg): *Die großen Arcana des Tarot. Meditationen*. Basel ³1993, S. 109.

37 Valentin Tomberg: *Lazarus*. S. 126-127.

38 Joseph Kardinal Ratzinger [Benedikt XVI.]: *Glaube – Wahrheit – Toleranz. Das Christentum und die Weltreligionen*. Freiburg / Basel / Wien 2003, S. 44.

39 Zum Folgenden vgl. Valentin Tomberg: *Anthroposophische Betrachtungen über das Alte Testament*. Schönach ²1989 (Tallinn ¹1933), S. 109-121.

40 Rudolf Steiners Vortragszyklus "Der Christus-Impuls und die Entwicklung des Ich-Bewußtseins." (Berlin 1909/10) GA 116.

41 Anonymus: *Die großen Arcana*. S. 634-635.

42 Anonymus: *Die großen Arcana*. S. 371.

43 Valentin Tomberg: *Betrachtungen über das AT*. S. 113.

44 Valentin Tomberg: *Lazarus, komm heraus*. Basel 1985, S. 54.

45 Anonymus: *Die großen Arcana*. S. 39.

46 Anonymus: *Die großen Arcana*. S. 513.

47 Valentin Tomberg: *Sieben Vorträge über die innere Entwicklung des Menschen*. Schönach ²1993 (Rotterdam ¹1938), S. 49.

48 Valentin Tomberg: *Sieben Vorträge*, S. 53-59.

49 Rudolf Steiner: "Inneres Wesen des Menschen und Leben zwischen Tod und neuer Geburt." (Wien 1914), GA 153.

50 Valentin Tomberg: *Sieben Vorträge*. S. 58.

51 Lama Kazi Dawa-Samdup, W.Y. Evans-Wentz, Lama Anagarika Govinda (Hg): *Das Tibetanische Totenbuch oder die Nachtod-Erfahrungen auf der Bardo-Stufe*. Olten und Freiburg im Breisgau 1972.

52 Anonymus: *Die großen Arcana*. S. 400.

53 "Gegenströmungen der Geisteswissenschaft im Osten." Zitiert nach Valentin Tomberg: *Gesammelte Aufsätze aus der Zeit von 1930 bis 1938*. Schönach/Bodensee 1999, S. 123-124.

54 *Samyuttanikāya* 38.

55 *Ekadhammapāli* (*Aṅguttaranikāya* I, 32). In dieser Arbeit angeführte Zitate aus dem Pāli wurden vom Verfasser aus den genannten Quellentexten ins Deutsche übersetzt und teilweise kürzend paraphrasiert.

56 *Samyuttanikāya* 23.

57 *Udāna* VIII, 3.

58 Anonymus: *Die großen Arcana*. S. 692-693.

59 Anonymus: *Die großen Arcana*. S. 110.

60 *Anguttaranikāya* III, 47.

61 Anonymus: *Die großen Arcana*. S. 336.

62 Anonymus: *Die großen Arcana*. S. 244.

63 Anonymus: *Die großen Arcana*. S. 110.

64 Anonymus: *Die großen Arcana*. S. 325.

65 Anonymus: *Die großen Arkana*. S. 561-562.

66 Johannes Paul II.: *Die Schwelle der Hoffnung überschreiten*. Hamburg 1994, S. 117-118.

67 Johannes Paul II.: *Schwelle der Hoffnung*. S. 155-116.

68 Hugo M. Enomiya-Lassalle: *Der Versenkungsweg. Zen-Meditation und christliche Mystik*. Freiburg im Breisgau 1992.

69 Anonymus: *Die großen Arcana*. S. 66.

70 Anonymus: *Die großen Arcana*. S. 10-11.

71 Vgl. den Aufsatz "Asiatisches Geistesleben" (1931) In: Valentin Tomberg: *Gesammelte Aufsätze aus der Zeit von 1930 bis 1938*. Schönach 1999, S. 133-135.

72 Vgl. Anonymus: *Die großen Arcana*. S. 150.

73 Anonymus: *Die großen Arcana*. S. 675.

74 Anonymus: *Die großen Arcana*. S. 500.

75 Helmut Zander: *Geschichte der Seelenwanderung in Europa. Alternative religiöse Traditionen von der Antike bis heute*. Darmstadt 1999, S. 119.

76 Hans Urs von Balthasar in: Anonymus: *Die großen Arcana*. S. XV.

77 Anonymus: *Die großen Arcana*. S. 99-100.

78 Anonymus: *Die großen Arcana*. S. 500.

79 Zu Maitreya vgl. Volker Zotz: *Maitreya. Kontemplationen über den Buddha der Zukunft*. Mit einem Geleitwort von Lama Anagarika Govinda. Hann. Münden 1984. – Alan Sponberg, Helen Hardacre (Hg): *Maitreya, the Future Buddha*. Cambridge 1988.

80 *Dīghanikāya* 26.

81 Rudolf Steiner: "Buddha und Christus - Die Sphäre der Bodhisattvas", Mailand, 21. September 1911.

82 Rudolf Steiner: "Der Christus-Impuls und seine großen Verkündiger." Notizen aus dem Vortrag, Rom, 13. April 1910.

83 Valentin Tomberg: *Betrachtungen über das NT*. S. 290. Das Buddha-Zitat aus *Dīghanikāya* 26.

84 Valentin Tomberg: *Betrachtungen über das NT*. S. 299.

85 Mitschrift des *Vater-unser-Kurses* (1934) im Tomberg-Archiv des Klosters Himmerod.

86 Lk 4, 31-39 und Lk 18, 53-43.

87 Mitschrift des *Vater-unser-Kurses*.

88 Anonymus: *Die großen Arcana*. S. 667-675.

89 In seinem Vortrag "Der Sonnenlogos. Die zehn Avatare" (1903) identifizierte Rudolf Steiner Kalki mit Christus.

90 H.P. Blavatsky: *Die Geheimlehre. Die Vereinigung von Wissenschaft, Religion und Philosophie*. Band I. Zitiert nach dem Nachdruck Den Haag o. J., S. 412.

91 Blavatsky: *Geheimlehre* I. S. 510.

92 Blavatsky: *Geheimlehre* I. S. 114 mit Hinweis auf Offb 14, 13

93 Valentin Tomberg: *Betrachtungen über das NT*. S. 290.

94 Brief von Wilhelm Hübbe-Schleiden an Gretchen Boggiani (3. September 1911), zitiert nach Norbert Klatt: *Theosophie und Anthroposophie. Neue Aspekte zu ihrer Geschichte*. Göttingen 1993, S. 200-207.

95 Valentin Tomberg: *Lazarus*. S. 73.

96 Rudolf Steiner: "Der Christus-Impuls im historischen Werdegang." (Vortrag 17. September 1911).

97 Valentin Tomberg: *Lazarus*. S. 77.

98 Zitiert nach der französischen Ausgabe Anonymus: *Méditations sur les 22 Arcanes Majeurs du Tarot*. Paris 1980, S. 724.

99 Anonymus: *Die großen Arcana*. S. 674.

100 Vgl. z.B. Martin Kriele: *Zur Bodhisattva-Frage*. In: Info 3 2/1996.

101 Vgl. Elisabeth Vreede, Thomas Meyer: *Die Bodhisattvafrage*. Basel 1989; Sergej O. Prokofieff, Christian Lazaridès: *Der Fall Tomberg. Anthroposophie oder Jesuitismus*. O. [Dornach] 1996.

102 Rudolf Steiner: "Die theologische Fakultät und die Theosophie." (Vortrag 11. Mai 1905).

103 Vgl. Volker Zotz: *Der Bodhisattva Maitreya nach der Lehre Shinran Shōnins*. In: Amida 4 (März 1988), S. 1-6.

Auswahlbibliographie

In dieser bibliographischen Auswahl werden nur die bisher veröffentlichten Werke des Autors aufgeführt. Nicht berücksichtigt sind der handschriftliche Nachlass und die Privatdrucke. Die als erste angegebene Sprache ist die, in der das Werk ursprünglich verfasst wurde.

Anthroposophische Betrachtungen über das Alte Testament. Mit einem Anhang von Martin Kriele, Schönach, Achamoth, 1989 (EA 1933-1935), 240 S.
Français: *Considérations anthroposophiques sur l'Ancien Testament.* Trad. de l'allemand par V. Borde et P. Hansen, Taisersdorf, Achamoth, 2004, 263 S.
Italiano: *L'Aurora della Rivelazione: i misteri dell'Antico Israele nella storia spirituale dell'umanità.* A cura di Giancarlo Roggero, Trento, Estrella de Oriente, 2005, 447 S.
English: *Christ and Sophia: anthroposophic meditations on the Old Testament, New Testament, and apocalypse.* Ed. by R. H. Bruce, Great Barrington, MA, SteinerBooks, 2006, 432 S.

Anthroposophische Betrachtungen über das Neue Testament und die Apokalypse. Schönach, Achamoth, 1991 (EA 1935-1938), 320 S.
Français: *Considérations anthroposophiques sur le Nouveau Testament.* Trad. de l'allemand par V. Borde et P. Hansen, Taisersdorf, Achamoth, 2002, 253 S.
Italiano: *Il Figlio dell'uomo: il Nuovo Testamento nella dimensione dell'anima.* A cura di Giancarlo Roggero, Trento, Estrella de Oriente, 2002, 303 S.

Geisteswissenschafltiche Betrachtungen über die Apokalypse des Johannes. Considérations sur l'Apocalypse. Trad. de V. Borde et P. Hansen, Taisersdorf, Achamoth, 2007, 73 S.
Italiano: *Considerazioni sull'Apocalisse. Lettere alle sette Chiese.* A cura di Giancarlo Roggero, Estrella de Oriente, 2007, 95 S.

Die Grundsteinmeditation Rudolf Steiners (EA 1936-1939). Schönach, Achamoth Verlag, 1993, 142 S.
English: *Studies on the Foundation Stone Meditation*. Ed. by Robert Powell, Logosophia, 2010, 104 S.

Sieben Vorträge über die innere Entwicklung des Menschen. 2. Ausg., Schönach, Achamoth, 1993 (EA 1938), 150 S.
English: *Inner developement: seven lectures*. Trans. rev. by Richard and Patricia Bloedon, Hudson, N.Y., Anthroposophic Press, 1992, 118 S.

Die vier Christusopfer und das Erscheinen des Christus im Ätherischen: Hrsg. Martin Kriele, Schönach, Achamoth, 1994 (EA 1939), 3. Aufl., 146 S.

Gesammelte Aufsätze aus der Zeit von 1930 bis 1938 (Über östliche und westliche Geistigkeit, die Geisteswissenschaft Rudolf Steiners, die Tragik Russlands, Strömungen gegen den Christus-Impuls). Hrsg. von Willi Seiß, Taisersdorf, Achamoth, 2002, 296 S.
English: *Russian Spirituality and Other Essays*. Ed. by James Wetmore, Sophia Perennis, 2010, 218 S.

Aufzeichnungen, Vortragsnachschriften. Hrsg. von Willi Seiß, Taisersdorf, Achamoth, 2002, 247 S.

Der Vaterunser-Kurs. Hrsg. Willi Seiß, Taisersdorf, Achamoth, 2008-2010, 4 Teile.

* * *

Die Grundlagen des Völkerrechts als Menschheitsrecht (1944-1945). Bonn, Götz Schwippert, 1947, 195 S.
Spanisch: *La problematica del derecho international a traves de la historia*. Trad. por J. C. Martinez, Barcelona, Bosch, 1961, 345 S.

Degeneration und Regeneration der Rechtswissenschaft. Mit einem Nachw. des Herausg., Bonn, Bouvier, 1974 (EA 1946), 72 S., Schriften zur Rechtslehre und Politik, Bd. 66.
Italiano: *Degenerazione e rigenerazione della scienza del diritto*. A cura di Giancarlo Roggero, con un saggio introduttivo di Roberto Russano, Trento, Estrella de Oriente, 2012, 142 S.

* * *

Méditations sur les 22 arcanes majeurs du Tarot. Par un auteur qui a voulu conserver l'anonymat, avant-propos de Hans Urs von Balthasar, préf. de Robert Spaemann, Paris, Aubier, 2001, nouv. éd. (éd. pr. 1980), 774 S.
Deutsch: (Der Anonymus d'Outre-Tombe): *Die großen Arcana des Tarot. Meditationen*. Mit einer Einf. von Hans Urs von Balthasar, Basel, Herder, 1993, 3. Aufl., 4. Bde.
Italiano: (Autore che ha voluto conservare l'anonimato): *Meditazioni sui Tarocchi: i 22 arcani maggiori rivelati alla luce dell'ermetismo cristiano*. Trad. di Michèle Leks, Trento, Estrella de Oriente, 1999-2001, 2 Bde.
English: (Anonymous), *Meditations on the Tarot: a journey into Christian hermeticism*. Transl. R. Powell, New York, J.P. Tarcher/Putnam, 2002, 670 S.

Lazarus, komm heraus: vier Schriften. Hrsg. und mit einem Nachw. von Martin Kriele, mit einer Einführung von Robert Spaemann, Basel, Herder, 1985, 239 S.
Italiano: *Lazzaro. Un miracolo che continua*. A cura di Friederike Migneco, Trento, Estrella de Oriente, 2010, 213 S.
English: *Covenant of the heart: Meditations of a Christian Hermeticist on the Mysteries of Tradition*. Shaftesbury, Element, 1992, 255 S.; *Lazarus, come forth!: meditations of a Christian esotericist on the mysteries of the raising of Lazarus, the Ten commandments, the Three Kingdoms, and the Breath of Life*. Transl. R. Powell, J. Morgante, Great Barrington, MA, Lindisfarne Books, 2006.

(Der Anonymus d'Outre-Tombe): *Schlüssel zum Geheimnis der Welt: Meditationsübungen zum Tarot.* Ausgew. und eingel. von Gertrude Sartory, Freiburg, Herder, 1987, 189 S.

Le mat itinérant. L'amour et ses symboles: une méditation chrétienne sur le Tarot. Der wandernde Narr. Die Liebe und ihre Symbole: eine christliche Tarot-Meditation. Français/ Deutsch. Hrsg. und Einf. von Friederike Migneco und Volker Zotz, übers. von Wilhelm Maas, Luxembourg, Kairos Edition, 2007, 158 S.
Inspirationen zu den Grossen Arcana des Tarot XIV-XII. Hrsg. W. Seiß, C. Barker, Taisersdorf, Achamoth, 2007, 140 S.
English: *The Wandering Fool: Love and its Symbols. Early Studies on the Tarot.* Ed. by Robert Powell, Logosophia, San Rafael CA, 2009, 140 S.
Italiano: *Appunti di viaggio nell'Ermetismo cristiano.* Introd. di Friederike Migneco e Volker Zotz, Trento, Estrella de Oriente, 2012, 159 S.

Auswahlbibliographie zu Leben und Werk

Philippe-Emmanuel Rausis, O.P., "Le modèle christique", dans: Philippe-Emmanuel Rausis O.P.: *L'initiation.* Paris, Cerf / Fides, 1993, S. 81-117.

Gerhard Wehr: *Spirituelle Meister des Westens. Leben und Lehre.* München, Diederichs, 1995 (trad. française: *Maîtres spirituels de l'Occident. Vie et enseignement.* Paris, 1997).

Antoine Faivre: *Analyse des Méditations de Valentin Tomberg sur les vingt-deux Arcanes majeurs du tarot de Marseille.* dans: Faivre: *Accès de l'ésotérisme occidental-II.* Nouvelle éd., Paris, Gallimard, 1996, S. 290-341.

Martin Kriele: "Tombergs Leben und Werk", in: Martin Kriele:

Anthroposophie und Kirche. Erfahrungen eines Grenzgängers. Freiburg, Basel, Herder, 1996, S.159-186.

Michel Saint-Paul: *Tomberg Valentin, 1900-1973*: Occident moderne, dans: *Dictionnaire critique de l'ésotérisme.* Sous la dir. de Jean Servier, Paris, PUF, 1998, S.1301-1303.

Valentin Tomberg: Leben - Werk - Wirkung. Band II, Quellen und Beiträge zum Werk hrsg. vom Ramsteiner Kreis Trier, Schaffhausen, Novalis, 2000, 400 S.

Elisabeth Heckmann, *Valentin Tomberg: Leben - Werk - Wirkung.* Band I.1 (1900-1944), Schaffhausen, Novalis Verlag, 2001, 576 S.

Elisabeth Heckmann, Michael Frensch: *Valentin Tomberg: Leben - Werk - Wirkung.* Band I.2 (1944-1973), mit Beitr. von Wilhelm Maria Maas, Friederike Migneco, Ludmilla Zimmermann, Quern-Neunkirchen, Novalis Verlag, 2005, 663 S.

Giancarlo Roggero: 'Appendice', in: Valentin Tomberg: *L'Aurora della Rivelazione: i misteri dell'antico Israele nella storia spirituale dell'umanità.* Trento, Estrella de Oriente, 2005, S. 299-420.

Friederike Migneco, Volker Zotz: 'Introduction', 'Einführung', in: Valentin Tomberg: *Le mat itinérant. L'amour et ses symboles. Der wandernde Narr. Die Liebe und ihre Symbole.* Luxembourg, Kairos Edition, 2007, S. 9-30.

Inhalt

Teil 1: "Innere Gewissheit" –
Gedanken zu einem Fragment Valentin Tombergs
von F. Migneco und V. Zotz 9

Teil 2: Innere Gewissheit: Über den Weg, die Wahrheit
und das Leben 29

Vorwort des Verfassers 31

Einleitung 33

I. Eine Betrachtung über Schlaf und Wachen 35

II. Über die persönliche Gewissheit 68

III. Erkenntnis ohne Zwang:
Wissenschaft, Logik und persönliche Gewissheit 76

IV. Erkenntnis ohne Zwang
Systematik, Ordnung, Symbolik 113

*Erste Abschweifung: "Ein Credo" – ein Beispiel der
moralisch-qualitativen Betrachtungsweise der Dinge* 141

*Zweite Abschweifung: Maß, Zahl und Gewicht –
ein Beispiel für die Verwertung der Symbolik* 148

V. Theologie und persönliche Gewissheit 153

VI. Der Baum der Sephiroth und die Namen Gottes 192

Teil 3: Tomberg und der Buddhismus von Volker Zotz...	199
Anmerkungen	235
Teil 1	236
Teil 2	238
Teil 3	245
Auswahlbibliographie	251
Auswahlbibliographie zu Leben und Werk	254

Weitere Bücher über Spiritualität bei Kairos Edition

**TOTUS TUUS:
MARIANISCHES LESEBUCH
ZUR LUXEMBURGER
MUTTERGOTTES-OKTAVE**
hrsg. von **Volker Zotz** und
Friederike Migneco

3. Aufl. 2012, 150 S.
ISBN 978-2-919771-03-5

Mit Beiträgen von u.a.:
Wilhelm Maas, Volker Zotz, Friederike Migneco, Georges Chopiney, Pierre Teilhard de Chardin, Thomas Merton, Adrienne von Speyr

Aus dem Inhalt:
Die Muttergottes als ökumenische Gestalt in Islam, Buddhismus und Ostkirche / Maria-Sophia als "Sitz der Weisheit": sophianische Ansätze im römisch-katholischen Bereich / Jungfrau und Mutter als Symbol des Weiblichen / Kontemplationen moderner Mystiker

---

Takamaro Shigaraki
**SOGAR DER GUTE WIRD ERLÖST,
UM WIEVIEL MEHR DER BÖSE**

übers. und mit einem Vorwort
von **Volker Zotz**

99 S., ISBN 2-9599829-2-4

LE MAT ITINÉRANT. L'AMOUR ET SES SYMBOLES
UNE MÉDITATION CHRÉTIENNE SUR LE TAROT

Ebenfalls von
Valentin Tomberg

französisch / deutsch

DER WANDERNDE NARR. DIE LIEBE UND IHRE SYMBOLE
EINE CHRISTLICHE TAROT- MEDITATION
herausg. und eingef. von Friederike Migneco und Volker Zotz
nach handschriftlichen Aufzeichnungen
übersetzt von Wilhelm Maas
mit farbigen Abbildungen, 154 Seiten
ISBN 978-2-9599829-5-8

Bestellungen bei info@kairos.lu

www.kairos.lu

www.ingramcontent.com/pod-product-compliance
Lightning Source LLC
Chambersburg PA
CBHW031726230426
43669CB00007B/260